머니쇼 2018

남북협력시대 부동산 · 주식 · 가상화폐 성공투자 비법

머니쇼 2018

초판 1쇄 2018년 7월 10일

지은이 매일경제 2018 서울머니쇼 취재팀
펴낸이 전호림
책임편집 권병규
마케팅 박종욱 김혜원
영업 황기철

펴낸곳 매경출판㈜
등록 2003년 4월 24일(No. 2-3759)
주소 (04557) 서울시 중구 충무로 2 (필동1가) 매일경제 별관 2층 매경출판㈜
홈페이지 www.mkbook.co.kr
전화 02)2000-2631(기획편집) 02)2000-2645(마케팅) 02)2000-2606(구입 문의)
팩스 02)2000-2609 **이메일** publish@mk.co.kr
인쇄 · 제본 ㈜M-print 031)8071-0961
ISBN 979-11-5542-871-9(03320)

책값은 뒤표지에 있습니다.
파본은 구입하신 서점에서 교환해 드립니다.

이 도서의 국립중앙도서관 출판예정도서목록(CIP)은 서지정보유통지원시스템 홈페이지(http://seoji.nl.go.kr)와 국가자료공동목록시스템(http://www.nl.go.kr/kolisnet)에서 이용하실 수 있습니다.
(CIP제어번호: CIP2018018684)

¤ 일러두기
이 책의 내용은 '2018 서울머니쇼'에 참가한 각 분야 전문가들의 의견을 바탕으로 쓰였으며, 특정 투자처에 대한 매수 · 매도를 권하는 것은 아니오니 읽으실 때 참고하시기 바랍니다.

남북협력시대 부동산 · 주식 · 가상화폐 성공투자 비법

MONEY $HOW

머니쇼 2018

매일경제 2018 서울머니쇼 취재팀 지음

매일경제신문사

서문

남북협력시대 재테크

2018년 5월 10일부터 사흘간 서울 코엑스에서 열린 아시아 최대 재테크 박람회 '2018 서울머니쇼'가 성황리에 막을 내렸다. 올해로 9회째를 맞아 역대 최다인 4만여 명의 관람객이 모였다. 지금까지 머니쇼 중 가장 많은 34개 세미나가 열렸고 총 56명에 달하는 부동산, 증권, 블록체인 등 분야별 최고 전문가들이 열정적인 강연을 펼쳤다.

카카오뱅크와 가상화폐거래소 등 그동안 다른 재테크박람회에 참가하지 않던 업체들이 부스를 내면서, 핀테크 기업들의 공간인 금융 4차 산업혁명관에는 국내 재테크박람회 사상 가장 많은 21곳이 참여하는 기록을 세웠다. 여기에 시중은행과 보험사 등 전통적인 금융사들의 참가에 더해 P2P와 로보어드바이저, 태양광발전 기업까지 신구 재테크를 모두 아우르는 라인업을 자랑했다. 총 120여 기업들이 설치한 부스는 본격적으로 시작된 금리인상기에 맞는 새로운 재테크 전략을 찾으려는 투자자들의 발길로 3일 내내 북새통을 이뤘다.

행사장을 찾은 관람객들은 하나같이 지금의 재테크 시장에 대해 불안감을 호소했다. 2018년 초 국제통화기금(IMF)은 세계 경제성장률 전망을 3.9%로 상향 조정하며 희망적인 예측을 했다. 하지만 실제 우리 경제는 회복할 기미를 보이지 않고 있다. 제조업 재고는 1997년 외환위기 이후 최대로 늘었고, 공장가동률은 2009년 글로벌 금융위기 이후 최악으로 떨어졌다. 가계부채는 사상 최대인 1,400조 원을 넘어섰고 실업률은 17년 만에 최고치를 기록하면서 내수의 발목을 잡고 있다.

반면 지난 10년간 냉각 상태였던 남북관계는 남북·미북 정상회담 여파로 완연한 해빙 무드에 돌입했다. 덕분에 남북간 경제협력에 대한 시장의 기대감이 높아지면서 건설주 등 '경협 수혜주'가 주목받기도 했다.

투자자 개개인이 맞닥뜨린 재테크 환경도 예전과는 판이하게 달라졌다. 특히 미국 기준금리 인상에 따른 저금리 시대의 종말은 돈의 흐름을 바꿔놓고 있다. 싼 금리로 빚을 내 부동산에 투자하면 손쉽게 재산을 불릴 수 있었던 기존 재테크 전략은 달라진 투자 환경에서 더 이상 유효하지 않다는 불안감이 팽배하다. 여기에 가상화폐나 P2P처럼 기존에는 '틈새' 투자 정도로 여겨졌던 새로운 재테크 아이템이 최근에는 주류 투자의 당당한 한 축으로 급부상하고 있다.

"재테크 격변기, 당신의 투자나침반"이라는 슬로건에 맞춰 열린 2018 서울머니쇼는 국민을 부자로 만들고 나라를 부강하게 만들자는 매일경제의 핵심 사명에 맞춰 국민 누구나 부자가 될 수 있는 재테크 전략을 제시하는 것을 목표로 삼았다. 특히 4차 산업혁명 바람에 맞춰 블록체인과 가상화폐 관련 세미나를 새로 만들고 해외로 투자영토를 넓히려는 수요자를 위해 중국과 베트남 등지의 증시에 투자하는 비법과 해외 부동산 투자비결을 알려주는 세션도 마련했다. 한발 앞으로 다가온 남북통일에 대비해 북한금융에 대해 알아보고, 남북경협으로 주목받는 산업과 투자 비법을 소개하는 특별강좌도 열렸다. 덕분에 주제와 연사, 세미나 규모가 예년에 비해 최대 2배로 늘어났다.

《머니쇼 2018》은 서울머니쇼에 참석한 국내외 최고 투자전문가 56명이 현장에서 공개한 분야별 재테크 노하우의 정수를 담아낸 책이다. 머니쇼 세미나를 담당한 전문가들은 "최근 재테크 시장이 금리 상승과 고유가 같은 거시경제 불확실성에다 정부의 각종 규제 영향으로 혼돈에 빠져 있다"고 입을 모으면서도 "이럴 때일수록 새로운 수익 창출 기회를 전 방위에서 찾아야 한다"고 강조했다. 부동산, 증시는 물론 가상화폐와 P2P 등 그야말로 돈 되는 아이템이라면 과감하게 선제적으로 베팅해야 한다는 것이다. 여기에 맞춰 이 책에는 투자자들이 실전 투자에 활용할 수 있는 보다 구체적인 정보를 가감 없이 담는 데 주력했다.

아무쪼록 이 책이 불확실한 시대를 이겨내고 투자자들의 캄캄한 재테크 항로를 환히 밝혀주는 등대 역할을 하기를 기대한다.

김대영 매일경제 금융부장

CONTENTS

PART 3 오르는 주식의 법칙

PART 4 해외에서 찾아낸 놀라운 투자 기회

PART 5 4차 산업혁명 시대 맞춤형 신재테크

PART 6 사회초년생 재테크에서 노후준비, 절세까지

PART 7 창업 · 취업 뽀개기

PART 8 이색 재테크

부록

PART 1

남북협력시대 투자 어떻게 해야 하나

글로벌 금융시장 전망

한반도 평화시대 북한 금융의 현실은

글로벌 금융시장 전망

알렉시스 칼라

2018년 4월 27일, 봄바람과 함께 한반도에도 화해 분위기가 내려앉았다. 2007년 10월 이후 11년 만에 이뤄진 남북정상회담의 결과다. 문재인 대통령과 김정은 북한 국무위원장이 두 손을 맞잡고 38선을 오가는 모습이 대한민국뿐 아니라 국제 사회에 생중계됐다. 북한이 비핵화까지 천명하면서 당일 서울 외환시장에서 달러 당 원화값은 장중 1067.2원까지 오르며 원화 강세를 보였다.

이는 회담 직전 세계 금융 시장의 바로미터인 미국채 10년물 금리가 심리적 저지선인 '3%'를 넘기며 나타났던 글로벌 달러 강세를 단번에 뒤집은 것이었다. 실제로 미국 10년물 금리가 장중 3%를 넘긴 2018년 4월 25일 원화값은 1085.3원까지 내려앉은 바 있다. 이 같은 극적인 원화값

반등에서도 볼 수 있듯, 한반도에서 언제 전쟁이 일어날지 모른다는 지정학적 리스크 탓에 '저평가'를 숙명처럼 받아들여야 했던 한국 시장에는 모처럼 훈풍이 불었다.

문재인 대통령과 김정은 국무위원장이 2018년 4월 27일 오후 '판문점 선언문'에 사인한 뒤 서로 포옹하고 있다.

2018 서울머니쇼를 찾은 국내 투자자들에게 글로벌 금융 시장 분석을 들려준 알렉시스 칼라 스탠다드차타드(SC)그룹 투자전략·자문 총괄대표도 한국과 글로벌 경기에 대해 긍정적인 전망을 유지했다. 호황 국면이었던 2017년의 연장선에서 여전히 경기 확장 여력이 남아 있다는 것이다. 앞서 그동안 저성장·저물가로 상징되던 시대가 저물고 2017년 하반기부터 세계 경제가 너무 차갑지도, 너무 뜨겁지도 않아 '딱 적당한 상태'인 골디락스(Gloldilocks)에 접어들었다는 분석이다.

스탠다드차타드는 영국에 본사를 두고 전 세계 70여국에 진출해 있는 곳으로 150년 전통을 자랑하는 금융명가다. 칼라 대표는 이 은행의 글로벌투자위원회 의장으로서 투자 전망 수립과 모든 투자자산 관리업무를 맡고 있다. 그의 분석이 정답이라고 단언할 순 없지만, 외국인 투자자들의 투자 성향을 엿볼 수 있는 신뢰도 높은 분석임에는 틀림없다. 칼라 대표는 머니쇼 기조연설과 매일경제와의 사전 인터뷰를 통해 좀 더 자세한 분석을 들려줬다.

'한국 저평가' 해소 기대 커져… 1년 안에 코스피 14% 상승

칼라 대표는 2018년 하반기 국내 주식시장이 상승세를 이어갈 것이라고 전망했다. 특히 '코리아 디스카운트' 개선 가능성이 높다는 점에 방점을 찍었다.

그는 "코스피지수는 지정학적 리스크, 이익 전망치의 낮은 신뢰도, 낮은 배당수익률(주주환원) 등 때문에 신흥시장이나 아시아 평균과 비교해도 크게 저평가돼 있다"고 지적했다. 하지만 "이런 요인이 점진적으로 개선돼가고 있고, 중장기적 관점에서 증시 가치의 재평가 가능성이 있다는 점은 지수 상승에 기여할 것으로 전망한다"고 말했다. 남북정상회담과 북미정상회담이 성공적으로 마무리되면 한국 시장 가치가 높아질 수 있다는 점을 염두에 둔 발언이다.

또 코리아 디스카운트와 무관하게 현재 수준에서도 상승 여력이 충분하다는 게 칼라 대표의 판단이다. 그는 2018년 4월 말 기준 코스피의 12개월 포워드 주당순이익(EPS) 성장률 전망치가 14.1%를 가리키는 만큼 향후 1년 동안 한국 기업들의 영업이익이 14% 성장할 것이라고 전망했다. 동시에 "현재 수준의 증시 가치 평가가 유지된다면 코스피가 14% 상승할 수 있다"고도 언급했다.

그러나 완전한 코리아 디스카운트 해소까지는 다소 시간이 걸릴 전망이다. 칼라 대표는 "(시장 참가자들이) 과거의 기억을 잊고 리스크 프리미엄을 완전히 해소하는 데는 일정 기간이 필요할 수밖에 없다"고 여지를 남겼다.

이밖에도 미국의 금리 인상, 미국과 중국의 무역 갈등, 신흥국 시장의 변동성 확대 등의 요인이 금융 시장에 끼치는 영향도 막대하다. 국내 주요 민간연구원 등 일각에서는 5월 이후 잇달아 '경기가 꺾이고 있다'는 경고성 진단을 내놓기도 했다. 투자자들 입장에선 2018년 금융 시장 국면을 좀 더 세밀하게 들여다볼 수밖에 없다.

한미 금리 역전 불가피…
영향은 제한적

2018년 국내 금융 시장의 가장 큰 화두는 미국의 금리 인상 가속화와 그에 따른 한국과 미국의 금리 역전 현상일 것이다. 미국 기준금리가 한국 기준금리보다 높아지면 외국인 투자자금이 상대적으로 고금리인 미국으로 옮겨가고, 한국을 비롯한 신흥국에서는 자금이 급속도로 유출될 가능성이 커지기 때문이다. 그러나 한국의 외환보유고 등을 고려하면 금리역전이 큰 타격을 줄 만한 재료는 아니라는 게 칼라 대표의 관측이다.

당초 미국 연방준비위원회(Fed)는 2018년 세 차례에 걸쳐 점진적인 금리 인상을 할 것으로 예상됐다. 하지만 연초부터 미국의 인플레이션 압력이 계속되는 등 일각에선 네 차례로 인상 횟수를 늘릴 수 있다는 전망도 나왔다.

반면 한국은 2018년 금리 인상이 겨우 1회에 그칠 것이란 전망이 힘을 얻고 있다. 물가상승률이 목표치인 2%를 밑돌고 있고, 고용시장 부진과 수출 둔화 등 전반적으로 경기 상황이 좋지 않기 때문이다. 국내에선 저금리를 유지해 경기를 부양해야 할 때라는 목소리가 커졌다.

그렇지만 칼라 대표는 금리 역전이 한국 시장에 끼칠 영향은 제한적이라고 선을 그었다. 그는 "한국의 견조한 경상수지 흑자, 안정적인 외환보유액 및 한국 자산의 투자 매력을 감안하면, 한미 금리 역전에 따른 자금 유출 가능성은 매우 제한적"이라고 일축했다. 이주열 한국은행 총재 역시 2018년 2월 금융통화위원회의 기준금리 동결 후 기자간담회에서 "국내 자산의 투자 수요는 계속 양호하다. 미국 금리가 높아지더라도 외국인 투자 자금이 대규모로 유출될 가능성은 당분간 크지 않을 것이다"라고 말했다.

이는 과거 사례를 보더라도 마찬가지다. 지난 2006년 5월경에도 한미 금리 역전으로 한국의 기준 금리(4.0%)가 미국 기준금리(5.0%)보다 100bp

뒤처진 적이 있었다. 하지만 당시엔 자금 유출은커녕 오히려 외국인의 채권 투자가 늘었다. 그해 5월 약 4조 7,000억 원이었던 외국인의 상장채권 잔고는 1년 후 8조 2,000억 원 수준으로 오히려 확대됐다. 칼라 대표는 "SC그룹의 전망에 따르면 향후 한미 금리 차는 2006년과 비슷하게 나타날 수 있다. 당시에도 의미 있는 자금 유출은 나타나지 않았다"고 설명했다.

또 미국 금리 인상에 대해서도 "앞으로 1년간 2~3회 인상할 것으로 보이며, 이는 미국의 경제 성장에 호의적인 환경을 만들 것"이라고 낙관했다. 전 세계 금융 시장의 척도 역할을 하는 미국채 10년물 금리에 대해서는 "급격한 금리 변화로 인해 경기 침체로 빠져들 가능성은 낮다"고 말했다. 그는 "2018년 5월 현재 미국 인플레이션 기대를 끌어올리는 가장 큰 요인은 유가 급등인데, 이 변화가 계속될 거라고 생각하지 않는다"고 전망했다.

경기 침체 아닌 리플레이션…
랠리 지속 전망

그는 일각에서 제기되는 '경기 침체론'에 대해서도 과감히 반기를 들었다. 칼라 대표는 "글로벌 경기는 경기 사이클의 후반부에 있다. 리플레이션(Reflation) 환경으로의 전환이 좀 더 명확해지는 모습이다"라고 말했다. 리플레이션이란 물가가 지속적으로 하락하는 디플레이션에서는 벗어났지만 그렇다고 심각하게 물가가 치솟는 인플레이션이 나타나지도 않는 정도의 경기 회복·성장 상태를 말한다.

SC그룹의 〈2018년 글로벌 경제에 대한 각 시나리오별 발생 가능성〉 자료에 따르면 리플레이션이 40%로 가장 높은 확률을 보였다. 저물가 상태에서의 완만한 성장을 보일 확률도 30%로 뒤를 이었다. 경기가 지속적으로 성장한다는 시나리오가 70%의 높은 발생 가능성을 보인 것이다. 반면 경기 침체와 물가 상승이 동시에 일어나는 스태그플레이션 발생 가능성은 20%, 경기와 물가 모두 둔화되는 디플레이션 발생 가능성은 10%에 머물렀다.

2018년 2월 뉴욕 증시가 폭락하는 등 변동폭이 커지긴 했지만 칼라 대표는 이를 일종의 '조정기'일 뿐이라고 설명했다. 2017년 말 주식시장이 견고한 호황을 보인 탓에 연초에는 이에 대한 반작용이 나타났을 뿐이라는 것이다. 그는 "글로벌 경기 회복 모멘텀의 둔화 신호가 나타나고 있는 것도 사실이지만 여전히 완화적인 글로벌 유동성 환경에 힘입어 경제 성장세가 지속될 것"이라고 말했다.

그는 세계 각국의 구매관리자지수(PMI) 평균이 53.5이라는 점에 대해서도 "이는 (경기가 좋다는) 매우 강력한 신호"라고 평가했다. PMI란 기업의 구매 담당자를 대상으로 신규 주문·생산·재고·고용 현황 등을 설문조사한 후 각 항목에 가중치를 부여한 것으로, 0에서 100까지의 수치로 표시한다. 보통 50을 넘으면 경기 확장 국면이라고 해석한다.

2018년 글로벌 경제에 대한 각 시나리오 별 발생 가능성

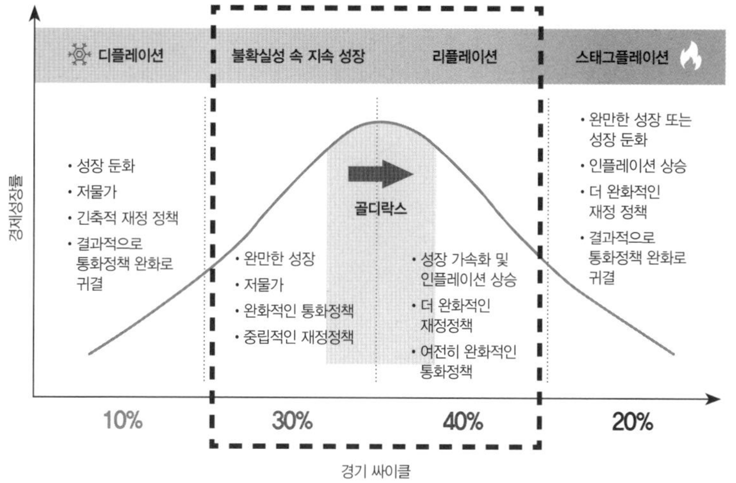

출처: SCB 그룹 글로벌투자위원회(GIC)

그는 금융 시장의 변동폭이 커진 데 대해 '다양성 확대'라는 긍정적인 의미를 부여하기도 했다. 경기침체 위기론 등 다양한 반응이 나오면서 오히려 시장이 더욱 공고해졌다는 역설적 발상이다. 그는 "심리적 요소는 금융·자본시장에 상당한 영향을 미치는데, 2018년 초까지는 모든 사람들이 시장을 낙관하면서 쏠림현상이 나타났다"고 분석했다. 다양성이 없는 시장은 그만큼 위험하다는 뜻으로 해석된다. 즉 2018년 2월 뉴욕 증시 폭락은 '기대 인플레이션 소폭 상승'이라는 작은 변화가 금융 시장에 매우 큰 영향을 미친 일종의 과잉반응이었던 것으로도 풀이된다.

미국의 보호무역주의 우려

글로벌 금융 시장의 또 다른 변수는 두 강대국, 미국과 중국의 무역 갈등이다. 2018년 초의 '무역전쟁', '보복관세' 등 극단적인 충돌 조짐은 일단 진화됐지만, 미국의 무역적자 문제가 해소되지 않는 한 무역 갈등은 언제 어디서든 일어날 수 있는 리스크다. 칼라 대표는 "중장기적으로 미·중 긴장관계는 오랜 기간 지속될 가능성이 높다. 무역불균형 해소라는 측면에서 향후 미국과 유럽의 무역 갈등까지 지켜봐야 한다"고 경고했다. 수출에 민감한 우리나라에도 관세나 환율 정책에 따라 큰 타격이 불가피할 전망이다.

칼라 대표는 일단 단기적으로 이 이슈가 시장에 끼칠 영향과 관련해서는 과도한 위기론을 경계하는 모습이었다. 그는 "무역 갈등이 실제 무역전쟁으로 귀결될 가능성은 극히 제한적이고 세계 시장에 끼칠 즉각적 타격도 크지 않을 것"이라고 말했다. 실제로 무역전쟁이 발생하면 미·중 GDP에 각각 약 3%포인트 정도의 부정적 영향을 미칠 수 있다는 게 그의 분석이다. 양국 정부가 경제 성장에 미칠 타격까지 감수하면서 극단으로 가지는 않을 것이란 얘기다. 실제로 시진핑 중국 국가주석은 2018년 4월 열린 보아오 포럼에서 "금융 시장을 개방하고 자동차 수입관세를 낮추겠다"고 말하며 미국의 요구에 화답하는 모습을 연출했다.

이 이슈가 미국의 2018년 11월 중간선거를 앞두고 발생한 정치적 이슈라는 점도 고려해야 한다. 세탁기·철강·알루미늄 등 자국 산업의 부흥, 보호무역주의를 최고조로 끌어올리는 것은 트럼프 대통령의 핵심 지지층이 분포한 러스트 벨트(쇠락한 공업지대)의 이해관계와도 맞물려 있기 때문이다. 중간선거 결과에 따라 무역전쟁을 비롯한 트럼프 정부의 정책 변화가 또 나타날 수 있다.

더 나아가 보호무역주의는 미국의 약(弱) 달러 정책과도 긴밀하게 연관돼 있다. 경상수지 적자 문제를 해소하고 수출을 늘리기 위해선 자국 통화의 가치를 낮춰 가격경쟁력을 높이는 것이 일부 품목에 관세를 부과하는 것보다 훨씬 효과적인 방법이기 때문이다. 과거 1985년 미국이 독일, 일본 등 5개국과 맺은 '플라자 합의'도 달러 가치를 내린 것이었는데, 이후 일본의 거품 경제가 꺼지고 '잃어버린 10년'이 시작된 단초가 되기도 했다. 우리나라가 일본의 전철을 밟을 수 있다는 우려와 경고의 목소리가 지속적으로 나오고 있다.

금리인상기
주식·신흥국 자산투자 유리

금리가 오르는 시기 적합한 투자 전략은 무엇일까. 칼라 대표는 채권보다는 주식, 고배당주보다는 성장주가 유리하다고 조언한다. 그는 "주식시장 랠리는 지속될 것 같다. 즉 위험 자산에 투자하기 좋은 상황"이라고 전망했다. 또 "향후 미국 금리 인상으로 인해 채권 금리가 오르면

연준의 긴축·완화 싸이클 및 주식과 채권의 연환산 평균 수익률

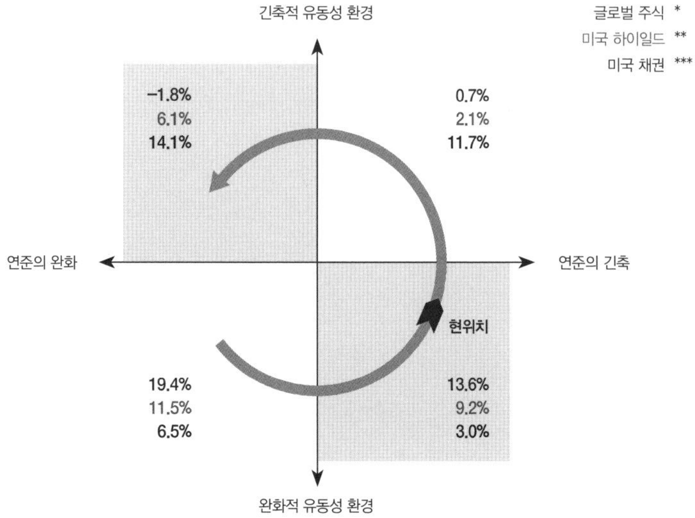

참고: 유동성 환경은 실질 연방기금 금리가 중립 금리보다 높을 때 긴축적인 것으로 정의
*1970년 1월부터 2017년 10월까지의 데이터 기준
** 1983년 6월부터 2017년 10월까지의 데이터 기준
*** 1976년 1월부터 2017년 10월까지 데이터 기준
출처: BCA, MSCI, 블룸버그, SC

서 채권 자산 가격에는 부정적인 영향을 미칠 것으로 예상된다. 레버리지를 활용해 수익률을 높여왔던 채권 투자자는 자금조달 비용이 커지는 것을 감안해 투자 스타일을 재조정해야 한다"고 말했다.

칼라 대표는 금리상승기의 유망한 자산군을 과거 수십 년의 통계로 분석한 자료도 세미나에서 공개했다. SC그룹이 1970년대부터 2017년 10월까지의 데이터를 기준으로 환산한 주식·채권 평균 수익률을 봐도 현재 가장 수익률이 높은 자산은 글로벌 주식이다. 연준이 금리를 점진적으로 올리는 긴축 국면이면서도 정책적으론 팽창 기조인 현재 시점에서 글로벌 주식은 13.6%의 평균 수익률을 기록했다. 미국 하이일드도 9.2%, 미국 채권도 3.0%의 평균 수익률을 보였다.

구체적인 자산 별로 보면, 2000년 이후에 나타났던 금리 상승기에 미국 주식과 뱅크론 채권(변동금리부 대출)은 100% 확률로 수익률을 기록했다. 글로벌 주식, 커버드콜 전략, 전환사채, 일본 제외 아시아 주식 등도 수익률을 기록한 확률이 80~90%대 수준에서 좋은 흐름을 보였다.

국가별로는 미국 시장과 일본을 제외한 아시아 신흥국 시장에 대한 선호 의견을 냈다. 미국 주식시장의 경우 2018년 4월 중순 기준으로 12개월 포워드 주가수익비율(P/E)이 16~18 수준을 기록하며 매력적인 수준까지 가격 평가가 떨어졌고, 현재 기업 실적도 좋다는 점에서 유망하다고 평가됐다.

신흥국 시장은 앞서 설명한 미국 달러의 중장기 약세 전망과도 맞물려 있다. 달러가 약세를 보이면 상대적으로 강세인 신흥국 통화로 유입되는 투자 자금이 늘어날 수 있다. 아시아 시장에선 달러 약세로 인해 자금 조달 비용이 직·간접적으로 감소할 가능성도 커진다. 또 자국 통화가 상대적으로 강세를 띄면서 수입 물가가 하락하게 되면 중앙은행의 기준금리 인상 압력도 낮아질 수 있다.

칼라 대표는 특히 중국 시장이 향후 높은 성장세를 지속할 것이라고 예상했다. 그는 "중국 정부가 최근 과잉설비에 대한 구조조정을 지속하

2000년 이후 여러 금리 상승기 때 자산별 플러스 수익률을 기록한 확률

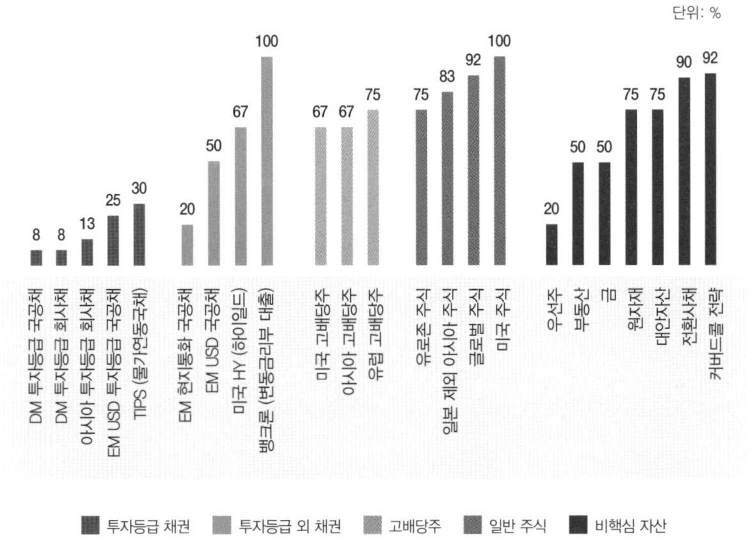

출처: 블룸버그, SC제일은행

고 있어 기업들의 수익성이 개선될 것으로 기대된다"고 말했다. 업종별로는 "향후 1년간 은행과 IT 업종이 긍정적"이라고 말했다. 신흥국 채권 자산으로는 미국달러 표시 및 현지통화 표시 국공채에 선호 의견을 제시했다.

무엇보다 중요한 칼라 대표의 마지막 조언은 '분산 투자'다. 칼라 대표는 한국 투자자들을 위해 "모든 달걀을 하나의 바구니에 넣는 것은 위험하다"는 말로 강연을 마쳤다.

그는 “미래에 어떤 일이 일어날지는 아무도 모른다. 따라서 투자자는 자산의 대부분을 자신의 위험성향에 맞는 적절한 포트폴리오를 통해 관리해야 한다. 투자에서 재미를 찾는 행위까지 막아야 한다는 것은 아니지만, 투자자는 리스크를 분산해야 한다. 투기와 투자를 구분할 줄 알아야 한다”고 강조했다.

한반도 평화시대 북한 금융의 현실은

김영희

김영희 산업은행 KDB미래전략연구소 북한경제팀장은 최근 전국 각지에서 쇄도하는 강연 요청에 몸이 열 개라도 부족하다. 한반도 화해 분위기와 함께 뜨거워진 북한 경제·금융에 대한 관심 탓이다. 2018 서울머니쇼에서도 이에 맞춰 김 팀장이 직접 북한 금융의 현실을 소개하는 특별 세미나를 마련했다. 김 팀장은 북한 원산경제대학에서 회계를 전공했고, 2002년 북한을 떠나 한국에 정착한 뒤 북한학 석·박사 학위를 취득했다. 그만큼 남북 모두의 시각에서 북한 내부 사정을 훤히 설명해줄 수 있는 인물이다.

북한이탈주민 최초의 국책은행 연구원으로 재직 중인 그에게도 한국에서 가장 낯설었던 것 중 하나가 '시중은행의 존재 그 자체'였다고 한다.

아직까지도 북한에는 민간은행이 없고, 예·적금과 대출 같은 기능도 미비하다. 이에 북한 주민들은 우리나라의 대부업자 격인 '돈 장사꾼'이 주도하는 사금융에 의존하고 있다. 최근에는 북한에도 카드결제·온라인 쇼핑몰이 등장했는데, 김 팀장의 표현을 빌리자면 그야말로 '천지개벽'이다.

은행도 대출도 없는 북한

김 팀장은 16년 전 처음 한국에 건너왔을 때 거리의 다양한 시중은행을 보고 놀랐던 경험을 들려줬다.

"하나원에서 나온 지 3년쯤 뒤인 2007년 산업은행에 입사했는데, 처음 특채 소식을 들었을 때 '그런 은행도 있느냐'고 되물었을 정도로 금융사가 많다는 게 낯설었다. 수많은 은행·보험사들을 보면서 '자본주의 사회가 이렇구나' 느꼈다."

많은 은행을 보고 놀랐다는 김 팀장의 말처럼, 남·북한의 금융은 아주 다른 모습을 하고 있다. 금융을 정의하는 방식에서부터 큰 차이가 난다. 한국을 비롯한 시장경제 체제에서 금융이란 이자를 받고 자금을 융통해주는 것을 말한다. 반면 북한의 금융은 '사회주의 국가의 중앙집권적 지도 밑에 국가은행을 중심으로 계획적·통일적으로 조직되는 자금융통 관계'를 뜻한다. 사회주의 체제에서는 금융도 국가 주도의 중앙은

북한의 금융기관

출처: 김정만. '북한 금융제도 현황과 과제,' 〈통일경제〉. 2009년 가을호, p. 52. 수정

행을 중심으로 계획적으로 이뤄진다.

이에 따라 구성된 북한의 공금융은 크게 조선중앙은행과 조선무역은행으로 나뉜다. 주민들이 이용하는 중앙은행은 남한의 한국은행과 시중은행 역할을 동시에 수행하는 일원적 시스템이다. 무역은행은 기업들이 주로 사용하는 일종의 외환은행이다.

또 김 팀장의 설명에 따르면 북한에선 개인이 별도로 예금 계좌를 만들거나 대출을 받을 수도 없다. 개인과 기업을 상대로 한 보험 제도도 발달하지 않았다. 국가가 현금을 동원하는 차원에서 회사를 통해 의무가입하는 것 외엔 제대로 된 보험 상품이 없다. 조선국영보험총회사는 북한 무역선이 입은 손해를 배상해주는 역할만 한다.

김 팀장은 북한의 금융 제도가 발달하지 않은 데 대해 "북한 사회주의에선 인건비를 '노동의 대가'보다도 '생활비' 개념으로 지급하며, 원칙적으로 개인의 영업활동도 금지된다"고 설명했다. 국가 공급 원칙에 따라 무상으로 의식주와 교육·의료가 이뤄진다고 가정하기 때문에 저축할 여유자금을 주지 않는다는 것이다.

변화의 시작… 사금융의 창궐

그러나 사회주의 혜택이 주민들에게 계획대로 순탄하게 흘러가진 않았다. 특히 1990년대 중반 북한 전체가 '고난의 행군'으로 불린 극심한 경제난을 겪으면서 북한에도 시장과 사금융이 들어섰다.

김 팀장은 "병원에 가면 진단은 무상으로 해주지만 주사약은 밖에서 사오라고 하는 식이고, 실제로 장마당(시장)에 약국도 생겼다. 말만 무상치료지 돈이 필요하다"고 말했다. 먹고 살기 위해 국가에 기대지 않고 장사를 통해 생계를 유지하는 사람도 늘었다. 장사 밑천을 마련하려면 대출이 절실해진 것이다. 이에 북한 주민들은 예·적금과 대출을 '돈 장사꾼'이라 불리는 사채업자에게 맡기고 있다.

사금융 대출 금리는 비싸지만 북한 주민들에겐 유일한 선택지다. 김 팀장은 "1990년대 처음 사금융이 등장했을 때는 이자율이 월 20%에 달했고, 지금은 월 10% 수준으로 낮아졌다"고 소개했다. 그에 따르면 주택·생산시설 등 담보가 확실한 경우엔 이자율이 한 달 4~7% 수준이다. 국내 주택담보대출이 연 5% 미만인 점과 비교하면 큰 차이이다.

주택 매매도 1990년대 중반 이후 생겼다. 김 팀장은 "북한은 주택을 국가로부터 영구임대하는 방식이라 사용권을 사고 판다"고 설명했다. 그 역시 1995년에 북한에서 집을 구매했던 경험이 있다. 그는 "집 사용권을 팔아 장사하려는 사람도 있었고, 집을 판 뒤 방랑하는 사람도 있었다. 당시 처음으로 주택 시장이 생겼을 땐 시장가격이란 것도 없었지만 지금은 중개인 등 체계가 갖춰졌다"고 말했다. 시장 가격도 어느 정도 형성됐다고 한다. 그는 "엘리베이터 시설이 없다 보니 건물 2~3층 저층이 비싸고, 시장과 가까운 집은 시장 상인들이 쓸 창고를 임대해줄 수 있어 비싸게 거래된다"고 말했다.

장사를 하면서 남는 '잉여 자금'도 은행보다 돈 장사꾼에게 맡긴다고 한다. 김 팀장은 "가장 큰 이유는 믿고 돈을 맡길 수 있는 온전한 상업은행이 없기 때문이다. 옛날에는 은행에서 돈을 찾으려면 직원에게 수수료 20%를 내야 했던 터라 지금도 은행을 신뢰하지 않는다"고 말했다. 사금융에 돈을 맡기면 월 5% 정도의 이자를 받을 수 있다. 김 팀장은 "돈 장사꾼들은 높은 담장과 뾰족한 방범 장치가 달린 단독 주택에 살면서 돈을 관리한다. 남북 경제협력이 진행되면 빨리 한국의 시중은행들이 들어가서 북한 주민들 주머니에 있는 돈도 받고 대출도 해줘야 한다"고 전했다.

쇼핑몰·카드결제 확산…
인프라 필요

조선무역은행의 나래카드

조선중앙은행의 전성카드

출처: Google, 조선의 오늘

최근에는 북한 내부의 변화 흐름이 더 거세졌다. 북한에도 현금카드와 온라인 쇼핑몰이 생긴 것이다. 무역은행이 2010~2011년 충전식 전자결제 카드 '나래', '고려'를 발급한 데 이어, 북한 주민들이 이용할 수 있는 중앙은행도 2015년 '전성카드' 등의 발급을 시작했다고 한다. 김 팀장은 "은행이 융통할 현금을 모으기 위해 충전식 카드를 만들었다. 이들 카드는 대형마트·음식점·택시 등에서 사용할 수 있다"고 설명했다.

온라인 쇼핑몰도 2015년 처음 선보였다. 평양에서 스마트폰이나 컴퓨터를 이용해 상품을 전자카드로 결제하면 집으로 배달해준다. 각종 식료품, 화장품, 의약품, 잡화는 물론이고 각 지역의 유명 상점이나 식당 유명 상품도 구매할 수 있는 것으로 알려졌다.

김 팀장은 "아직은 이런 서비스가 평양 중심으로만 이뤄지고 있지만, 대도시에서 군으로 점차 퍼져가고 있다. 지금은 시스템과 인프라를 구축하기 힘들겠지만 개혁개방이 이뤄지면 전국으로 순식간에 퍼져나갈 것이다"라고 말했다.

북한, 베트남식 개혁개방 의지 뚜렷

이런 흐름을 보면 이미 '북한식 개혁개방'은 시작됐다. 특히 김정은 국무위원장이 문재인 대통령과의 남북정상회담 단독 대담 때 '베트남식 모델로 가고 싶다'는 뜻을 밝혔다는 사실이 전해지면서 북한 경제 개발 향방에 많은 이들이 주목하고 있다.

베트남은 1986년 도이머이 정책을 통해 사회주의 시장경제의 물꼬를 텄다. 앞서 5년간 1차로 제한적 개방을 거친 바 있는데, 김 국무위원장이 2012년 집권한 이후의 행보가 이때와 비슷하다는 전문가들의 분석이 많다.

김 팀장은 북한의 개혁개방이 베트남보다도 빠르게 이뤄지고 있다고

23개의 북한 경제개발구

출처: KDB산업은행

본다. 그는 "부친인 김정일 국방위원장 땐 개성, 황금평-위화도, 원산-금강산, 라선 등 4개에 불과했던 경제특구가 현재는 총 23개로 대폭 늘었다. 특히 평양시 부근이나 남한 연평도와 가까운 군사 요충지에도 경제개발구를 지정한 것은 매우 적극적인 조치다"라고 해석했다.

이어 그는 북한이 급진적인 경제개발을 추진할 것으로 내다봤다. 그는 "김 국무위원장이 집권할 때 북한 주민들은 젊은 지도자의 등장과 그의 '잘 살게 해주겠다'는 말에 기대를 많이 했는데 이미 6년이 지났다. 김 국무위원장은 자신의 권위를 높이기 위해서라도 북한 주민들의 삶을 개선시켜야 하는 상황에 직면해 있다"고 말했다. 또 "북한은 경제개발 경험이 전무하기 때문에 한국의 적극적인 참여가 필요하다"고 강조했다.

PART 2

초고수들의 2018 부동산 투자 전략

2018~2019 부동산 시장 전망과 맞춤형 전략

부자들만 아는 알짜 부동산 투자비법

지역별 슈퍼 부동산 베스트 10

미래를 읽는 재건축 재개발 투자전략

부동산 팟캐스트 1위가 말하는 서울 부동산의 미래

부동산 경매 기술의 모든 것

소규모 재건축, 미니 도시재생이 답이다

2018~2019 부동산 시장 전망과 맞춤형 전략

문관식(아기곰) · 양지영 · 이남수

2017년 발표된 '8·2 부동산 대책(이하 8·2 대책)'과 각종 후속 규제의 영향으로 부동산 경기는 그 어느 때보다 불투명해졌다. 재건축 단지들의 상승세가 한풀 꺾이면서 서울 아파트 값은 2018년 5월 현재 미세한 수준의 오름세를 겨우 유지하고 있다. 특히 대부분 지방 지역은 하락세를 벗어나지 못하고 있다.

아울러 2018년 4월 다주택자 양도소득세 중과 시행으로 인해 주택 거래량은 급감했다. 국토교통부에 따르면 2018년 4월 서울의 주택 매매 거래량은 1만 2,347건으로 전달 대비 48.8% 줄어들었다. 이는 2017년 동월 1만 4,844건에 비해서는 16.8% 감소한 수치다. 5년 평균치와 비교해도 21.4% 하락했다. 전국 조정대상지역에 있는 집을 팔면 2주택 보유자는 기본세율(6~42%)에 10%포인트, 3주택 이상 보유자는 20%포인트가 중과된다. 이에 따라 3주택 이상 보유자는 양도세율이 최고 62%로 올라가 세금폭탄을 맞을 수 있다.

부동산 양극화와 차별화의 시대

그렇다면 이런 시장 분위기 속에서 우리는 어떻게 대응해야 할까? 전국 단위나 서울 전체를 놓고 봤을 때는 현 주택 시장이 변곡점에 도달했다고 볼 수 있다. 하지만 전문가들은 시장을 좀 더 세부적으로 들여다봐야 한다고 강조한다.

2018 서울머니쇼에서 이지용 매일경제 부동산부 차장의 사회로 열린 '매일경제 부동산부 차장의 족집게 교실–2018~2019 부동산 시장 전망과 맞춤형 전략' 세미나에 참여한 전문가들은 "이제는 부동산 양극화와 차별화의 시대"라는 점을 분명히 했다. 이들은 한강변 재개발이나 8·2 대책 이후 규제를 견뎌낸 지역에서 '똘똘한 한 채'를 찾으라고 조언했다.

문관식 부동산 칼럼니스트(필명 아기곰)는 8·2 대책 이후의 지역별 양극화 현상을 소개했다. 문 칼럼니스트는 "8·2 대책 이후 오히려 투기지역과 투기과열지구로 지정된 곳의 상승폭이 가장 컸다"고 말했다.

그는 KB국민은행 주택가격 동향을 인용해 규제가 가장 심한 투기지

8.2 대책의 영향

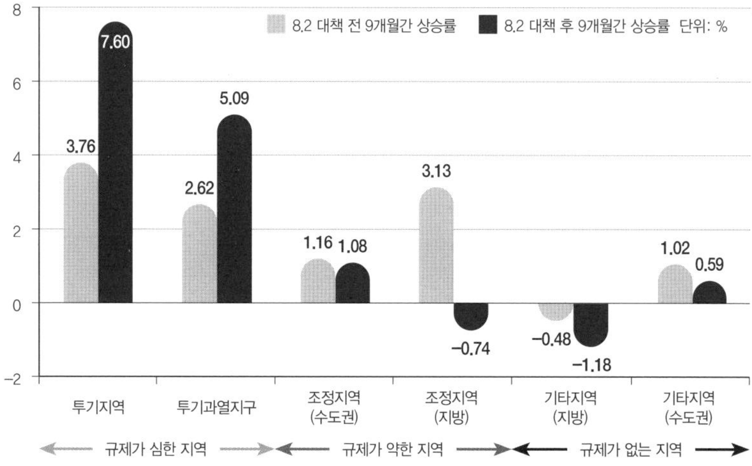

출처: KB국민은행, 4월 30일까지

역의 집값 상승률이 8·2 대책 이후 9개월 동안 7.60% 뛰었다고 밝혔다. 이는 대책 발표 전 9개월간 상승률(3.76%)의 두 배를 넘는 수치다. 투기과열지구도 마찬가지였다. 8·2 대책 이후 9개월 동안 5.09% 오른 반면 대책 전 9개월간은 2.62% 오르는 데 그쳤다.

문 칼럼니스트는 "8·2 대책 이후 전국 주택 매매가격 상승률을 보면 상위 10개 지역이 모두 규제가 집중된 곳들"이라고 말했다. 송파(11.9%), 강남(11.5%), 성동(11.2%), 광진(10.2%), 강동(8.8%) 순으로 집값이 가장 많이 올랐다. 용산(8%), 마포(7.7%), 영등포(7.7%), 양천구(7.2%)가 뒤를 이었다. 비규제 지역 중에서는 평촌이 8·2 대책 이후 집값 상승률 3.6%로 가장 높았다.

반면 규제를 받지 않는 수도권 지역의 경우 8·2 대책 전 9개월 동안 1.02%이었던 상승률이 대책 이후 같은 기간 동안 0.58%로 축소됐다. 비규제 지역 중 지방은 오히려 하락세가 더 짙어졌다.

문 칼럼니스트는 이를 '지정효과'라고 표현했다. 시장에서는 정부 규제 지역을 향후 집값이 오를 수밖에 없는 곳으로 받아들이고 있다는 것이다.

그는 무엇보다 이 같은 지정효과로 미래 가치가 있는 곳과 없는 지역에 대한 시장의 평가가 끝났다고 강조했다. 규제에 따른 지역별 양극화로 인해 시장 위축 속에서도 투자 가치가 있는 곳의 윤곽이 드러난 셈이다.

규제 버틴 지역서 '진주'를 찾아라

따라서 문 칼럼니스트는 "하락한 지역은 계속해서 가격이 떨어질 수 있다. 급등한 규제 지역을 외면하기보다 오히려 그 속에서 저평가된 아파트를 찾아야 한다"고 조언했다. 규제도 이겨낸 지역에서 희소성을 갖춘 '진흙 속 진주'를 찾으라는 얘기다.

문 칼럼니스트는 특히 2017년 말부터 소형 주택에 밀려 주목을 받지

2년간 지역별 전세가 등락

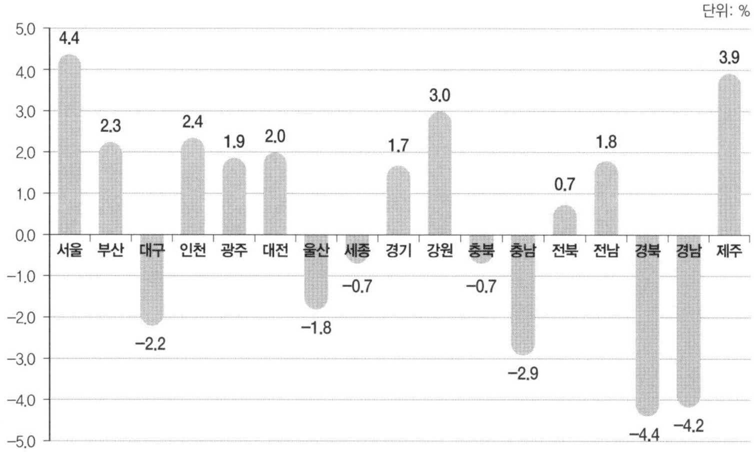

출처: KB국민은행, 2016. 4 ~ 2018. 4

못한 중대형 아파트, 재건축 대비 덜 오른 리모델링 단지 등을 유망 지역에서 찾으라고 했다. 아울러 그는 "규제 국면 속에서도 전세가 오르는 지역에 투자하면 상대적으로 안전하다. 그만큼 실거주 수요가 많다는 신호이기 때문이다"라고 말했다.

8·2 대책 이후 9개월간 주택 가격 상승률 10위권 안에 들어간 송파구, 분당구, 성동구, 광진구 등의 공통점은 전세가 탄탄하다는 것이다. 문 칼럼니스트는 "전세시장은 투기꾼이 아닌 실수요가 움직이는 곳이다. 전세가 오른다는 것은 공급보다 수요가 많은 지역이라는 뜻이니 상대적으로 안전하다"고 추천했다.

문 칼럼니스트는 강연에서 "전세의 경우 2년 단위로 봐야 한다"며 2016년 4월 대비 2018년 4월의 전국 전세가격 변동률을 제시했다. 서울 전세가격은 2년 전 대비 4.4% 오르며 전국에서 가장 높은 변동률을 기록했다. 단기적인 시세 조사에서 전세가격이 하락세를 기록할 수는 있다. 하지만 실제로 전세 재계약을 하는 2년 단위로 봤을 때 아직까지 서울 대다수 자치구에서는 세입자가 집 주인에게 전세금을 올려줘야 하는 상황이다.

이어 문 칼럼니스트는 "투자 심리라는 건 몇 달 지나면 시장 환경에 익숙해져 새로운 돌파구를 찾게 돼 있다. 규제는 흘러가는 강물을 둑으로 막아놓는 효과일 뿐, 둑이 무너지면 그동안 쌓인 물이 다시 또 흘러내려간다"고 말했다. 그는 "현재의 시장 분위기를 봤을 때 하락세의 시작이라기보다는 단기간 내 가격이 너무 많이 뛰었기 때문에 이에 대한 피로감으로 안정세에 돌입한 것"이라고 평가했다.

미래가치 보증수표,
한강변 뉴타운과 직주근접

문 칼럼니스트와 함께 강단에 오른 양지영 R&C연구소장은 택지 공급 중단, 정비구역 해제 등으로 뉴타운 사업지의 희소성이 더욱 높아질 것으로 전망했다. 서울 집값이 전반적으로 하락세로 전환하더라도, 미래

가치가 뛰어난 뉴타운 사업지는 유망하다는 것이다.

그는 2013년 이후 서울 내 추가로 지정된 재개발·주택재건축 지역은 15곳뿐이라고 강조했다. 이어 양 소장은 "2017년까지 서울 내 정비구역 683곳 가운데 365곳인 약 53%가 정비구역에서 해제됐다"고 말했다. 서울시장 직권해제를 가능케 하는 조례가 마련된 2015년 이후 서울시가 직권해제한 정비구역은 총 75곳에 달한다.

특히 양 소장은 "뉴타운이라는 희소성과 함께 한강변 입지를 갖춘 노량진의 경우 동작구의 집값을 견인하고 있는 흑석 뉴타운의 영향으로 더욱 상승 가능성이 높다"고 진단했다. 동작구는 최근 무서운 속도로 강동구를 추격하며 '강남4구' 간판을 노리고 있다.

동작구는 각종 규제 속 안정적인 집값 상승률을 유지하며 3.3㎡당 가격에서도 강동구 턱밑까지 치고 올라갔다. KB국민은행의 2018년 4월 주택가격 동향에 따르면 동작구의 3.3㎡당 평균 아파트 가격은 4월 기준 2,638만 원을 기록했다. 이는 지금까지 '강남 4구' 자리를 지켜온 강동구와 같은 액수다.

동작구는 2017년 말부터 강동구를 위협하기 시작했다. 2017년 6월만 해도 강동구의 3.3㎡당 아파트 가격은 동작구를 154만 원 웃돌았다. 그러나 같은 해 12월 기준 동작구 3.3㎡당 아파트값이 2,398만 원까지 오르면서 강동구(2,387만 원)를 추월했다. 이는 KB국민은행 월간 주택가격 동향 조사에서 3.3㎡당 아파트값을 집계하기 시작한 2013년 4월 이후 처음이다. 동작구는 서초구와 맞닿아 있지만 그동안 강남 4구에 밀려 상

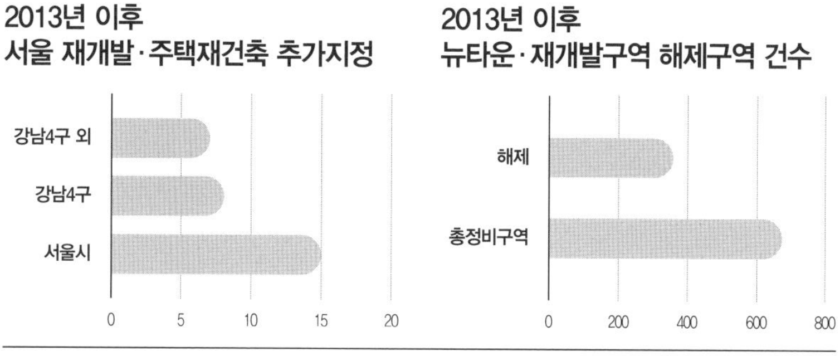

출처: KB국민은행, 4월 30일까지

대적으로 저평가됐었다. 하지만 최근 들어 동작구 한강변에 들어서는 새 아파트를 중심으로 '신(新)동작 시대'를 열어 가고 있다.

다만 양 소장은 정부 규제로 인해 전반적인 시장 후퇴기가 시작됐으니 중장기적으로 미래 가치가 확실한 곳에 투자하라고 권유했다.

양 소장은 거래량과 전세가격 추이를 보면 '후퇴기의 시작'을 엿볼 수 있다고 했다. 그는 "통상 후퇴기에는 거래량 없이 호가만 상승하고 매수자 우위 시장으로 전환한다"고 설명했다. 그는 특히 "집값 선행 지표인 전세가격이 일부 지역에서 하락하고 있는 중이다. 그만큼 물량이 많고 전세 세입자를 구하기 어렵다는 것"이라고 주장했다.

이 때문에 양 소장은 확실한 가치를 갖고 있는 상품에 주목하라고 조언한다. 그는 "성장 가능성의 핵심 척도는 희소성인데, 서울에서 한강변만큼 뚜렷한 희소가치는 없다"고 설명했다. 양 소장은 또 "재개발은 재건축보다 한 박자 늦게 움직인다. 재건축이 오르고 나면 재개발이 오른다"

고 설명했다. 그는 이어 "한남뉴타운 또한 최고의 입지를 자랑한다. 용산이 강남을 능가할 수 있다고 생각한다"고 말했다.

아울러 양 소장은 "이런 분위기 속에서도 미래 가치가 있는 예외는 있다. 서울 마포구의 경우 다른 지역과는 조금 다르다"고 밝혔다. 앞서 문 칼럼니스트가 강조한 것처럼 실수요가 탄탄한 지역이기 때문이다. 양 소장은 "마포는 직주근접 선호도로 인한 실수요가 꾸준해 급등이나 급락을 겪지 않는다"고 설명했다.

계속되는 규제… 아파트만이 답은 아니다

대다수 사람들은 부동산 하면 아파트를 떠올리지만 우리나라 부동산 포트폴리오에 아파트만 있는 것은 아니다. 오히려 지금 같은 주택시장 규제 국면 속에서는 비(非)아파트 상품으로 눈을 돌려 보는 것도 나쁘지 않은 선택일 수 있다.

이남수 신한금융투자 부장은 같은 세미나에서 이 같은 대안을 제시했다. 그는 2018년 상반기 같은 시장 분위기에서 주목할 투자 대안으로 '월세 나오는 부동산'을 추천했다. 이 부장은 "8·2 대책 이후 주택 규제로 인해 상업용 부동산 거래량은 역대 최고치를 기록했다"며 이같이 주장했다.

실제로 수익형 부동산 전문기업 상가정보연구소가 국토교통부 통계를 분석한 결과 2018년 1월 상업용 부동산 거래 건수는 총 3만 893건을 기록했다. 이는 전년 동월(2만 3,160건) 대비 33.4% 증가한 수치다. 정부의 부동산 규제가 주택시장에 집중되자 상업용 부동산으로 투자 수요가 옮겨간 영향이라는 분석에 무게가 실리고 있다

이 부장은 "이제 부동산 투자의 패러다임이 토지에서 수익형 부동산으로 바뀌었다. 대부분 중년층의 노후 대비책이 마땅치 않기 때문이다"라고 말했다. 그는 이를 '부동산의 연금화'라고 규정했다. 그는 "우리나라는 빠른 속도로 초고령사회에 접어들고 있는데 국내 사적연금 가입률은 23%에 그치고 있다"고 설명했다.

OECD(경제협력개발기구) 국가 중 노인빈곤율이 가장 높은 불명예를 안고 있는 것도 우리나라다. 65세 이상 노인 빈곤율은 2007년 44.6%에서 2013년 49.6%로 증가, OECD 평균 노인 빈곤율의 3배가 넘는 수준이다. 그렇다고 국민연금이 정답은 아니다. 현실적으로 공적연금의 소득대체율은 40% 수준에 불과하기 때문이다.

이 부장은 자발적인 노후 대비 차원에서 수익형 부동산에 관심을 기울여야 하고, 또 관심이 늘어났기 때문에 부동산 투자의 패러다임이 바뀌고 있다는 입장이다. 이 부장은 "상업용 부동산도 상품의 희소성을 따져야 하는데, 최근에는 점포 겸용 주택과 단지 내 상가의 인기가 많다"고 말했다. 1층 상가와 2~4층 주거공간이 결합된 점포겸용 단독주택 용지는 주거와 임대 수익이라는 두 마리 토끼를 다 잡을 수 있다. 이 부장

2016년 상반기 LH단지 내 상가 낙찰 정보

분양 단지	평균 낙찰률	평당가격(천 원)
행복도시 1-3M5	253%	24,703
강원혁신A-2BL	243%	24,274
고양삼송A4	163%	19,441
화성남양뉴타운A1	184%	26,088
위례A2-4	217%	41,270

출처: LH

은 "입찰 때마다 평균 경쟁률이 수백 대 1에 달하고, 일부 인기 필지는 수천 대 1을 기록 중"이라고 말했다.

한편 한국토지주택공사(LH)가 공급한 단지 내 상가 또한 뜨거운 인기를 누리고 있다. 이 부장은 "내놓기 무섭게 모두 낙찰이 완료되고 있다. 2016년 상반기 LH단지 내 상가는 위례, 화성, 세종 등 총 11개 단지 76개 점포가 공급돼 모두 분양에 성공했다"고 밝혔다. LH단지 내 상가 낙찰가율(예정가 대비 낙찰가 비율)은 매년 상승추세다. 2009년 68%에 불과했던 낙찰가율은 2012년 147%, 2014년 182%, 2016년 233%로 최초가 대비 2배 수준이다.

이 부장은 상가의 경우 '역세권'과 '2층' 상품에 주목하라고 조언했다. 그는 "투자의 고수들은 비싼 1층보다 도보로 쉽게 이동이 가능하면서 비

LH단지 내 상가 평균 낙찰가율

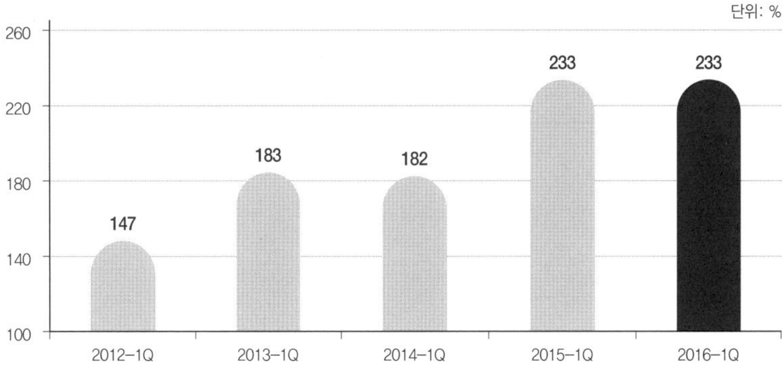

출처: KB국민은행, 4월 30일까지

교적 저렴한 2층 상가 투자를 선호한다"고 소개했다. 아울러 이 부장은 교통 호재가 있는 역세권 지역 등에 관심을 기울이라고 추천했다. 그는 "상가의 경우 교통에 따라 인구 집중화가 진행된다. 수서고속철도(SRT) 개통 후 평택에서 강남 대치동 학원들로 학생들이 '출퇴근'을 하고 있을 정도"라고 설명했다. 교통 호재에 따른 유동인구 확보 여부가 중요하다는 것이다.

남북경협 수혜 지역, '단타성' 투자는 지양

이 부장은 또 "돈을 많이 벌려면 땅을 사야 한다"고 말했다. 다만 그는 "그렇다고 자금력이 안 되는 상황에서 무리하게 땅을 사면 피해를 입을 수 있다. 여유가 조금 있는 투자자들만 땅을 살 것을 권장한다"고 덧붙였다.

2017년 1~11월 기준 전국 토지 거래는 301만 8,475필지로 관련 통계를 작성하기 시작한 2006년 이후 1~11월 누적 기준 가장 많았다. 부동산 규제로 주택 대신 수익형 부동산과 토지로 투자자가 몰리는 풍선효과가 나타난 것이다.

이 부장은 "요즘에는 남북관계 개선 가능성 때문에 경기 북부 지역에 대한 문의가 자주 온다. 파주나 연천 등은 '대박'을 노리고 사면 안 된다"고 목소리를 높였다. 아직 관계 개선에 대한 정치적 불확실성이 너무 크고, 향후 남북 경협을 통해 개발 호재를 누리더라도 10~20년 안에 가시적인 성과를 낼 가능성이 높지 않기 때문이다.

부자들만 아는 알짜 부동산 투자비법

고준석

"제 집을 팔아야 하나요?"

2018 서울머니쇼에 참석한 청중들은 부동산 관련 강연이 끝날 때마다 전문가들에게 이런 질문을 던졌다. 대부분 국내 부동산 규제와 함께 미국발 금리 인상 등의 악재로 부동산 경기가 꺾일 것 같아 걱정하는 사람들이었다.

국내 최고의 부동산 스타 강사로 유명한 고준석 신한은행 부동산투자자문센터장은 이 같은 질문에 색다른 해법을 제시했다. 그는 청중들에게 "돈을 벌고 싶다면 부동산을 바라보는 접근법부터 바꾸라"고 목소리를 높였다. 2018 서울머니쇼에서 '부자가 되려면 부자를 만나라'는 주제로 강단에 오른 고 센터장은 "국내 정책을 넘어 미국 금리까지 신경 써

가며 집을 살거나 팔 시점을 고민할 필요는 없다. 제일 중요한 건 실행이고, 결정을 하는 데 있어 핵심 기준은 '미래 가치'다"라고 말했다. 그는 "빠른 결단력이야말로 부자들의 공통점"이라고 밝혔다.

부자가 되려면
오늘의 집값을 인정하라

고 센터장은 지난 1994년 부동산과 인연을 맺은 이후 24년 동안 수많은 부자를 만났다. 그는 우리나라 금융기관 최초의 자산관리 전문가(PB) 겸 부동산 전문가 1호로 꼽힌다. 2002년부터 기업인, 연예인 등 유명인들의 부동산 자문을 맡아 왔다.

그는 "일반 투자자들이 부동산으로 돈을 벌지 못하는 이유는 오늘의 가격을 인정하지 못해서다"라고 강조했다. 고 센터장은 "어제의 가격을 알기 때문에 현재의 가치를 인정하지 않는 것인데, 부자들은 투자의 방점을 미래 가치에 둔다"고 설명했다. 부동산 투자란 어제와 오늘의 가치가 아닌 미래 잠재력을 보고 판단해야 한다는 뜻이다. 그는 "매입을 하려고 하는데 가격 하락을 걱정하면 투자를 실천하기가 어려울 수밖에 없다"고 말했다.

고 센터장은 "제일 중요한 것은 실행 여부다. 지금까지 만나본 부자들은 의사결정이 굉장히 빨랐다"고 설명했다. 그렇다고 고액 자산가들이

'묻지마 투자'를 하는 것도 아니다. 고 센터장은 "부자들도 의사 결정을 할 때는 매우 신중하다. 그러나 결정을 내릴 때는 매우 빠르다"고 말했다.

물론 거액의 돈을 들여 집을 매입하는 건 말처럼 쉬운 일이 아니다. 하지만 실패를 너무 두려워하면 성공할 가능성도 그만큼 줄어든다는 것이 고 센터장 생각이다. 그는 "부자들이라고 100% 성공만 하는 건 아니다. 실패를 오히려 더 많이 한다. 하지만 실패를 딛고 경험을 쌓으면서 성공도 더 많이 하게 되는 것이다"라고 말했다. 고 센터장은 "집 한 채도 없는 사람이 양도세 중과 시행을 걱정하거나, 미국 금리가 올라가는 것까지 신경 쓰기 시작하면 아무것도 할 수가 없다"며 오로지 미래 가치만 따져보고 투자를 결정하라고 추천했다.

이어 고 센터장은 "지금은 매수자 우위 시장이다. 이럴 때는 매입을 해야 한다"고 목소리를 높였다. 매수자 우위 시장이란 집을 사려는 사람보다 팔려는 매도인이 많다는 뜻이다. 서울 부동산 시장은 2018년 4월부터 매수자 우위 시장으로 돌아섰다. 2018년 초 강남4구를 중심으로 거래가 활성화되면서 가격대가 급등했지만, 다주택자 양도세 중과 시행으로 4월부터는 거래량이 대폭 줄었다. 이때부터 단기간 가격 급등에 대한 피로감을 느낀 수요자들이 관망세로 돌아섰다.

KB국민은행 주간 주택시장 동향에 따르면 2018년 4월 2일 기준 서울 아파트 매수우위지수는 94.8로 집계돼 3개월 만에 기준점인 100을 밑돌았다. 같은 해 1월 1일 98.8을 기록한 뒤로 11주 연속으로 100을 상회했지만 3개월 만에 그 기세가 꺾인 셈이다. 지수 범위는 0~200이며, 100

수도권 PB고객이 선호하는 투자자산

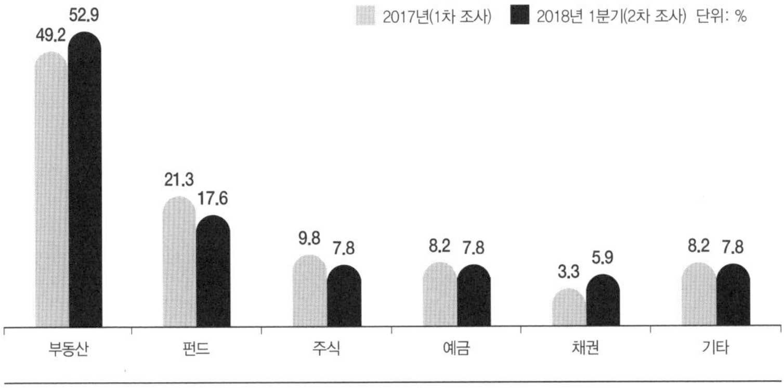

출처: KB경영연구소

을 밑돌면 매도자가 매수자보다 많다는 뜻이다. 이후 5월 말까지 매수자 우위 현상은 더욱 뚜렷해졌다.

고 센터장은 우리나라 1,000명 당 주택수가 OECD 평균 대비 적기 때문에 중장기적으로 시장은 상승 궤도를 그릴 수밖에 없다는 입장이다. 그는 "OECD 국가들은 보통 1,000명당 주택 수가 4,000~5,000가구 수준이다. 우리나라 인구를 고려하면 현재 국내에는 200만 가구 정도가 부족하다는 뜻이다"라고 설명했다. 분당이 약 9만 가구 규모다. 기타 OECD 국가 수준의 주택 숫자를 채우려면 신도시 20개는 더 있어야 한다는 뜻이다. 공급이 부족한 상태니 규제로 인한 일시적인 조정은 있을 수 있어도 장기적으로는 계속해서 가격이 오를 수밖에 없다는 말이다. 고 센터장은 "시장 가격은 수요와 공급으로 결정된다"고 말했다.

실제 부자들은 지금의 부동산 시장을 어떻게 내다보고 있을까? 2018년 4월 발표된 KB금융지주 경영연구소의 〈2018 KB부동산 보고서〉에 따르면 고액 자산가들은 여전히 부동산을 가장 선호하는 투자 자산으로 평가했다. 수도권 지역 KB자산관리전문가(PB) 고객들 중 설문에 응답한 52.9%가 부동산을 선호한다고 꼽았다. 이는 2017년 동일한 조사에서 나온 49.2%보다 상승한 수치다. 2위 자리를 차지한 펀드는 17.6%를 기록했는데, 전년의 21.3%보다 낮았다. 그렇다고 설문에 응한 자산가들이 시장을 낙관적으로 평가한 것은 아니다. 하락 전망과 각종 규제에 따른 안정세를 예측했지만 그럼에도 부동산을 가장 유망한 투자처로 지목한 것이다.

소형은 여전히 대세…
경매도 매력적

그렇다면 아무 집이나 무작정 사라는 것은 아니다. 이에 대해 고 센터장은 "잘 골라야 한다"는 점을 분명히 했다.

고 센터장은 미래 가치가 있는 부동산은 지금도 많다고 강조했다. 고 센터장은 우선 대단지 내 소형아파트의 약진을 예고했다. "초소형 아파트가 여전히 매력적인가"라는 질문에 대해 그는 "물론이다. 작으면 작을수록 좋다"고 밝혔다. 여기서 그가 말하는 소형이란 옛 10평대 아파트다.

고 센터장은 "의외로 착각하는 경우가 많은데, 20평대는 소형이 아니다"고 강조했다. 다만 그는 "단지 규모는 커야 한다. 아파트를 살 때 가장 중요한 기준은 세대수"라고 말했다. 특히 그는 강원도 등 지방에서 관광 인프라가 늘어나는 지역의 소형 아파트가 좋은 상품이라고 평가했다.

고 센터장은 "내 몸에 맞는 옷을 찾기 위해서는 강남만 바라봐서는 안 된다. 아직도 중계동 등에는 1억 원만 투자하면 전세 끼고 아파트 한 채를 살 수 있는 단지들이 남아 있다"고 설명했다. 그는 이런 집을 매매가격 대비 전세 값이 비싼 서울 중계동 등에서 찾을 수 있다고 추천했다.

고 센터장은 "경매시장도 충분히 매력적이다. 통상 시장 가격 대비 30% 저렴하게 매물을 매입할 수 있으니 기피하지 말라"고 조언했다. 그는 "내 집이 이미 한 채 있는 투자자라면 경매를 통해 매년 땅을 하나씩 사서 모아 놓는 것도 좋은 투자 방법"이라고 소개했다. 집을 장만한 사람이 다시 돈을 모아 또 다른 주택을 매입하기 어려우니, 경매로 소액 투자를 하라는 뜻이다. 고 센터장은 "2,000만~3,000만 원 정도면 살 수 있는 땅은 전국 곳곳에 많다. 여유 자금이 생길 때마다 한 필지씩 사다 보면 재산이 쌓이게 돼 있다"고 권유했다. 그는 "이렇게 1년에 한 필지씩만 사다가 때가 되면 다시 하나씩 파는 전략을 추천한다"고 말했다.

신한은행은 경매 시장에 대한 일반 투자자 접근성을 개선하기 위해 2018년 5월 경매 권리분석 등 정보를 제공하는 경매 전문 인터넷 홈페이지를 오픈했다. 신한은행 부동산투자자문센터 전문가들이 선별한 경매 추천 매물도 게재하고 있다.

반면 인구가 줄어드는 지역에 대해서는 신중한 판단을 권장했다. 고 센터장은 "광역시나 지방 도시들은 근본적으로 젊은 인구가 줄고 있다. 따라서 이런 지역에 투자하는 건 리스크가 있다"고 우려했다.

고 센터장은 강연을 마무리하면서 "부자들은 본인들의 자산을 건강 관리하듯 24시간 챙긴다"고 소개했다. 그는 "요즘 신혼부부 등 젊은 커플을 상담해보면 대부분 자산관리를 따로 하더라. 이럴 경우 부자가 될 수 있는 확률은 제로(0)에 가깝다"고 못 박았다. 고 센터장은 "부동산은 전 재산의 70~80%를 움직여야 하는 투자다. 그러려면 부부가 공동체 뜻과 돈을 모아야 한다"고 말했다. 그는 이어 "부부의 수입은 서로 공유하고 지출은 한 사람이 통제해야 한다. 이게 부자가 되기 위한 기본 중에 기본이다"라고 설명했다.

소문이나 주변 소식에 흔들릴 필요도 없다. 고 센터장은 "어느 견본주택에 개관 첫날 어마어마한 인파가 몰렸다고 해서 고민할 필요 없다. 견본주택을 가는 것보다 아파트의 입지가 중요하다"고 설득했다. 오히려 견본주택의 화려한 인테리어에 현혹되지 말라고 그는 강조했다. 고 센터장은 "싱크대가 예쁘다고 집값이 오르진 않는다"고 말했다.

끝으로 그는 "실수요자일지라도 내 집 마련을 안 하고서는 부자가 되기 어렵다. 현금을 모아 부자 되는 사람은 없다고 봐야 한다"고 말했다. 이어 '전문가'의 필요성도 강조했다. 고 센터장은 "부자 옆에는 꼭 멘토(Mentor)가 있다. 의사결정, 실행 전에는 전문가에게 반드시 자문을 구해야 실패 확률을 줄이고 성공 확률을 높일 수 있다"고 주장했다.

지역별 슈퍼 부동산 베스트 10

고종완

"정책과 시장 패러다임이 변했다."

2018 서울머니쇼에서 '지역별 슈퍼 부동산 베스트 10'을 주제로 강단에 오른 고종완 한국자산관리연구원장은 "2018년 부동산경기가 정점 내지 변곡점을 맞이할 가능성이 높다"며 이같이 말했다.

2018년 봄 이후 국내 주택시장은 급변하는 중이다. 고 원장은 "상담고객과 마주하다보면 그 어느 때보다 갈 길을 정하지 못하고 허둥대는 절박한 심정이 그대로 전달된다"고 말했다. 그렇다면 우리가 던져야 할 질문은 '지금이라도 집을 사야 할까?'다. 고 원장은 "안전진단 강화, 부담금 폭탄, 대출 규제, 금리 인상과 보유세 강화까지 예고된 상황에서 투자해법을 찾기란 쉽지 않은 게 현실"이라고 말했다.

벌집순환모형에 의한 주택 경기 전망

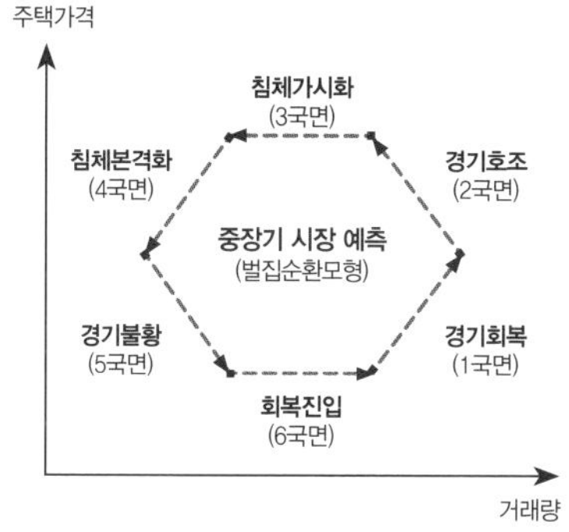

2018년 지역별 주택순환국면 예상

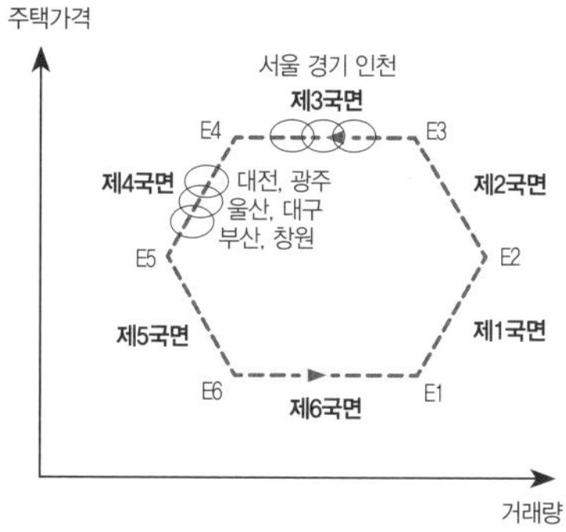

출처: KAMI 한국자산관리연구원

고 원장은 2018년의 거래 감소는 앞으로 거래 절벽으로 이어질 가능성이 높다는 입장이다. 그는 "주택 거래량이 집값의 선행지표임을 감안하면 5년 상승 끝에 닥친 거래 절벽과 집값 내림세는 단기적 하락을 넘어 장기적 불황기의 도래를 예고하는 징표"라고 주장했다. 다만 고 원장은 "물론 거래량이 하락한다고 집값이 동반하락하는 것만은 아니다"라고 설명했다.

고 원장은 "10년 주기설과 벌집순환모형에 따르면 2013년부터 바닥을 찍고 상승을 시작한 수도권의 주택시장은 2018년이 고점 내지 변곡점이 될 확률이 높아 보인다"고 밝혔다. 2019년 이후엔 본격적인 하향조정이 예상된다는 것이다. 이럴 경우 조정기간은 최소 1~2년에서 2~3년이 된다. 길게는 문재인 정부의 임기와 그 궤적을 함께한다. 3~4년 이상 길어질 가능성도 배제하기 어렵다. 고 원장은 "이렇기 때문에 2018년은 신중한 투자자세가 요구되는 중요한 시점이다. 공격적으로 부동산을 매입하기보다는 관망 자세 혹은 매도 전략이 현명한 방법이 될 것이다"라고 추천했다.

따라서 고 원장은 "이제 다음 상승 사이클(Cycle)에 대비해 미래 가치가 높은 '슈퍼 부동산'을 중심으로 투자 전략을 다시 짜야 한다"고 강조했다. 고 원장은 "앞으로 3~4년은 하향 안정세를 유지할 거 같다. 현재 수도권 중심으로 전세가격이 내려가고 있는데, 전셋값은 항상 매매가격을 선행한다"고 설명했다.

하지만 그는 10년 주기 이론을 근거로 "하락 이후 반드시 다시 상승세로 전환하게 돼 있다"고 강조했다. 이에 대비해 미래 잠재력과 가치가 있는 지역, 즉 슈퍼 부동산을 추천하는 이유다.

미래가치 반영된 신역세권을 주목하라

고 원장은 향후 주목해야 할 슈퍼 부동산의 주요 키워드 중 하나로 신(新)역세권을 꼽았다. 그는 "현재의 역세권은 교통접근성과 주거편익성이 이미 집값에 대부분 반영돼 있다"고 설명했다. 현재가치가 아니라 미래가치에 가장 큰 영향을 미치는 신설역세권에 주목하라는 뜻이다.

고 원장은 특히 "지하철 5호선, 7호선, 8호선, 9호선의 연장선 교통계획과 GTX-A노선 등 신설역 세권에서 슈퍼 부동산을 찾아보라"고 말했다. 그는 "그동안의 연구결과를 보면 서울지역에서 지하철이 개통될 경우 집값은 보통 15~23% 가량 상승하는 것으로 나타났다"고 설명했다.

미래가치 높은 '슈퍼 부동산' 베스트 10+2

- 종합운동장역 역세권
- 용산개발지구
- 경부고속도로 지하화 구간
- 뚝섬지구
- 석촌역세권
- 올림픽공원역, 보훈병원역(9호선 연장)
- 방이먹자시장, 석촌호수 인근 다가구주택
- 하남신설역세권
- 성남택지개발지구
- 서울-세종 고속도로 관통 지역
- 서울시 '관문도시' 12개 지역
- 파주 등 남북경협 벨트

그가 제시한 '슈퍼 부동산 베스트 10'에는 이 같은 새 교통 호재가 있는 종합운동장역 역세권, 석촌 역세권, 9호선 연장 구간인 올림픽공원역과 보훈병원역, 하남 신설역세권, 동빙고역(예정) 역세권과 용산 등이 포함돼 있다. 아울러 고 원장은 대규모 개발이 예고된 서울시 '관문도시' 12개 지역, 성남택지개발지구, 경부고속도로 지하화 일대를 유망 투자지로 꼽았다. 뚝섬지구, 방이동 다가구 주택도 베스트10에 이름을 올렸다.

고 원장은 성장도시 혹은 성장지역이라는 표현을 자주 쓴다. 그는 미래 가치가 있는 지역을 성장도시라고 부른다. 고 원장은 "주택 투자의 관점에서는 성장도시, 성장지역을 선택하고 미래가치가 높은 아파트를 고르는 일이 최우선 과제"라고 강조했다.

아울러 고 원장은 "과거 경험을 보면 아파트 가격이 상승한 뒤에 단독

주택과 토지가 뒤따라 오른 사례가 많았다"고 설명했다. 특히 도심권과 신설역세권을 중심으로 땅값이 오른 경우가 빈번했다. 그럴 경우 이들 부동산은 지가 상승에 따른 자본수익과 임대수익을 동시에 얻을 수 있는 이점 때문에 상승 대열에 합류했다.

고 원장은 "지금까지와는 달리 아파트 시대는 조만간 막을 내릴 것 같다"고 주장했다. 그는 "물론 다음번 상승기에도 아파트는 여전히 상승 선두에 서서 주택의 대장주로 군림할 것이 틀림없다"면서도 "이번 상승세가 2018년 마침표를 찍는다면 상대적으로 소외됐던 단독, 다가구주택과 상가주택, 토지시장이 대안 투자처로 떠오를 것"이라고 예측했다.

아파트 중에서는 상승 사이클이었던 지난 4~5년 동안 급등한 새 아파트나 재건축 단지보다 준공 20~30년 안팎의 중고 아파트를 주목하라고 고 원장은 권유했다. 그는 "준공 20~30년을 경과한 중고 아파트는 그동안 상승 대열에서 소외됐었다. 특히 20년 이상 경과된 중대형 아파트는 애물단지로 바뀐 지 오래기 때문에 역발상 전략 차원에서 이들 아파트를 잘 살펴봐야 한다"고 말했다. 이들 아파트 중 숨은 보물이 존재할 것이라는 뜻이다.

고 원장은 특히 "도심권, 신설 역세권 일대에 대지 지분이 넓고 가격 상승폭이 미미한 단지를 주목해야 한다. 5~10년 후 재건축의 옷으로 갈아입으면서 다음 상승기에는 진흙 속 진주로 거듭날 가능성이 높다"고 분석했다.

고 원장에 따르면 토지보상비가 2018년 16조 원 넘게 풀린 과천, 하남, 성남, 시흥, 광명 등 수도권 일부 지역과 공공아파트 공급이 예정된 판교, 수서지구는 유망투자처로 부상할 전망이다.

반면에 피해야 할 부동산도 있다. 고 원장은 "쇠퇴한 도시의 대형아파트, 빌라, 오피스텔, 상가 등은 '좀비 부동산'에 해당된다. 위례신도시, 동탄신도시의 상가처럼 고분양가에 공급 과잉까지 겹쳤다면 적어도 4~5년간은 상가 투자를 멀리하는 게 최상의 전략이다"라고 추천했다.

고 원장은 "도시와 부동산 이론에서 성장과 쇠퇴도시의 판단 기준은 인구구조, 소득구조, 인프라, 행정계획 등 4개 요소다. 이 4개 조건을 갖춘 도시와 지역은 성장도시, 성장지역이 된다"고 설명했다. 반대로 인구와 소득이 줄고 인프라 확충이 없으면서 특별한 행정계획이 존재하지 않은 지역은 쇠퇴도시, 쇠퇴지역으로 분류된다. 고 원장은 "부동산 이론에 따르면 성장지역의 특징은 땅값이 오른다는 것이다. 땅값이 오르면 집값과 부동산 가격이 자연스레 오르기 마련"이라고 말했다.

동·서해안 남북 경협 벨트에서 기회를 찾아라

고 원장은 또 남북해빙 무드를 타고 파주, 연천, 포천 등 휴전선 부근과 비무장지대(DMZ)도 벌써부터 들썩이고 있다는 점을 강조했다. 그는 "최근 남북 관계 개선에 따라 파주 등 동·서해안 경협 벨트 일대도 관심을 기울여야 한다"고 덧붙였다.

남북 관계가 개선되면 동해안과 서해안 축을 중심으로 경협 벨트가 형성될 예정이다. 서해안 산업·물류·교통 벨트는 신의주부터 평양, 개성공단 경기북부, 목포까지 이어진다. 동해안 에너지·자원벨트는 나선, 청진, 단천, 원산과 부산을 잇는다. DMZ지역 생태·평화안보 관광지구 개발과 문화교류센터를 구축하는 DMZ 환경·관광벨트 구상도 언급되고 있다.

아울러 그는 "통일되면 서울 집값이 더 오를 것이다. 북한의 인구가 서울로 대거 유입되기 때문이다"라고 설명했다. 폭발적인 수요 증가로 서울 주택 시장은 제2의 전성기를 맞이할 것이라는 얘기다. 특히 저렴한 소형 아파트 등이 유망하다. 따라서 고 원장은 "통일되면 서울에 집을 사고 평양에 땅을 사야 한다"고 주장했다.

파주의 땅값은 남북 정상회담 이후 출렁이고 있다. 경기도 파주시 토지 거래량은 2018년 1월 3,037필지에서 3월 4,628건으로 늘었다. 한국감정원이 관련 통계를 집계하기 시작한 2006년 1월 이후 월간 기준 최대치다.

파주 소재 A공인중개사무소 관계자는 "과거에는 소위 '강남 복부인'들이 땅을 보러 왔다면 요즘엔 일반 회사원들이 소액 투자 문의를 많이 한다. 남북 관계가 좋아지니 통일 기대감이 커지는 분위기다"라고 말했다. 다른 관계자도 "한 달 전에 비해 3배 정도 문의가 늘어난 것은 사실이지만 대부분 땅 투자에 대해 잘 모르는 소액 투자자들이다. 정작 큰손 투자자들은 아직 좀 더 지켜봐야 한다는 분위기다"라고 전했다.

연천, 인제, 고성 등 다른 접경지역에서도 토지 거래량이 늘어나는 추세지만 파주만큼 달아오르지는 않고 있다. 고성 소재 A공인중개사무소 관계자는 "최근 들어 특별히 토지 매입 문의가 늘어나고 있다는 분위기는 느끼지 못하고 있다"고 전했다.

다만 묻지마 투자는 지양해야 한다는 의견도 많다. 통일이나 종전 선언이 이뤄진다고 하더라도 실제 북한 경제가 살아나고 그 파급 효과가 가시화하기까지는 오랜 시간이 걸리기 때문이다. 최악의 경우 예상치 못한 돌발 이슈로 남북 관계가 다시 경색 국면에 접어들면 손실을 볼 수 있다.

미래를 읽는
재건축 재개발 투자전략

박합수

"서울의 한강은 W자 모양으로 흐르는데, 한강 옆에 사는 것의 가치는 'W의 가치'를 가져옵니다. 여기서 W란 Wealth(부), Won(원)의 약자입니다. 한강변은 이미 '평당 1억 원' 시대가 성큼 다가왔습니다."

2018 서울머니쇼에서 재건축과 재개발 투자 특강에 연사로 나선 부동산 전문가 박합수 KB국민은행 WM스타자문단 수석부동산전문위원은 "4~5년 후 미래가치를 발할 블루칩에 집중하라"며 중장기적 관점에서 우량단지를 보유하는 전략을 펴라고 조언했다. 재건축 분양투자에 대해선 "실수요자 관점에서 접근해 청약가점제를 적극 활용하라"고 말했다. 그는 "자금마련 계획은 필수며, 기존 정비사업 보유자의 경우 5년 내 관리처분계획 인가 여부를 확인한 뒤 청약에 참여하라"고 덧붙였다. 재

건축 초과이익환수제 실시와 관련해 입주 시점의 소유자가 재건축부담금 납부의무 대상이 된다는 점도 매입 시 고려 사항이다.

미래에 빛날 재건축단지는

박합수 위원의 재건축 단지 분석은 특정 지역 내 비슷하면서도 다른 두 곳을 각각 비교해 가며 진행됐다. 잠실5단지와 은마아파트는 3가지 면에서 매우 유사한 '형제 아파트'다. 잠실5단지는 1978년에, 은마아파트는 1979년에 지어졌다. 평형 구성 역시 30평대로 비슷하다. 단지 규모 역시 잠실5단지는 3,930가구, 은마아파트는 4,424가구로 4,000가구급이다.

다른 점은 용적률인데, 잠실5단지는 140%, 은마아파트는 200% 수준으로 사업성에서 차이가 난다. 잠실5단지는 잠실역 인근 상가와 오피스텔 등 상권 형성에 한 몫 할 것으로 보인다. 다만 같은 평수 기준 강남아파트의 가격을 따라잡기엔 한계가 있다는 분석이다. 수요자들이 같은 가격이면 강남을 선호한다는 이유에서다. 은마아파트는 대치동 재건축의 상징으로 전국구 아파트다. 중소형 위주로 대치동 학원가에서 새 아파트의 가치를 유지할 것으로 예상된다.

송파헬리오시티와 둔촌주공 사이에선 둔촌주공이 교육·교통·편의시설 측면에서 다소 우위에 있다고 분석했다. 송파헬리오시티는 9,510가구

송파헬리오시티와 둔촌주공 위치

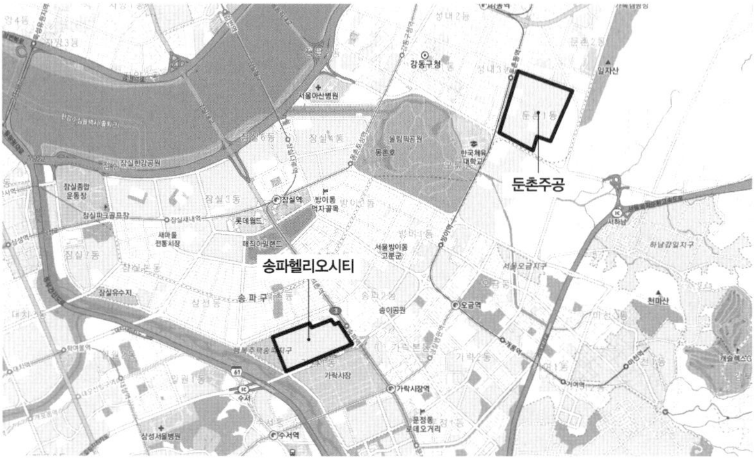

규모로 2018년 12월 준공 예정이다. 분양가는 평당 2,600만 원 수준(34평 기준 9억 원)으로 성공적인 분양을 마쳤다. 단지 내 초등학교가 하나 있는데 9,510가구를 감당할 수 있을지는 미지수다. 지하철은 8호선이 지나가지만 3호선과 9호선 접근성에는 다소 한계가 있다. 위례신도시와 문정지구, 잠실 등 주변 상황을 고려할 때 도로 정체도 예상된다.

둔촌주공의 경우 1만 2,000가구 규모 국내 최대 단일 아파트단지로 등극했다. 학교 사정도 송파헬리오시티보다는 나은 편이다. 가을이 되면 9호선이 개통되는데 코엑스까지 7개 역 거리이고 강남접근성도 높아진다. 서울아산병원과 국군보훈병원 등 편의시설도 훌륭하다. 올림픽공원의 가치에도 주목해야 한다. 분양은 2019년 초 정도로 시간이 걸릴 것으로 예상되는데 청약 관심을 유지할 필요가 있다.

고덕지구와 과천 일대 재건축단지는 쾌적한 자연 환경과 강남·도심 등 서울 접근성이 뛰어나다는 점, 시세가 평당 3,000만 원 정도를 형성하고 있다는 공통점이 있다. 고덕지구 일대는 인근에 자연공원 등이 있어 쾌적한 친환경 주거지역이다. 지하철 9호선이 연장돼 보훈병원과 고덕지구를 잇게 되면 강남 접근성도 개선된다. 고덕지구의 투자성 분석은 둔촌주공과 강일, 하남미사와 연계해서 접근해야 한다. 향후 고덕상업업무복합단지가 개발되면 약 1만 5,000명의 근무자가 유입돼 상권 활성화와 주거 수요 등으로 지역이 활기를 띨 것으로 전망된다.

과천 역시 친환경 주거지역으로서 '준강남'으로 자리매김했다. 이곳은 투기과열지구 지정으로 조합원지위양도금지 지역에 해당된다. 과천 일대 재건축단지는 강남부유층 중 친환경주거를 선호하는 사람들의 이주수요가 있을 것으로 보이며 2018년 순차적으로 사업이 진행될 예정인 만큼 관심을 가져도 될 만한 상황이라는 설명이다.

여의도 재건축단지는 올림픽·아시아선수촌과 비교해볼 수 있다. 여의도 아파트는 총 가구수 8,230가구 규모의 재건축이 동시다발적으로 추진되고 있으나 기대만큼 빠르게 되고 있진 않다는 평가다. 개별적으로 추진될 경우 향후 체계적으로 가치를 유지할 수 있을지도 미지수다. 여의도 서울아파트는 동남향으로 한강을 굽어보는 자리에 있는 만큼 랜드마크 등극이 예상된다.

아시아선수촌은 안전진단을 통과하지 못했다는 아쉬움이 있다. 하지만 장기적으로 봤을 때 명실상부한 송파의 랜드마크로 자리매김이 예상된다. MICE복합단지 개발과 아시아공원 등 녹지, 탁월한 교통연계성으로 부촌 역량을 갖고 있다.

용산과 압구정 일대 재건축에 대해 박합수 위원은 "미래 가치가 이곳에서 정점을 찍을 것"이라고 강조했다. 용산 일대에서 눈여겨볼 재건축단지로는 한강맨션과 신동아를 꼽았다. 박 위원은 "한강맨션 재건축 시 동부이촌동 등 용산일대 시장이 활성화될 것이다. 강북 최고의 재건축 단지로서 용산 랜드마크로 떠오를 수 있다"고 자신했다. 신동아에 대해선 "정남향 한강과 북향의 공원 조망으로 서울 최고의 조망권 단지로 부각될 것"이라고 말했다.

압구정 재건축단지 역시 장기적인 안목에서 미래가치를 보고 투자해야 할 곳으로 선택했다. 박 위원은 "압구정 일대 6개 지구는 재건축 시 명실상부한 전국구 아파트 지역으로 부상할 것"이라고 강조했다. 이어 "3지구 구현대 일대에서 탄력이 붙고 있고 2지구 신현대도 알짜다. 1대1 재건축을 통한 대형평형 위주 개발로 고급 프리미엄 가치를 유지할 것으로 보인다"고 설명했다. 다만 "여러 단지의 조건을 통합해야 하는 과제가 남아 있고 한강변 높이 가이드라인 등이 관건으로 작용할 수 있다"고 말했다.

미래를 밝힐 재개발지역

재개발 투자는 초과이익환수제 대상이 아닌 만큼 재건축의 대체 투자로 고려해 보라는 조언이 이어졌다. 특히 사업진행 속도가 빠른 단지는 관리처분계획인가 전에 매입 검토를 해보라고 제안했다. 박 위원은 "재개발 조합원입주권은 재건축과 달리 조합원 지위양도금지가 없다"고 말했다.

2018년 5월 현재 재개발 정비구역 583개 지역 중 365개가 해제된 상태다. 진행 중인 지역 외에 추가 물량이 제한을 받으면서 개발가치가 높아졌다. 재개발 물량 역시 7~8년 뒤면 입주가 마무리될 걸로 예상됨에 따라 수급불균형 현상이 벌어질 여지도 있다.

도시 재개발 진행을 살펴보면 서울 도심을 중심으로 서쪽은 마포에서 영등포로, 동쪽은 왕십리에서 청량리로 개발의 축이 확대되는 양상으로 흘러가고 있다. 마포와 영등포, 왕십리, 청량리 일대도 함께 분석해 봐야 하는 이유다. 이곳들 중 현재 덜 발달한 곳이 있다면 미래가치가 높다고 봐도 무방하다는 게 박 위원 설명이다.

우선 마포는 빠른 개발 속도 덕에 강북 재개발지역의 선두주자로 떠올랐다. 박 위원은 "마포가 재개발 속도에서 앞서가면서 강북의 가격을 주도했다. 주거 선택 기준에서 교통의 중요성이 커지면서 앞으로도 마포의 가치는 더 커질 개연성이 있다"고 말했다.

영등포는 영등포시장역 인근 개발로 일대의 위상변화가 시작됐다. 신길 재정비촉진지구 개발 덕에 점차 변화의 주세력으로 등장하고 있다는 분석이다. 왕십리는 뉴타운 시범지역으로 도심 개발의 상징적인 가치를 보유하고 있다. 특히 왕십리 역세권이 교통의 요충지로 부각되면서 향후 주거 역량도 확대될 것으로 예상된다. 청량리는 서울 동북부 철도 중심지로서 재개발지역의 한 축으로 성장했다. 향후 재개발이 진전될 경우 왕십리에 버금가는 가치를 갖게 될 수도 있다고 박 위원은 전망했다.

동작구의 양대 축인 흑석과 노량진 재개발지역은 중산층 주거지로 자리매김하고 있다. 노량진은 여의도와 용산, 강남 등의 배후지역으로 재개발 시 도심과 강남 양쪽으로 접근성이 우수하다. 지하철 1호선을 통해 도심으로, 9호선 노량진역과 7호선 장승배기역을 통해 강남으로 진입이 용이하다. 흑석동 개발은 막바지 작업이 진행 중으로 이곳 역시 용산 등 도심 접근성과 교통연계성이 비교적 양호하다. 다만 구역 내 도로 등 기반시설 개선 부분에 있어선 다소 한계도 노출하고 있다.

한강변 재개발에서는 압구정과 한강을 사이에 두고 마주한 성수동과 한남에 주목해보라고 조언했다. 성수동 재개발지역은 한강르네상스 프로젝트 시범단지로 유일하게 추진 중인 지역이기도 하다. 박 위원은 "성수동은 향후 압구정 재건축 시 남북의 조화로 시너지 효과가 기대된다. 성수 1~4지구에서 총 8,247가구 규모로 계획이 진행 중인데 현재 조합설립 및 사업시행인가 단계다"라고 말했다.

한남에 대해서는 "재정비촉진지구 대표지역으로 개발 기대감이 충만하다"고 전했다. 특히 한남은 신분당선이 개통될 경우 용산-도심-강남

용산과 강남을 이을 신분당선

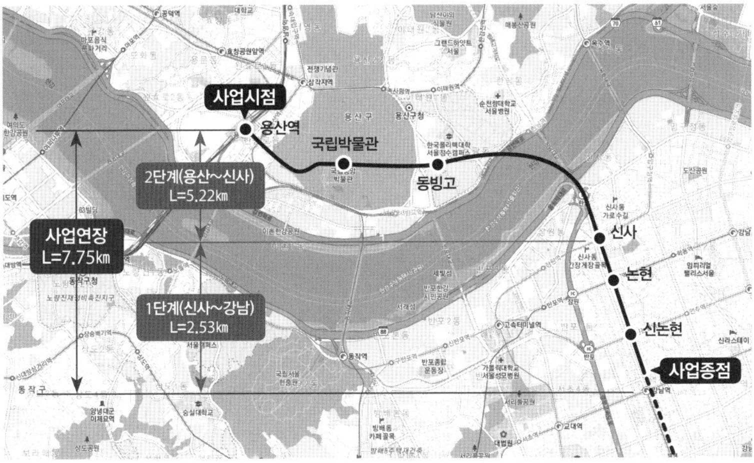

을 연결하는 입지에 있기도 하다. 박 위원은 "2~5구역 4개 구역에 총 1만여 가구의 한강조망권 아파트가 탄생한다. 용산공원과 연계성을 고려하면 5구역을 주의 깊게 지켜볼 필요가 있다"고 전망했다.

'용산 전도사'로도 알려진 박 위원은 용산에 대해 "용산공원 개발 시 우리나라의 상징적인 글로벌시티로 부상할 수 있다"고 자신했다. 2018년 말 미군이 이전하면 전체 이전부지 85만 평 중 71만 평에 2027년까지 1조 2,000억 원이 투입돼 공원이 조성될 예정이다. 공원을 포함해 인근 일대가 약 100만 평 규모를 갖추게 되는데 이는 103만 평의 미국 뉴욕 센트럴파크에 비견할 만하다. 효성 해링턴이 있는 국제4구역과 5구역이 개발되면, 공원 남서측은 용산링크 개발과 더불어 공원 주 출입구로 상권

형성도 기대된다.

용산 국제업무지구 분할개발로 개발 역량이 극대화되고 주변과 시너지 효과도 볼 수 있다. 용산전자상가와 용산역 일대에 상권이 형성될 수 있다. 또 용산역은 전국 철도 네트워크의 중심으로 전국구 접근성을 갖고 있다. 박 위원은 "향후 용산-강남을 잇는 신분당선이 개통되고 용산 개발이 완료되면 미국대사관 이전과 이태원 등과 맞물려 서울의 핵심지역으로 등장할 것"이라 내다봤다.

부동산 팟캐스트 1위가 말하는 서울 부동산의 미래

김학렬(빠숑)

서울 부동산 가격 상승세 아직 안 끝났다

2017년 4월 문재인 정부 출범 이후 서울 부동산 시장은 심상찮은 움직임을 보이기 시작했다. 그리고 이후 1년 반에 불과한 단기간에 급등세를 보였다. 정부는 급등세를 잡기 위해 2017년 8.2 부동산 대책이라는 유례없는 규제정책을 내놓았지만 상승세를 붙잡을 수는 없었다. 하지만 2018년 봄 이후 상승세가 꺾이고 오히려 하락세로 접어드는 모습을 보이고 있다. 과연 서울 부동산은 계속 상승할까. 아니면 이제 하락으로 돌아서는 것일까. 이 문제는 2018 서울머니쇼를 찾은 참관객들의 공통적인 관심사였다.

'부동산 팟캐스트 1위가 말하는 서울 부동산의 미래' 강연자로 나선 김학렬 더리서치그룹 부동산조사연구소장(필명 빠숑)은 서울 부동산 가격 상승세는 아직 끝나지 않았으며 주요 핵심지역은 이제 투자해도 늦지 않았다고 주장했다.

김 소장은 빠숑이라는 필명을 걸고 운영하는 블로그로 유명한 부동산 전문가다. 그가 참여하는 팟캐스트 '부동산 클라우드'는 부동산 팟캐스트 분야에서 1위를 차지하고 있다. 리서치 전문가답게 데이터를 기반으로 한 분석을 하는 것이 장점으로 꼽힌다.

김 소장은 "서울이 다른 지역과 다르게 가격이 비싼 이유는 일자리"라는 말로 강연을 시작했다. 그는 "강남 3구에 근무하는 정사원 숫자만 150만 명에 달한다. 이는 웬만한 광역시 인구 수준이다"라고 설명했다. 일자리를 중심으로 교통, 교육, 상권이 갖춰져 있는 것이 서울이라는 것이다.

김 소장은 최근 서울의 상승세가 지방에 비하면 뒤늦게 상승한 것이라면서 "전국 상승률을 보면 지방은 2009년부터 상승했고 서울은 체감상 2014년부터 올랐다. 서울 상승세는 유지될 것으로 예상한다"고 전망했다. 단기간 많이 올랐기 때문에 서울이 많이 오른 것처럼 느껴지지만 10년간 변동률을 보면 부산이 제일 많이 오르고 이에 비하면 서울·경기·인천은 안 올랐다는 것이다. 2017년 창원·부산·거제 등이 하락한 것은 지난 10년 동안 많이 올랐기 때문이라는 설명이다. 그는 "2017년 8월 이후를 보면 서울이 오르는 것이 보인다. 이는 아무리 규제를 해도 꺾일 수 없는 실수요다"라고 주장했다.

김 소장은 "부동산은 원가와 더불어 프리미엄으로 가격이 결정된다. 여기 머니쇼는 사전등록하면 무료로 들어올 수 있지만 지방에서 오신 분들에게는 교통비가 포함된다"고 설명했다. 서울에 산다는 것만으로 얻는 혜택이 고스란히 그 가격에 반영된다는 것이다. 김 소장은 "아파트 가격을 잡으려고 분양가를 잡아도 입지가치가 떨어지지 않으면 목적을 이루기 쉽지 않다. 아파트 옆에 화장터를 만들지 않는 한 어려운 일이다"라고 덧붙였다.

이어 그는 현재 부동산 시장에서는 새 아파트 프리미엄이 크게 높아졌다고 설명했다. 그는 "2000년대 중반까지만 해도 아파트가 아닌 곳에서 살던 사람이 아파트로 처음으로 이사해 살던 비율이 높아서 그때는 아파트면 다 좋았다. 지금은 아파트에 살던 사람이 다시 아파트로 이사 가는 경우가 많기 때문에 신규 아파트 수요가 많아진 것이다"라고 말했다.

나보다 비싸게 살 사람이 있는 곳에 들어가야

김 소장은 "우리가 입지를 공부해야 하는 것은 그 아파트가 살 만한 곳인지를 알아야 하기 때문이다. '산다'는 것에는 'Live'와 'Buy' 두 가지

의미가 다 있다"고 설명했다.

살 만한 아파트란 무엇일까? 그는 몇 가지 조건을 제시했다.

첫 번째는 수요다. 쉽게 설명하자면 내가 팔고 싶을 때 살 사람이 대기하고 있어야 한다는 의미다. 그는 "단순히 값이 싸다고 들어가면 안 된다. 매수 수요자가 항상 대기하고 있고 해당 관리를 중개하는 업소가 3개 이상 있어야 하며 자가실수요가 50%는 돼야 한다"고 조언했다. 또한 배후수요지가 있어서 이 지역에 공실이 생겼을 때 다른 지역에서 이를 채울 수 있는지도 중요하다고 말했다. 서울 강남의 경우 공실이 발생하면 전국에서 이를 채울 수 있지만 경기도 연천군에서 공실이 나면 이에 대한 배후수요지가 없을 가능성이 크기 때문에 조심해야 한다는 것이다.

'적정가격이란 무엇인가'에 대해서도 설명했다. 단지 싼 가격이 아니라, 비싸게 샀지만 나보다 비싸게 주고 살 사람이 있는 가격이 적정가격이란 말이다. 김 소장은 "아파트는 한 번도 저렴한 적이 없었기 때문에 나 다음에 살 사람이 비싸게 사주면 된다"고 설명했다. 다만 2007~2009년 대형 아파트에 대한 묻지마 투자가 이뤄졌던 것처럼 거품이 껴 있을 때는 주의해야 한다고 말했다. 이 경우 매입할 사람이 있다고 구입해서는 안 된다는 것이다.

2030 서울시 생활권 계획에서 찾는 투자 지역

김 소장은 입지가치에서 가장 중요한 것은 교통·교육·생활편의시설인 만큼 같은 서울 안에서도 이것이 좋아지는 곳에 투자해야 한다고 주장했다. 그렇다면 미래에 입지가치가 좋아지는 지역은 어디가 있을까. 김 소장은 서울시 생활권 계획을 통해 향후 시장을 예측해볼 수 있다고 설명했다.

그는 이명박 전 서울시장의 뉴타운정책, 오세훈 전 시장의 주거지종합관리계획, 박원순 현 서울시장의 2030서울시생활권계획은 공통적으로 다른 지역을 강남지역처럼 발전시키려는 계획이라고 설명했다. 이 지역에 일자리를 만들어주고, 아파트를 건설하고, 교통을 편리하게 만들어주는 것이다.

김 소장은 서울을 5개 권역, 116개 지역 생활권으로 나눈 2030서울시생활권계획에 따라 각 권역별로 투자할 지역이 어디인지 조언했다.

동북권에서는 창동·상계, 청량리·왕십리, 성수의 세 지역을 꼽았다. 창동·상계 지역은 정부와 지자체가 모두 밀어주는 곳이고 청량리·왕십리는 원래 도심이고 중심지였던 곳인데 제자리를 찾아가는 것이라고 설명했다. 이 두 곳 사이에 향후 10년간 많은 변화가 일어날 것이라는 예측이다.

성수의 경우 동북권에 있지만 강남으로 봐야 한다는 것이 김 소장의 생각이다. 한강만 건너면 강남에 도달하는 접근성과 함께 서울숲이 주

2030서울시생활권계획의 의미 – 주거지종합관리계획

구분	재개발·재건축	뉴타운	주거지종합관리계획
관리단위	재개발·재건축사업 단위	뉴타운지구 단위	주거생활권 단위
사업방식	철거 재개발 · 재건축		정비, 보전, 관리의 통합적 관리
기반시설 설치	아파트단지 중심	뉴타운지구 집중 배치 (주변지역과 연계 미흡)	주거생활권 단위의 주변지역과 체계적 연계
지역자원 및 커뮤니티	–	뉴타운지구 집중 배치	지역특성, 골목길 등 지역자원 발굴 및 관계성 회복
예정구역 지정	지정	지정	미지정

는 쾌적함을 감안하면 현재 평당 3,000만 원을 넘어 5,000만 원에 도달해도 부족함이 없다는 것이다.

서남권에서는 여의도, 마곡, 가산·대림 세 곳을 추천했다. 김 소장은 "강남은 지역별로 평당 가격이 다르지만 여의도는 모든 곳이 평당 4,000만 원 이상인 지역이다. 지금 사도 재건축이 끝나면 평당 1억 원이 될 것"이라고 예상했다.

마곡의 경우 교통, 환경, 일자리 등 메인 이슈가 집결되는 곳이라고 평가했다. 마곡은 공항철도가 개통하고, 주변에 대규모 녹지가 들어서며, 마곡 LG사이언스파크 등 각종 일자리가 생기는 등 서남권에서 가장 입지가 개선되는 지역이다. 김 소장은 "김포 한강신도시 수요도 마곡이 먹여 살리고 있다. 가산·대림 지역도 신안산선 개통과 함께 일자리가 늘어나고 있다"고 평가했다.

김 소장은 서북권에서는 상암·수색, 마포·공덕, 연신내·불광 세 지역이 모두 좋다고 했다. 상암·수색은 DMC에 수많은 미디어 기업들이 입주가 끝나거나 입주하고 있는데 이들을 위한 베드타운이 수색뉴타운이라는 것이다. 김 소장은 "마포·공덕은 교통이 워낙 좋은 쿼드러플 역세권(5호선, 6호선, 공항철도, 경의선)인데 여기에 하나 더 신안산선까지 들어온다"고 말했다.

그는 연신내·불광에 대해 "낙후되었던 지역이 개선되는 대표적인 사례다. GTX연신내역 인근은 앞으로 엄청나게 깔끔한 명품 상업지역으로 변할 것이다"라고 예상했다.

삼성동은 대한민국 최고가 지역 될 것

김 소장은 강남이 포함된 동남권에서는 삼성, 잠실, 수서·문정, 천호·길동 모두 좋다고 평가했다. 그는 "삼성동은 10년 후 대한민국에서 제일 비싼 땅이 될 지역이다. 영동 지하도시가 만들어지고 현대차 빌딩이 건설되며 지금도 이 주변에 전철역 4개 노선이 있는데 GTX를 포함해 5개가 더 들어온다"고 말했다. 돈이 있다면 삼성동에 1평이라도 땅을 사라는 것이다.

2030년 서울의 부동산 전개 방향

1	**결국 재건축, 재개발 지속 추진!** 새 아파트 수요가 지속될 것이다!
2	**교통망 촘촘해짐!** 교통의 중요성이 크지만 점점 희석될 것이다!
3	**환경 쾌적성이 가장 큰 이슈가 될 것!** KBF(핵심구매요인) 중에서 가치가 가장 크게 상승할 것이다!

김 소장은 잠실에 대해서는 "이 지역은 송파구가 아니고 삼성동에 붙어 있는 같은 생활권이다. 이곳도 버릴 땅이 없는 지역이다"라며 강력하게 추천했다. 그는 다른 동남권 지역에서는 수서·문정 지역을 추천했다. 과거 이 곳은 강남에서 가장 별 볼일 없는 곳이었지만 교통과 일자리가 만들어지면서 획기적으로 좋아지고 있다는 것이다.

그렇다면 이 지역 외에 현재 가치보다 프리미엄이 있는 지역은 어디일까. 김 소장은 강연 말미에 수도권 10개 지역을 꼽았다. 이중 한남·보광, 여의도, 상계·노원, 수색, 동대문 등은 5개 권역을 소개하면서 꼽았던 지역이었다. 압구정, 목동, 광명시, 장위, 고양시 덕양구는 각각 실제가치보다 저평가되어 있다고 설명했다. 먼저 압구정은 1대1 재건축을 할 만큼 소유자들이 부자인 지역으로 현재 가장 비싼 반포 아크로리버파크가 평당 8,200만 원이므로 재건축 후에는 평당 1억 원이 될 지역이라고 꼽았다. 목동은 여의도 가격을 따라갈 수밖에 없는 지역으로 재건축 규제가 강화되긴 했지만 실제로 재건축이 완료가 되면 지금보다 훨씬 가치가 올라갈 지역이라고 평가했다. 광명시는 서울과 가깝고 서울과 같은 지역으로 봐야 한다고 설명했고 이는 덕양도 마찬가지라고 했다. 서울에 인접한 지역이 교통과 환경개선을 통해 서울과 비슷한 가격이 된다는 논리다. 마지막으로 장위뉴타운도 빠르게 입지가 좋아지는 곳으로 평가했다. 이곳은 평지이기 때문에 인근 길음뉴타운보다 훨씬 입지가 좋은데도 불구하고 아직 저렴한 만큼 지금 투자하는 것이 좋다는 조언이다.

부동산 경매 기술의 모든 것

송희창

"부동산 투자는 한 명의 사업가가 되는 일이다."

인기 부동산 투자서적 《송사무장의 경매의 기술》 저자 송희창 케이알리츠 대표는 2018 서울머니쇼에서 경매 투자비법을 소개하며 이렇게 말했다. 송 대표는 대학 졸업 후 4년 동안 전국 방방곡곡의 나이트클럽을 떠돌며 아르바이트를 한 끝에 모은 1억 2,000만 원을 종잣돈으로 경매를 시작해 3년 후 이를 20억 원으로 불린 부동산경매 고수다. 그가 밝힌 보유 상가건물만 전국 2,397평, 월 임대수익만 4,200만 원 수준이다. 그가 운영하는 인터넷 카페의 회원 수는 25만여 명, 웬만한 아이돌 팬클럽의 숫자를 뛰어넘는다. 저서인 《송사무장의 부동산 경매의 기술》, 《송사무장의 실전경매》, 《송사무장의 부동산 공매의 기술》은 모두 베스트셀러에 오르는 기록을 세웠다. 이 세 권의 책은 여전히 부동산 경·공매 분야의 필수서로 알려져 스테디셀러로 자리매김하고 있다.

2018 서울머니쇼에선 저자의 노하우와 투자 방법을 아낌없이 공개하며 높은 호응을 얻었다. 소액으로 투자 가능한 주거형 일반물건부터 한 번에 큰 수익을 낼 수 있는 특수물건까지 모든 물건을 아우르고 있다. 머니쇼 연단에 오른 그는 "대한민국에서 부동산 경매를 가장 잘하는 사람 송희창입니다"라고 자신을 소개했다.

그는 부동산 경매에서 가장 중요한 요소는 숫자가 아닌 '실제 사업가의 마음을 가지는 일'이라고 강조했다. 그는 "15억 원짜리를 12억 원에 낙찰 받았을 때 명도를 하고 부동산 가치를 높여 24억 원에 팔수 있다. 단순히 낙찰가와 시세차이만 보지 말고 간판 등 건물 특징을 살릴 수 있는 방법을 연구하면 결국 남의 눈에도 좋게 보이기 때문에 좋은 가격에 팔 수 있다"고 설명했다.

'천떼기'보다 소수입찰 노려야

경매에 뛰어드려는 예비 '사업가'들에게 송 대표는 현재 부동산 시장의 경쟁이 치열하다는 점을 일단 인지하고 있어야 한다고 강조했다. 실제 그는 최근 낙찰 사례를 들어보였다. 4억 8,000만 원 선에 거래되는 주택이 경매에 나왔다. 10명에 가까운 경쟁자가 붙었고 입찰 끝에 4억 6,000만 원에 최종 낙찰됐다. 송 대표는 "실제 이 낙찰자가 매도를 하려면 현주거자의 이사비용, 도배료 등으로 1,000만 원 정도의 비용이 발생한다. 결국 팔았을 때 남는 차익은 1,000만 원선이다"라고 말했다. 그는 덧붙여 "업계에서는 소위 이를 '천(1,000)떼기'라고 부르는데, 실제 돌아오는 이익은 크지 않으면서 품만 많이 드는 잘못된 투자방법"이라고 말했다.

그는 "3명 이하의 경매 참여자가 있는 매물들을 집중적으로 살펴봐야 한다. 실제 투자수단으로서 이익을 실현할 수 있는 가장 좋은 방법이다"라고 말했다. 송 대표는 덧붙여 "소수입찰은 경쟁자가 이번에 낙찰 받는다고 하더라도 다음번엔 같은 패턴 경매에서 상대방이 나오지 않을 확률이 크므로 단독입찰이 될 확률이 크다"고 설명했다.

물론 모든 소수입찰 매물이 다 노다지는 아니다. 소수입찰이면 소수입찰인 이유가 있기 때문이다. 선순위 임차인이 많을 수도 있고, 권리관계가 복잡할 수도 있고 또는 혐오시설이 위치해 있을 수도 있다. 송 대표는 바로 그 지점에서 기회가 나온다고 말했다. 송 대표는 "문제가 되는 부분 때문에 가격이 낮은 물건의 경우에는 사실 그 문제만 해결하면 가치가 올라간다. 단순히 숫자만 볼 게 아니라 원인과 해결방안을 고민해보는 게 중요하다"고 말했다. 그는 이를 위해 자기만의 주특기 기술이 있어야 한다고 강조했다. 권리분석, 지역분석, 입찰방법, 발상의 전환, 혐오시설 등으로 세분화하고 이 중 한 분야를 집중적으로 연구하면 알짜 소수입찰 매물을 찾아낼 수 있다.

3억 원짜리 상가, 나무 하나 없앴더니 7억 원에 팔려

그는 실제 자신의 사례를 들며 이러한 주특기를 어떻게 쓸 수 있는지 설명했다. '발상의 전환' 사례로 든 첫 번째는 허름한 반지하 건물이었다. 언덕에 위치해 인근 부동산에서도 매물로 추천하지 않는 곳이었다. 이 건물은 지상층이 쓰는 대문이 따로, 반지하세대가 쓰는 대문이 따로 있는 게 특징이었다.

송 대표는 이점에 주목했다. 그는 이 건물 반지하층을 매입했다. 이후 반지하세대 전용으로 쓰는 대문을 고급스러운 문으로 바꿨다. 이후 대문과 집까지 이어지는 콘크리트 바닥 공간을 원목으로 개조했다. 기존에는 쓰레기를 내놓는 용도였던 죽은 공간을 전용 야외테라스로 바꾼 것이다. 인테리어에 든 돈은 총 300만 원 수준이었다. 그러자 아무도 찾지 않던 이 건물을 사겠다는 사람들이 나타나기 시작했다. 송 대표는 "부동산은 주인에 따라 가격이 달라지기도 한다. 모든 사람을 만족시킬 수는 없어도 단 한 명의 매수자가 만족할 수 있게끔 물건을 업그레이드한다면 투자에 성공할 수 있다"고 설명했다.

이는 단순히 일반주택에만 적용되는 공식은 아니다. 상업용 상가에서도 건물을 어떻게 이용하는지에 따라 수익을 원래보다 크게 높이는 게 가능하다. 그는 자신의 사례로 경기도에 위치한 편의점을 꼽았다. 이 건물 1층에 위치한 편의점은 원래 장사가 되지 않아 월세 100만 원 내기도 버거워했다. 옆 가게 부동산도 사정은 마찬가지였다. 송 대표는 “임대료가 올라가야 건물의 가치도 올라가는 것은 가장 기본적인 공식이다. 해당 상가 건물에 매출을 올려줄 수 있는 건물주라면 임대료 수익 향상을 추구하기 쉽다”고 말했다.

그는 두 가게가 왜 장사가 안 되는지 정확히 알고 있었다. 시에서 건물 앞에 심어놓은 조경수들이 문제였다. 조경수들에 가려 큰길에서 두 가게가 보이지 않았다. 특히 부동산과 편의점은 단골장사가 아닌 우연히 찾는 고객들이 대부분이라 더 치명적이었다. 그는 건물을 매입하자마자 시청과 상의해 나무를 없애도록 유도했다. 나무 대신 화분과 대리석 인테리어를 자비로 들였다. 얼핏 보면 일부러 나서서 불필요한 비용을 지불한 셈이다. 효과는 대단했다. 시야가 확보되자 손님들이 가게들을 찾기 시작했다. 두 가게는 하루매출 200만 원이 되고 한 달 순수익 1,300만 원이 나는 가게로 탈바꿈했다. 자연스럽게 임대료도 올랐고 그만큼 건물의 가치도 상승했다. 3억 원에 구매했던 상가는 나무 하나만 없앴을 뿐인데 7억 원에 거래가 이뤄졌다.

부동산 전문가가 키즈수영장을 운영하는 이유는?

송 대표의 이력을 보면 독특한 내용이 눈에 띈다. '키즈수영장 다섯 곳의 대표'다. 전문 부동산 투자자가 키즈수영장 프랜차이즈를 운영하는 건 다소 의외다. 그는 그 이유에 대해 "이 역시 부동산 공간에 대한 고민 끝에 나온 결과"라고 말했다.

송 대표가 부동산 중 눈여겨 본 층이 있다. 도무지 답이 나오지 않는 공간이라는 게 정설인 오피스텔 건물 지하 2층 이하다. 주차장과 연결된 문이 전부라 접근성이 떨어지고 오피스텔 입주자조차 찾지 않아 죽은 공간들이다. 한 층에 10억 원을 호가하던 당초 가격은 시간이 얼마 지나지 않아 2억~3억 원대로 떨어지기 일쑤다.

송 대표가 선택한 건물의 원래 주인은 이 공간에서 키즈카페를 운영하고 있었다. 하지만 송 대표는 키즈카페가 유망하다고 판단하지 않았다. 송 대표는 "부동산 경매를 하다보면 폐업매물로 가장 많이 나오는 가게들이 키즈카페다. 가장 중요한 건 재방문율인데 키즈카페는 많아봐야 2~3회일 뿐, 이후로는 다른 카페를 찾아가는 경우가 많다"라고 말했다.

그는 이 공간을 키즈카페 대신 키즈수영장으로 변화시켰다. 초기투자 비용은 들지만 3년 코스로 운영되기 때문에 재방문율이 높다는 게 장점이다. 그의 작전은 성공했다. 매출이 향상되며 부동산 가치도 더불어 올랐고 다른 층 수준으로 가격이 회복됐다. 그는 이 공식을 이용해 다른 오피스텔의 지하층들을 공략해나갔고 현재는 5개 지점을 운영하는 키즈수영장 프랜차이즈 대표가 됐다.

송 대표는 비슷한 전략을 고민하는 투자자들에게 "상권 변화의 흐름을 잘 보는 것도 중요하다"고 조언했다. 이를 이용하면 혐오시설인 유흥업소 등을 이용해 큰 수익을 내는 것도 가능하다. 쇠퇴하는 유흥상권에 투자한 후 유흥상권이 사라지면서 업무시설 등으로 바뀌는 것을 노리는 것이 대표적이다. 정상건물이 되면 오히려 건물 전체 가치가 살아나게 된다. 통상 지는 상권에 마지막으로 남아 있는 유흥업소나 유흥업소 옆 점포는 저평가돼 있다. 이를 낙찰 받은 뒤 학원을 들이면 전체 상권이 살아나는 식이다.

그는 이어 참관객들에게 창업프랜차이즈 박람회를 자주 찾아보라고 권했다. 이런 박람회는 일반적으로 임차인을 위한 행사지만 임대인들에게도 도움이 된다. 특이한 업종에 대한 정보도 얻을 수 있고 임차인이 얼마를 어떻게 버는지 알아야 임대가도 재대로 상정할 수 있기 때문이다.

급매물을 노려라

그는 경매뿐 아니라 급매물도 좋은 투자수단이라고 말했다. 대신 평소 지역 시세에 대한 인지는 필수다. 그는 "투자는 내 집 근처부터라는 부동산 격언이 괜히 나오는 게 아니다. 평소 정확히 주변 시세를 알고 있

급매물 상가 투자 – 타이밍

어야 한다. 그러다가 시세보다 낮은 매물이 나왔을 때 남들이 망설이는 사이 한 발 앞서 계약을 따낼 수 있다"고 말했다.

알짜 급매물이 나오는 곳들로는 신도시 내 B군을 주목하라 한다. 그는 A급 지역 분양이 시작되면 보통 B·C급 지역에서 우후죽순 시공이 들어가는데 대부분 미분양 나기 십상이다. 그는 이때 정확히 매수에 들어가는 타이밍을 잡아야 한다고 말했다. 그는 "B·C급 지역 옆 나대지에서 신축이 시작되면 B·C급 지역의 가격이 오른다. 나대지 신축타이밍 직전에 매수하는 게 가장 좋다"라고 조언했다.

소규모 재건축, 미니 도시재생이 답이다

유지만 · 서용식

런던이나 파리 같은 역사가 오래된 유럽의 주요 도시를 방문하면 울타리 없이 서로 맞닿아 있는 주택가 광경을 쉽게 찾을 수 있다. 비슷한 크기의 저층 주택이지만 각각 개성 있는 다른 색깔과 디자인으로 무장한 연도형(보행로를 보면서 도로를 면해 지은 형태) 주택들은 관광객의 사진 촬영 핫플레이스다.

우리나라에서도 앞으로 이 같은 연도형 타운하우스를 만들 수 있게 됐다. 2018년 2월 9일부터 자율주택정비사업이 시행되면서 '맞벽 재건축'을 손쉽게 시행할 수 있게 됐기 때문이다.

맞벽 건축은 도시 미관 등을 위해 둘 이상의 건축물 벽을 대지 경계선으로부터 50㎝ 이내로 지은 경우를 뜻한다. 이 방식은 토지와 건축물 소유자들이 합의하면 건물과 건물 사이 공간을 띄울 필요가 없고 용적률·건폐율을 통합해 계산하기 때문에 사업성이 대폭 개선되는 장점을 갖고 있다.

방치된 저층 주거지, '맞벽 재건축'으로 재생

2018 서울머니쇼에서는 이 같은 맞벽 재건축의 가능성을 소개하는 '내 집 가치 높이는 법, 소규모 재건축!' 강연이 열렸다. 대규모 개발을 할 수 없는 서울 내 낡은 저층 단독·다가구주택을 재생해 자산 가치를 높이는 비법이 공개된 것이다.

맞벽 재건축, 혹은 소규모 재건축이라고 불리는 자율주택정비사업은 맞닿아 있는 단독·다가구주택 2개 필지 이상의 소유자가 모여 주택을 재건축하는 사업이다. 소유주 전원(100% 합의제)이 동의해야 한다.

강연자로 나선 유지만 국토교통부 도시재생사업기획단 행정사무관은 "그동안 사업성과 자금 조달 문제로 소규모 단독·다가구 주택들이 방치돼 왔다. 정부는 이 같은 한계를 극복하고자 자율주택정비사업을 시행하는 중이다"라고 소개했다.

유 사무관은 "현재 서울 내 전체 단독주택 중 56%가 30년 이상 된 노후 건물이다. 다세대·연립 중에서도 17%가 지은 지 30년이 넘었다"고 설

서울 단독주택, 다세대 · 연립 신축년도 별 비율

기존 도심

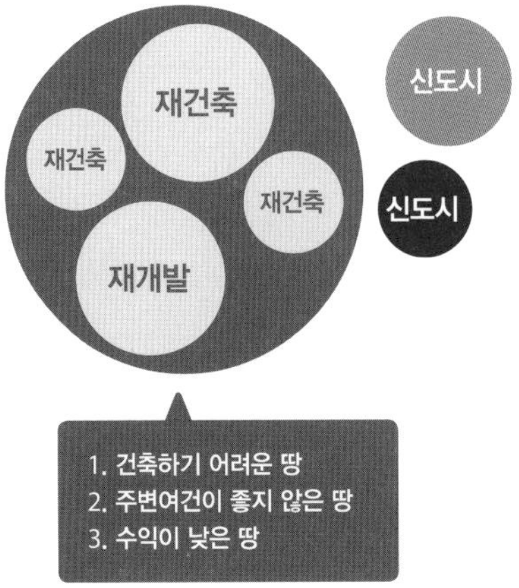

서울 단독주택 신축년도 별 비율

신축	건물수	비율	가구수	비율
30년 이상	1,736,976	56%	1,969,624	28%
20~30년	1,052,208	34%	4,167,160	58%
10~20년	195,768	6%	641,000	9%
10년 이내	119,280	4%	339,240	5%
계	3,104,232		7,117,024	

서울 다세대 · 연립 신축년도 별 비율

신축	건물수	비율	가구수	비율
30년 이상	234,290	17%	1,974,952	16%
20~30년	311,192	23%	2,727,032	22%
10~20년	441,602	32%	3,499,608	29%
10년 이내	391,748	28%	4,077,696	33%
계	1,378,832		12,279,288	

명했다. 이어 유 사무관은 "주택시장을 보면 1980년대 이후 노후 주거지를 개선하기 위한 재개발, 재건축, 뉴타운 등 사업들이 진행됐는데, 그 사업들의 수혜를 못 받은 게 노후 단독·다가구 주택"이라고 말했다.

정부가 이를 해결하기 위해 저층 주거지 정비사업 실패 사례를 면밀히 분석해 보니 가장 큰 문제점은 바로 사업성이었다. 유 사무관은 "통상 재건축은 일반분양이 잘돼야 사업성이 좋다고 평가를 받는다. 그런데 작은 주택은 사업성이 비교적 낮다"고 말했다. 집을 지으려면 건설 자금이 필요한데, 재개발·재건축의 경우 시공사를 선정해 금융기관을 통해 자금을 조달한다. 그러나 저층 주거지는 사업비를 마련할 방법이 마땅치 않다. 유 사무관은 "금융 기관 입장에서는 빌라 등 작은 주택들을 재건축해 분양해도 잘 팔릴지에 대한 의문이 있을 수밖에 없다"고 설명했다.

이 같은 이유로 정부는 자율주택정비사업 시행에 나섰다. 국토교통부는 자율주택정비사업 연착륙을 위해 각종 공공지원 제도를 마련했다.

든든한 공공지원…
저리에 HUG 융자 받고 미분양분은 LH가 매입

국토부는 한국감정원에 통합지원센터를 설치해 초기 설계와 사업성 검토를 담당하도록 했다. 유 사무관은 "자율주택정비사업은 100% 주민 합의를 통해 진행하기 때문에 주민들 간 의견 조율이 최우선이다. 옆집을 설득하려고 하는데 사업에 대한 자세한 내용을 모르면 한국감정원 통합지원센터를 찾으면 된다"고 설명했다.

한국감정원 통합지원센터는 자율주택정비사업에 대한 종합적인 절차 설명은 물론 초기 사업성 분석도 해준다. 아울러 기초 설계에 대한 지원까지 가능하다.

이후 공사비 등 사업비용을 마련할 단계에 도달하면 주택도시보증공사(HUG)의 도움을 받으면 된다. 유 사무관은 "HUG에서 총 사업비의 50%를 연 1.5% 금리로 빌릴 수 있다"고 설명했다. 아울러 분양 리스크에 대한 부담은 한국토지주택공사(LH)가 해결한다. LH가 준공 후 분양

자율주택정비사업 진행 및 지원 절차

이 안 될 경우 미분양분을 직접 매입하기 때문이다. 필요할 경우 통합지원센터에서 시공사 추천을 받을 수도 있다.

사업 활성화를 위해 국토부는 각종 인센티브도 제공한다. 자율주택정비사업을 진행할 때 주민 공동시설을 설치하면 용적률을 상향해 준다. 아울러 주거지 인근 공용주차장을 사용할 수 있도록 사용권을 확보해 놓으면 건축 시 주차장 의무도 면제받을 수 있다.

특히 연면적의 20% 이상을 공공·준공공 임대로 운영하면 법정 상한까지 용적률을 끌어올릴 수 있다. 유 사무관은 "물론 각 지방자치단체의 도시·건축 심의를 받아야 하지만, 국토부도 지자체와 협의를 통해 이런 혜택을 보장하려고 노력하는 중"이라고 밝혔다.

유 사무관은 "자율주택사업 가능 지역은 난개발을 계획적으로 통제할 수 있는 곳들"이라고 설명했다. 현 제도에서는 도시활력증진사업구역, 지구단위계획구역, 정비사업 해제 지역, 도시재생활성화지역, 시·도 조례로 정하는 지역 등이 대상이다. 서울 내 뉴타운, 재개발 해제 구역만 총 380여 개에 달한다.

신개념 재테크 비법…
정부 지원으로 내 집 가치 올리자

같은 세션에 참여한 서용식 수목건축 대표는 "도시재생 뉴딜의 핵심은 소규모 재건축이다. 정부의 정책 자금과 제도적 지원을 적극 활용해 자산의 가치를 올리는 새로운 재태크 방식이다"이라고 강조했다.

서용식 수목건축 대표는 최근 자율주택정비사업 국내 1호 브랜드인 '옐로우트레인(Yellow Train)'을 론칭했다. 옐로우트레인은 맞벽 건축을 통해 형성된 마을에서 한 량 단위로 차례차례 이어지는 기차 모습이 연상돼 고안한 브랜드다.

서 대표는 "맞벽 재건축을 하면 각 주택별 개발보다 사업성을 최대

50%까지 끌어올릴 수 있다"고 밝혔다. 정부의 정책 사업이기 때문에 앞서 언급한 용적률 상향 등 각종 규제 완화 혜택이 있기 때문이다. 특히 건축일조권 제한을 극복해 분리 재건축보다 1개 층 정도를 더 높게 지을 수 있다.

수목건축 계산에 따르면 서울 대학가에서 토지 89㎡(약 27평)를 소유한 A씨가 바로 옆 땅 40㎡(약 12평)를 보유한 B씨와 맞벽 재건축을 통해 두 동의 건물을 새로 지을 경우 용적률·건폐율 통합 계산 혜택을 받아 가구 수를 12가구까지 늘릴 수 있다.

공사비와 설계감리비, 세금 등을 합한 매입 원가는 15억 3,680만 원가량이다. 12가구에서 받을 수 있는 보증금 수입은 서울의 일반적 원룸 평형별 시세로 따질 때 2억 2,000만 원으로 계산됐다. 보증금과 건축자금 대출 가능 금액(3억 3,033만 원)을 제외하면 실제 투자비는 9억 8,647만 원이다.

12가구의 월세 수입은 매달 800만 원으로 추정된다. 1년으로 따지면 9,600만 원이다. 대출이자(연 3.8% 가정) 1,255만 원을 빼면 8,344만 원의 실수익을 얻는다. 투자비 대비 수익률은 8.46%로 계산됐다.

A씨와 B씨가 따로 건물을 개발할 경우엔 여러 규제를 받아 가구 수가 8가구밖에 나오지 않는다. 매입 원가도 다소 감소한 13억 6,877만 원이 된다. 공사비와 세금, 금융수수료가 줄어들기 때문이다. 8가구에서 받을 수 있는 보증금 수입은 1억 7,000만 원이다. 보증금과 건축자금 대출(3억 9,960만 원)을 제외하면 실제 투자비는 7억 9,920만 원이다.

8가구의 월세 수입을 연간으로 환산하면 6,180만 원이다. 대출이자(연 3.8% 가정) 1,518만 원을 빼면 4,662만 원의 실수익을 얻을 수 있다. 수익률이 5.83%로 맞벽 재건축보다 2.63%포인트 떨어진다.

서 대표는 "서울시 조례에 따라 총 17개 필지까지 이어서 개발할 수 있다"고 말했다. 다만 서 대표는 "각종 정책 자금과 공공 지원 혜택을 활용해 내 집의 가치를 상승시킬 수 있다는 장점도 있지만, 개발 후 건물의 콘텐츠도 중요하다"라고 강조했다.

수목건축이 제시한 '옐로트레인' 모델은 16개 필지를 철도처럼 이어 자율주택정비사업을 시행하는 개발 유형이다. 1층은 스트리트몰 형태의 상권을 조성하는 것이 주요 포인트다.

서 대표는 "지역만의 고유성, 정체성과 특색을 살리는 지역맞춤형 개발을 통한 살기 좋은 마을 조성도 자율주택정비사업, 더 넓게는 도시재생이 앞으로 나아가야 할 방향성의 핵심"이라고 말했다. 그는 "맞벽 재건축을 통해 새로 조성된 공간을 상가는 물론 스터디카페와 공동텃밭 등 주민친화형 커뮤니티 공간으로 조성하는 것도 충분히 가능하다"는 입장이다.

소규모 정비사업의 걸림돌이었던 자금 조달 문제도 개선되고 있는 분위기다. HUG를 통한 공공지원 혜택도 있지만, 최근에는 '도시재생 블라인드 펀드(투자 대상을 미리 선정하지 않고 자금을 모은 펀드)'도 대안으로 떠오르는 모습이다.

최근 군인공제회는 블라인드 펀드 조성에 1,150억 원을 출자하기도 했다. 서 대표는 "맞벽 건축 의사가 있는 소유자가 HUG 등에서 융자를 받아도 해결하지 못하는 비용을 블라인드 펀드가 충족해주고 있다. 민간 자금의 부동산 투자 활성화에도 큰 역할을 하고 있다"고 설명했다.

PART 3

오르는 주식의 법칙

국가대표 애널리스트 2018 하반기를 예측하다
정부의 코스닥 활성화 정책 속 진주를 찾아라
4차 산업혁명 시대, 한국의 구글을 찾아라
스무살 무일푼에서 슈퍼개미가 되기까지

국가대표 애널리스트 2018 하반기를 예측하다

최도연 · 윤재성 · 구완성

2018 서울머니쇼가 마련한 매일경제 선정 국가대표 애널리스트의 투자전망 세미나에서는 반도체와 석유화학, 바이오를 바라보는 증권가의 생생한 전망을 그대로 들을 수 있었다. 최도연 신한금융투자 연구원은 최근 주목받는 반도체 관련 산업 전망을 해 눈길을 끌었다.

4차 산업혁명으로 반도체 수요 폭발

그는 반도체 부문 실적이 계속 좋아지지만 2018년 주가가 편하지는 않은 상황이라고 말했다. 주가가 실적증가 폭을 따라가지 못하고 있다는

주요 반도체 주 상대주가

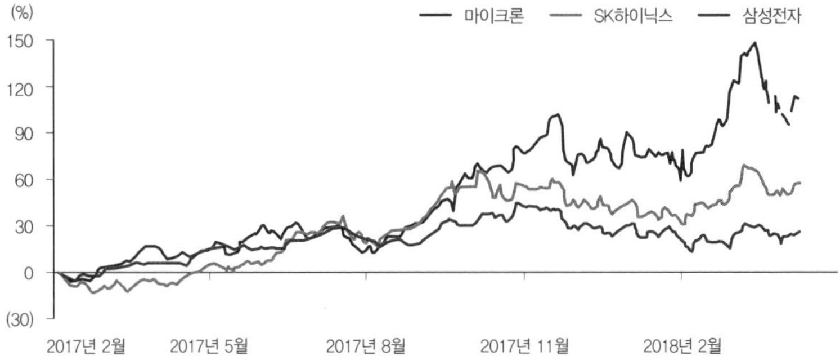

출처: 블룸버그, 신한금융투자, 2017년 2월 6일=0%

것이다. 시장에서는 이러한 국면을 한 번도 경험하지 못한 상황이기 때문에 일각에서 실적 증가 추이가 깨질 것이라 전망한다고 했다. 밸류에이션 멀티플을 하락시키고 있다는 얘기다. 하지만 그는 실적이 우상향하면서 시장 전망이 제자리를 찾을 것으로 보고 있었다. 지금 반도체 종목에 대한 기대감을 꺾을 상황이 아니라는 것이다.

최 연구원은 "반도체 산업 실적 추이 모멘텀이 전년대비 둔화된 것은 사실이다. 그러나 증가율이 둔화하는 것이지 실적 자체가 꺾이는 건 아니다"라고 잘라 말했다. 그는 업계 3위인 마이크론 주가가 상승하고 있어 삼성전자나 SK하이닉스 주가 역시 다르게 평가받을 이유가 없다고 말했다. 호황 국면에서는 선두업체가 후발 업체 대비 더 높은 밸류에이션을 받아야 하는데 5월까지 이런 주가흐름이 이어지지 않았다는 얘기다.

그는 "어떤 주식을 사야 하냐는 질문을 받을 때 삼성전자와 SK하이닉스가 가장 싸고 실적 증가폭이 크다고 얘기한다. 중소형주는 대형주와 한 달 정도 시차를 두고 주가가 따라가는 흐름을 보인다고 설명한다"고 말했다.

최 연구원은 최근 실적 흐름과 주가 흐름을 분석했다. 그는 일단 반도체 종목을 둘러싼 시장의 3대 우려가 있다고 했다. 첫 번째는 아이폰X의 수요 부진이다. 아이폰X 출하량은 시장 기대치를 하회했다. 주식시장은 아이폰X 출하량 부진이 메모리 반도체 수요에 부정적인 영향을 미칠 것을 우려한다고 했다. 두 번째로 삼성전자 대규모 DRAM 투자에 의한 수급 악화 우려도 있다고 했다. 주식시장은 삼성전자가 시장점유율 향상을 위해 대규모 증설을 감행하면서, DRAM 공급초과가 발생할 것으로 전망한다는 것이다. 또 하나 중국 반도체 굴기에 의한 수급 악화 우려를 지적하는 목소리도 있다고 했다.

하지만 이 모든 상황이 큰 걱정거리는 아니라는 게 최 연구원 결론이다. 일단 아이폰 수요 부진이 반도체 경기 악화에 미치는 영향이 매우 미미하다는 입장이다. 삼성전자의 DRAM 공장증설 역시 업황을 훼손시킬 정도가 아니라 수급 균형 상태에서 시장점유율 유지를 도모하기 위한 자연스런 움직임으로 해석해야 한다는 것이다. 게다가 중국의 반도체 굴기로 인한 수급 악화 우려 역시 지나치게 상황을 단순하게 본 것으로 현실과 들어맞지 않는다는 게 최 연구원 생각이다. 그는 "3년 내 단기로 봤을 때 중국이 메모리 반도체 수급에 미치는 영향은 극히 제한적이다.

장비 발주와 수율 확보까지 최소 3년의 시간이 걸리는데 당장 중국이 반도체 시장에 엄청난 영향을 미칠 것으로 보는 건 상황을 잘 모르고 하는 얘기다"라고 말했다.

그는 오히려 반도체 산업 빅 사이클을 놓쳐서는 안 된다고 얘기한다. 일단 수요의 구조적 변화가 일어나고 있다. 인터넷 서비스 업체들이 반도체 규모를 투자의 관점으로 보고 있다. 서버 수요 증가추세는 소프트웨어 업체들의 헤게모니 전쟁과 관련이 깊다는 게 그의 생각이다. 서버용 반도체 구매 업체들은 DRAM 가격 상승에 대한 부담을 스마트폰이나 PC업체에 비해 덜 느끼는 구조라서 가격 상승이 발주 감소로 이어지는 구조가 아니라는 얘기다.

또 클라우드 시장이 발전하면서 수요의 구조적인 변화가 나오고 있다. 아마존을 비롯한 클라우드 업체가 활기를 띄면서 사업 확대를 위한 반도체 수요가 늘고 있다는 얘기다. 그는 "IT패러다임 근간이 변할 때 IT기기 수요 증가가 1~2년 안에 끝이 난 경우는 거의 없었다. 과거 PC 증가량 추이나 스마트폰 증가량 추이에서 확인할 수 있듯이 서버 수요 증가세 역시 단기에 그치지 않을 것이다"라고 전망했다.

서버 수요가 과거와 달리 시장을 주도하는 현상은 이제 1년밖에 되지 않아 앞으로도 이 사이클이 더 길어질 수 있다는 얘기다. 최 연구원은 "PC 시대에 인텔과 마이크로소프트 실적 추이나 스마트폰 시대 애플과 구글 실적 추이를 보면 패러다임이 변하는 초기에 시장을 리드한 업체가 결국 시장을 오랫동안 독점한다. 4차 산업혁명 시대가 이제 막 시작됐는

수요의 구조적 변화: 스마트폰 메모리 탑재량 증가 = 스마트폰 기능 확장

- 고용량 메모리 반도체가 프리미엄 스마트폰 시장에 마진 개선 효과를 줌
- 중국 스마트폰 업체들도 고용량 DRAM을 마케팅에 활용
- 노트 9에 6GB DRAM 상향 탑재 예상, 애플 하반기 신규 모델에도 4GB까지 상향 탑재 예상

데 IT업체들이 핵심 자산인 반도체 구매에 돈을 아낄 가능성은 없어 보인다"고 말했다.

게다가 가상화폐를 비롯해 반도체를 필요로 하는 새로운 산업이 속속 나오고 있다. 또 반도체 공정난이도가 기하급수적으로 상승하며 삼성전자와 SK하이닉스가 쌓아놓은 기술력을 넘보기가 힘들어졌다고 말한다.

즉 모든 상황을 볼 때 삼성전자와 SK하이닉스 주가 추이를 좋지 않게 볼 이유가 없다는 뜻이다. 그는 "삼성전자와 SK하이닉스는 주가 조정 구간에도 견조했던 실적 컨센서스를 보였다. 지금 우리가 보고 있는 반도체 산업은 과거와 다른 모습이다. 예전과 비교할 수 없을 만큼 호황이 깊고 넓다"고 말했다. 하지만 시장을 나쁘게 보는 사람들은 과거와 다르기 때문에 업황이 깨질 것으로 보는 단순한 사고에 머물러 있다는 얘기다.

그는 반도체 핵심수요는 4차 산업혁명 서버라고 말한다. 그리고 지금 삼성전자와 SK하이닉스는 잃을 게 없는 주가라고 주장한다. 그는 "주

삼성전자 중장기 PER 추이

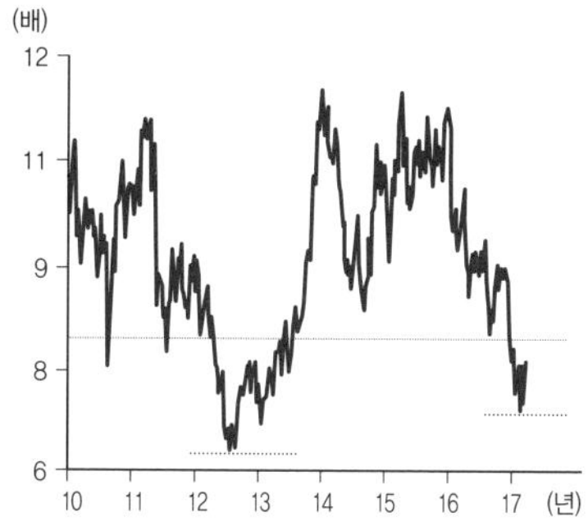

SK하이닉스 중장기 PER 추이

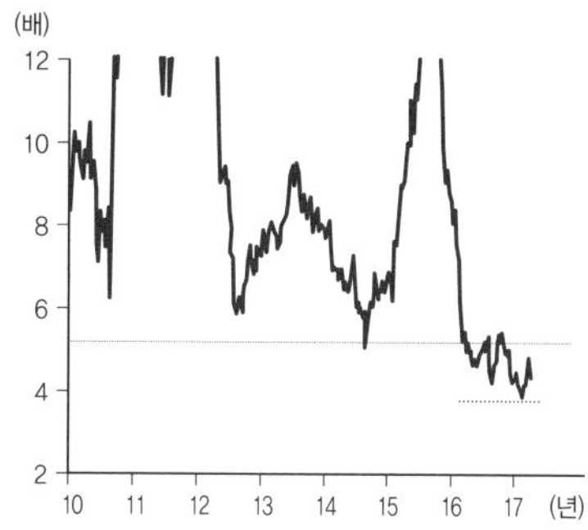

출처: Quantiwise, 신한금융투자

가수익비율(PER) 기준으로 두 업체 밸류에이션은 역사상 최저 수준이다. 저PER 구간이 1년 넘게 이어지고 있다. 조만간 결판이 날 것이다"라고 말했다. 수급이 깨지지 않고 안 좋은 견해가 힘을 잃으면 조만간 주가가 오른다는 것이다. 물론 실적이 깨지며 PER가 올라갈 수도 있지만 어쨌든 지금의 저PER 구도가 이어질 가능성은 희박하다는 게 그의 의견이다.

최 연구원은 삼성전자를 놓고 2분기부터 다시 사상 최대 실적을 올릴 것이라 전망했다. 그는 "2분기와 3분기 모두 삼성전자는 사상 최대 실적 기록을 쓸 것이다. 반도체는 물론 스마트폰과 가전 등 모든 사업이 실적 개선에 기여할 가능성이 높다"고 전망했다. SK하이닉스 역시 2분기와 3분기 모두 견조한 수급과 출하량 증가가 이어질 거란 예상이다. 그는 "생각보다 좋은 반도체 업황이 지속되고 있다. 현 SK하이닉스 주가는 중장기 밸류에이션 최하단에 위치하고 있다"고 말했다.

석유화학, 2020년까지 우상향 사이클 예상

윤재성 하나금융투자 연구원은 석유화학, 정유업종에 대해 전망했다. 그는 중국의 환경규제에 따른 큰 그림을 먼저 살펴봐야 한다고 말한다. 중국 환경규제에 따른 재활용 플라스틱 수입 중단 조치는 2018년을 기점으로 본격 시작했다. 재활용 플라스틱 수입 규제로 신규 석유화학 제품에 대한 대체효과가 발생하고 있다는 것이다. 대체 수요를 글로벌 수요로 환산하면 글로벌 수요가 종전대비 1~2%가량 증대되는 효과가 나온다는 분석이다.

그는 이에 기반해 "석유화학 업종은 2020년까지 사이클이 올라갈 것으로 보고 있다"고 말했다. 그는 "석유화학 산업 파악이 어려운 게 수요를 알기 힘들기 때문"이라고 말한다. 화장품 수요를 알기 위해선 명동에 가면 되는데, 석유화학 업종은 뚜렷한 지표를 찾아내기가 힘들다는 것이다. 그런 그가 최근 중국의 환경규제 이벤트를 이슈로 해서 수요와 공급 문제를 풀어낼 실마리를 찾았다는 얘기다.

윤 연구원은 또 중국 가스관련 이슈를 확인해야 한다고 말한다. 중국은 환경규제를 이유로 석탄에서 가스로 에너지 대전환을 시도하고 있다.

2018년 중국 재활용 플라스틱(PE) 수입중량 실질적으로 '0'

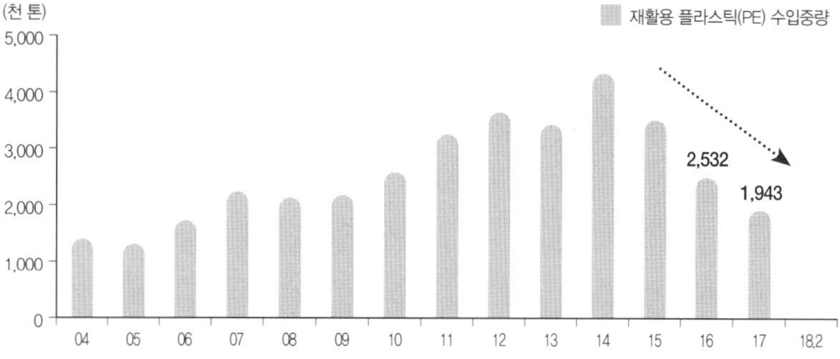

출처: KITA, 하나금융투자

가스 부족현상이 심해졌다는 얘기다. 이를 위해 LNG와 PNG 수요가 늘고 있는 추세다. 특히 파이프라인을 통해 가스를 끌어올 수 있어 가스 단가가 싼 PNG 수요는 급증할 수밖에 없는 구조다. 그러면 가스관을 만드는 데 쓰이는 HDPE 수요가 급격히 늘 수 있다.

또 중국의 소비고도화 현상도 주의 깊게 살펴봐야 한다. 알리바바 매출액이 폭발적으로 늘고 있다. 이게 석유화학 제품 수요와 무슨 관계일까. 둘 간 상당히 밀접한 관계가 있다고 그는 말한다. 윤 연구원은 "중국 알리바바가 이끄는 택배시장이 엄청난 속도로 크고 있다. 이에 포장에 필요한 범용화학제품 수요가 동반 상승하는 구조다"라고 설명한다. 그는 중국 전자상거래 규모가 세계 2위인 미국의 1.5배에 달한다고 설명했다. 1초마다 중국 전역에서 택배 박스 1,000개가 발송되고 있다는 것이

아시아 등·경유 재고 **아시아 총 석유제품 재고**

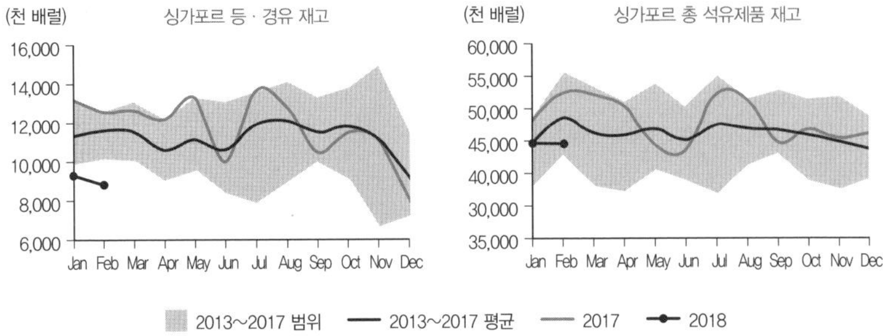

출처: 블룸버그, 하나금융투자

다. 그는 "이렇게 수요가 늘고 있지만 PE 공급은 수요의 70%에 그치고 있다. 2021년까지 산업의 초강세가 예상된다"고 말했다.

정유업종을 놓고도 초호황 사이클이 올 것 같다고 전망했다. 그는 전기차 시대가 오면 디젤 수요가 줄어들 것인지에 대해 근본적인 질문을 해야 한다고 말했다. 이 문제를 놓고 사활이 걸린 정유업체도 치열하게 고민하다는 것이다. 그 때문에 정유사는 화학 쪽에 투자한다고 했다. 미래에 대한 불확실성 때문이다. 이 때문에 글로벌 시장 전역에서 정유설비에 대한 신규 투자가 꽁꽁 막혔다고 말한다. 그는 "이런 상황에서 놀랍게도 수요가 급격히 늘어나고 있다. 미국 시장에서 급격히 재고가 말라붙고 있다"고 말했다.

게다가 상당한 정제설비를 보유한 인도는 내년 선거를 앞두고 인프라 투자를 늘리고 있다. 이게 경유 수요를 급격히 늘리고 있어 인도가 수출하는 경유량은 대폭 감소하고 있다. 그는 인도가 글로벌 경유시장에서 네 번째로 수출을 많이 하는 나라라고 했다. 글로벌 수급이 타이트해질 수 있다는 얘기다.

수출산업으로 진화한 제약·바이오

구완성 NH투자증권 연구원은 2018년 시장을 가장 뜨겁게 달궜던 제약·바이오 업종을 놓고 얘기했다. 그는 내수산업이었던 제약산업이 수출산업으로 바뀐 만큼 여기서 투자기회를 찾아야 한다는 입장이다. "수출통관 데이터로 추정한 보톡스 관련 제품 수출액이 지난 3년간 평균 40.6% 성장했다"고 그는 설명했다. 셀트리온은 램시마에 이어 트룩시마까지 수출에 성공하며 글로벌 기업으로 자리를 굳혔다. 그는 성장 초입에 있는 한국 바이오 업체와 달리 주요 글로벌 제약업체 주가는 한계에 봉착했다는 입장이다. 암젠 등 글로벌 업체는 특허만료에 따른 매출 감소 국면에 돌입했다. 이를 타개하기 위해 바이오시밀러에 도전하거나 인수합병(M&A) 시장을 기웃거리고 있다.

구 연구원은 "한국 바이오는 트렌드에 부합하는 것들을 하고 있다"고 말한다. 임상3상에 돌입한 회사들이 여럿 있다. 뛰어난 유전자치료제 기술을 보유한 업체도 상당수다. 그런데 하나 우려할 점도 있다고 했다. 미국, 유럽, 일본과 달리 유독 한국 헬스케어 시장만 2018년 10월 이후로

제약·바이오 신기술 관련 라이선딩, M&A 딜 규모

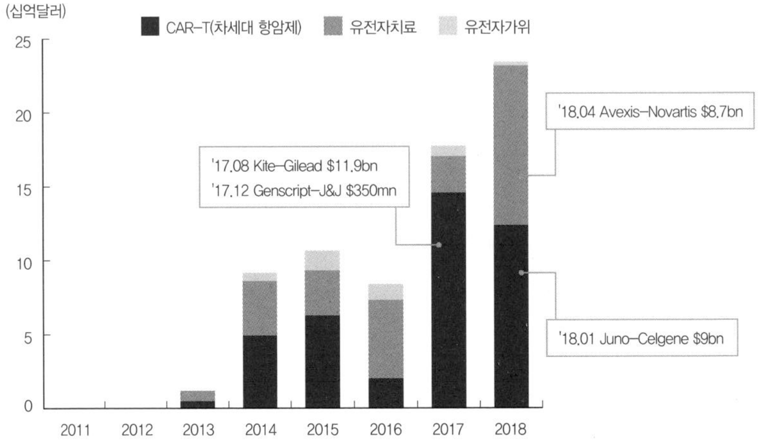

출처: NH투자증권 리서치본부

거침없는 랠리를 보이고 있다는 점이다. 펀더멘털 이슈보다는 정책 기대감이 업종 지수 상승을 이끌었다는 입장이다. 그는 "이제는 실적과 모멘텀을 모두 갖춘 코스피 제약사에 주목을 해야 한다. 삼성바이오로직스, 셀트리온을 제외한 국내 상위제약사 PSR은 4~5배 수준에 그쳐 아직 저평가 상황"이라고 말했다.

그가 눈여겨보는 종목은 대웅제약과 녹십자다. 대웅제약의 경우 보톡스제인 나보타가 3분기 경 공식 허가를 받을 것으로 보인다. 그는 "보톡스 가격이 최근 급격히 떨어졌는데, 이게 오히려 보톡스를 찾는 사람들의 수요를 엄청나게 늘렸다. 싼 값에 보톡스를 많이 생산하는 기술을 보유한 대웅제약은 큰 수혜를 입게 될 것이다"라고 전망했다.

녹십자 역시 면역글로불린 제제인 IVIG-SN 등이 주목받으며 쏠쏠한 이익 증가세가 전망된다는 예상이다. 그는 "대웅제약과 녹십자 모두 실적과 모멘텀을 모두 갖춘 업체로 볼 만하다. 향후 성장이 기대된다"고 말했다.

정부의 코스닥 활성화 정책 속 진주를 찾아라

이정기

'정부가 밀어주는 코스닥'이란 주제로 2018 서울머니쇼 강연을 맡은 이정기 하나금융투자 연구원의 세미나는 최근 코스닥 붐을 타고 뜨거운 관심을 모았다. 그는 문재인 정부의 강력한 코스닥 활성화 정책에 힘입어 코스닥 시장이 반등에 성공했다고 평가했다. 그는 "문재인 정부가 코스닥을 활성화하겠다는 강력한 뜻을 밝혀 2018년 중소형주 시장이 사드와 북핵 등 여러 변수를 딛고 상승할 수 있었다. 앞으로도 이 같은 흐름은 이어질 수 있다"고 평가했다.

그는 과거 코스닥 역사를 되짚어 보며 향후 코스닥 시장 전망을 할 수 있다고 했다. 그러면서 김대중 정부 시절 IT·벤처기업 육성책에 힘입어 코스닥 붐이 일었던 1999년 당시를 회고했다.

정부 정책 지원이 시장 성장의 원동력

이 연구원은 "1999년 5월 코스닥 등록 기업의 세금감면과 코스닥 등록 요건 완화 등 활성화 정책을 발표한 덕에 코스닥 지수는 2000년 3월 무려 2834포인트까지 상승했다. 정부의 정책 지원이 시장에 얼마나 큰 힘을 미치는지를 보여주는 사례다"라고 평가했다.

그는 이후로도 각 정부별로 온도차이는 있었지만 코스닥 시장에서 수혜를 보는 업종은 끊임없이 나왔다는 입장이다. 노무현 정부 시절에는 벤처기업 인수합병(M&A) 활성화 여파로 코스닥이 반사이익을 봤다.

이명박 정부 때는 4대강 사업과 녹색성장 정책을 바탕으로 코스닥 시

김대중 정부 기간 코스닥 지수 추이

출처: NH투자증권 리서치본부

김대중 정권의 코스닥 활성화를 위한 주요 대책

일자	주요 내용
1998년 5월 19일	– 코스닥시장 동시호가제 도입
1998년 6월 24일	– 코스닥시장 활성화 방안 발표
1999년 2월 21일	– IT · 벤처기업 육성 계획발표
1999년 5월 4일	– 코스닥시장 활성화 정책 발표 – 코스닥시장의 등록요건 개선 – 코스닥 등록법인에 대한 세제 지원

출처: 하나금융투자

장이 움직였다. 특히 녹색성장이 핵심 정부 과제로 떠오르면서 신재생에너지 관련 사업을 하는 중소형 기업들이 엄청난 주목을 받았다. 당시 녹색인증을 받은 기업을 상대로 코스닥 등록 요건까지 완화하면서 기업별로 사업영역에 신재생에너지 산업을 추가하는 게 유행처럼 번질 정도였다.

박근혜 정부 시절에는 창조경제 열풍을 타고 정보통신기업과 바이오 관련 중소형주가 부각받기 시작했다. 그리고 문재인 정부에 들어와 어떤 기업이 가장 큰 수혜를 볼지가 최대 관심사로 떠오른 것이다.

향후 예측을 위해서는 옆 나라 중국과 미국의 사례를 살펴보면 편하다. 중국은 산업 구조조정과 선전거래소 개방으로 '중국판 나스닥'을 키울 요량이다. 미국 역시 혁신기업이 몰린 나스닥이 미국 증시 전반을 끌고 가는 모양새다. 글로벌 4차 산업혁명 붐을 이끌고 있는 FAANG(페이스북·아마존·애플·넷플릭스·구글)이 대표적이다.

하지만 그동안 코스닥 시장은 '코스피 2중대'로 불리며 서자 취급을 받았던 게 사실이다. 이번 문재인 정부 들어 코스닥은 이 같은 오명을 벗어던질 절호의 찬스를 잡았다. 이미 중국과 미국에서 혁신기업 위주로 주식시장이 굴러가는 것을 볼 때 한국 역시 코스닥 시장의 중요성이 전례없이 커진 것이라 볼 수 있다.

문재인 정부 수혜주는 바이오, 신재생에너지

일단 수혜 업종 중에서 바이오 분야를 빼놓기는 힘들다는 게 이 연구원 생각이다. 그는 "미국 시장의 의약품 및 의료기기 수요가 증가하면서 국내 헬스케어 수출기업도 수혜를 볼 수 있다"는 입장이다. 이외에도 신재생에너지, 건설, 미술시장은 물론 중국의 쓰레기 대란 여파도 골고루 살펴야 코스닥 시장 투자의 감을 잡을 수 있다.

우선 문재인 정부가 강력한 신재생에너지 정책을 펼치는 점을 주의 깊게 살펴야 한다. 이 연구원은 "정부는 2030년까지 재생에너지 발전 비중을 20%로 확대할 계획을 세워놓고 있다. 에너지 전환은 태양광발전과 풍력발전 두 축을 중심으로 진행될 가능성이 높다"고 전망했다. 이 과정

코스피 대비 태양광업체 수익률 추이

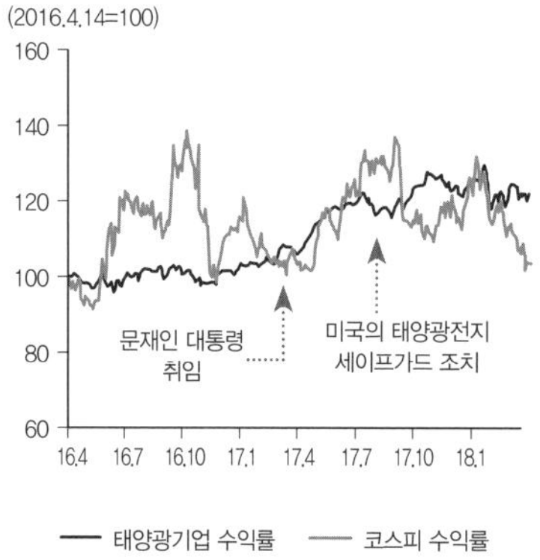

코스피 대비 풍력업체 수익률 추이

출처: Wisefn, 하나금융투자

에서 코스닥 시장에 상장된 재생에너지 관련 기업이 시장의 1차 타깃이 될 수 있다. 풍력기업 수익률 평균 주가 상승률은 최근 들어 완연히 코스피 대비 우위에 있는 상황이다. 이 같은 흐름이 이어진다면 재생에너지 관련 업종 투자는 시장을 이기는 투자 첩경이 될 수 있는 것이다.

반대로 건자재 업종 주가는 주의 깊게 살펴야 한다는 입장이다. 이 연구원은 "투자 철칙 중에 하나는 정부와 맞서지 말라는 것"이라고 말한다. 정부는 주택시장 가격 상승을 더 이상 용인하지 않겠다는 강한 의지 표명을 여러 차례 한 바 있다. 이미 증권사 등 금융사에 들어오는 아파트 개발 프로젝트파이낸싱(PF) 숫자가 급격히 줄고 있는 분위기다. 앞으로 분양시장이 활성화되기보다는 침체될 가능성이 높다는 얘기다. 이런 구조라면 건설시장이 활성화되어야 돈을 많이 벌 수 있는 건자재업종 주가는 향후 우울해질 가능성이 높다.

중국발 '쓰레기 대란'으로 파생되는 투자기회도 놓쳐서는 안 된다. 중국 환경보호부는 2017년 7월 폐플라스틱과 폐지, 폐방직원료 등 24개 품목의 폐기물 수입 중단 조치를 내렸다. 이 연구원은 "중국은 지난 2016년 전 세계 고체 폐기물의 56%를 수입한 세계 최대 폐기물 처리 국가다. 중국이 쓰레기 수입을 중단하자 대체제인 에틸렌과 펄프 등 원자재 가격이 급히 오르고 있다"고 말했다. 특히 소각로를 보유한 폐기물 업체를 눈여겨 볼만 하다는 게 이 연구원 생각이다. 소각 시 발생하는 폐열을 활용해 스팀을 생산해 주변 업체에 팔 수 있어서다.

이 같은 각론을 익힌 후 이제 총론에 들어갈 차례다. 우선 이 연구원은 코스닥 시장이 여러 밸류에이션 지표 상 상대적인 저평가 단계에 놓여있다고 진단한다. 정부의 코스닥 시장 활성화 정책이 강력한 동력이 되어 외국인투자자와 기관투자자를 자극시킬 충분한 힘이 된다는 것이다. 그는 "문재인 정부는 KRX300지수를 만들어 코스닥 시장 투자 물꼬를 트려는 시도를 했고, 코스닥 벤처펀드 제도를 통해 또 한 번 코스닥을 부양시키고 있다. 테슬라 상장제도를 비롯해 코스닥 신규 기업 유치에도 힘을 쏟고 있어 여러 벤처기업으로 자금이 들어갈 충분한 여건이 조성됐다"고 설명했다. 특히 2018년을 기점으로 코스닥 투자 비중을 매우 낮게 가져가던 주요 연기금등이 코스닥 시장에 속속 진입할 예정이어서 수급 측면에서도 코스닥 시장이 뜰 수 있는 최적의 시기를 맞았다는 게 이 연구원 주장이다.

그는 각 테마별로 투자할 만한 기업 리스트도 여럿 공개했다. 우선 2차전지 이슈와 관련해서는 에코프로, 코스모신소재, KG케미칼 등을 톱픽으로 꼽았다. 그는 "전기차 최대 시장인 중국의 정책 모멘텀이 견조하다. 국내 2차전지 관련업체 주요 시장이 중국인 것을 감안하면 여전히 투자 매력이 높다"고 전망했다.

중국 수출주 관련해서는 제이준코스메틱, 한화갤러리아타임월드 등을 주목할 만하다는 입장이다. 아울러 4차 산업혁명 관련주로는 KG이니시스와 에스피지, 셀바스AI 등을 유망종목으로 꼽았다.

헬스케어 관련주 중에서는 부광약품, 한스바이오메드를 추천했다. 그는 "건강에 관한 관심은 꾸준히 늘고 있는 추세다. 고령화에 따른 의료비 증가로 헬스케어 산업은 지속 성장할 수밖에 없는 구조다"라고 설명했다.

4차 산업혁명 시대, 한국의 구글을 찾아라

이준혁

2018 서울머니쇼의 연사이자 한화자산운용 에쿼티사업본부 밸류운용팀을 이끄는 이준혁 상무는 한화자산운용의 간판펀드 '한화코리아레전드중소형주'와 '한화코리아레전드4차산업혁명증권자투자신탁'을 맡고 있다. 현재 그가 굴리는 펀드 규모만 2조 6,000억 원에 달한다.

일반적으로 펀드 규모가 커지면 펀드의 수익률이 둔화되는 경우가 많은데 이는 크게 두 가지 이유에서다. 첫째는 자금 규모가 커지면 수익률을 높일 수 있는 큰 기업을 발견해야 하는데 그런 기업이 많지 않아서이고, 둘째는 규모가 커진 만큼 매매를 효율적으로 하기 어려워서다.

통계학과 출신인 이 상무는 이런 비효율을 피하기 위해 파이썬을 통해 직접 프로그램을 짜서 업무를 자동화했다고 한다. 그는 "매매를 입력해서 실행시키는 데만 해도 짧으면 30분, 길면 한 시간 반 소요됐었는데 프로그램을 통해 업무를 자동화한 이후 매매가 많은 날에도 20분이면 다 끝낼 수 있게 됐다"고 말했다. 그러면서 그는 "이런 자동화 추세는 산업 전반에서 나타나고 있으며 생산도구의 변화는 우리 생활에 크게 영향을 미치게 될 것이고 이런 추세 속에서 투자 기회를 발견해야 한다"고 말했다.

우리 앞에 나타날 메가트렌드 5가지

이준혁 상무는 "향후 핵심기술 4가지를 활용한 5가지 산업 분야가 유망한데, 그 5가지 산업 분야 내에서 나타나는 5대 메가트렌드에 주목해야 한다"고 강조했다. 핵심기술 4가지란 바로 인공지능, 빅데이터, 사물인터넷, 클라우드 컴퓨팅이다. 투자의 관점에서 봤을 때 인공지능은 2016년부터 2020년까지 무려 연평균 55.1% 성장할 것으로 전망된다. 빅데이터는 2017년부터 2020년까지 11.9%의 꾸준한 성장세를 보일 것으로 예상된다. 사물인터넷과 클라우드 컴퓨팅 역시 2015~2020년의 기간 동안 각각 15.6%와 20.4%의 높은 성장률이 예상된다. 4차 산업혁명 시대에 이런 4가지 핵심기술을 기반으로 크게 성장할 산업은 미래 자동차, 핀테크, 스마트홈·스마트팩토리, 첨단 의료산업, 증강현실·가상현실 등이다.

이러한 산업 분야 내에서 공통적으로 나타나는 메가트렌드가 있다.

투자관점으로 살펴본 핵심기술

인공지능	빅데이터	사물인터넷(IoT)	클라우드 컴퓨팅
연평균성장률 **55.1%** 전망 (2016~2020년)	연평균성장률 **11.9%** 전망 (2017~2020년)	연평균성장률 **15.6%** 전망 (2015~2020년)	연평균성장률 **20.4%** 전망 (2015~2020년)

4가지 핵심기술을 활용한 5가지 산업 분야가 유망

미래자동차	핀테크	스마트홈 스마트팩토리	첨단 의료산업	증강현실 가상현실

5가지 산업 분야 내에서 나타나는 메가트렌드

무인화	생산도구 변화	초연결성	다양화	탈공간

앞에서 설명했듯 4차 산업혁명의 중심에 있을 가장 큰 변화는 바로 무인화다. 이 상무는 "물리적인 영역뿐 아니라 앞으로 정신적인 영역까지 무인화가 될 것"이라고 예측했다. 세기의 대결로 주목받았던 이세돌 9단과 인공지능 알파고의 바둑 대결에서 보았듯이 알파고 대신 실제로 돌을 바둑판에 올려둔 사람은 구글 연구원인 아자황 박사였다. 인간이 앞으로 인공지능이 시키는 대로 할 수 있다는 점을 시사한다. 세계적인 투자은행 골드만삭스의 변화는 이를 더욱 적나라하게 보여준다. 2000년경 골드만삭스에는 600명가량의 트레이더가 일하고 있었지만 2017년 골드만삭스의 트레이더는 불과 2명뿐이다. 기존에 트레이더들이 하던 주식

거래는 200명의 프로그래머가 운영하는 자동 거래 프로그램이 담당하고 있다.

무인화 추세에서 얻을 수 있는 시사점은 인간이 '일'에서부터 멀어질 것이란 점이다. 무인화가 되면 일자리에도 변화가 생길 수밖에 없다. 새로운 일자리가 나타나거나, 일자리의 성격이 바뀌거나, 인간이 하던 일을 인공지능이 대신해 일자리가 사라지는 경우 등 세 가지 방향성이 있다. 이 상무는 "인공지능이 인간을 대체하는 경우에는 인간이 일자리에서 '추방'된다고 볼 수 있다"고 설명했다.

일자리의 성격이 바뀌는 경우라면 현재 두뇌를 사용하는 많은 직업군은 줄어들고 서비스업종이나 엔터테인먼트 쪽의 직업군이 늘어나는 상황이 예견된다. 이 경우 구직과 실직이 끊임없이 반복될 것이다. 새로운 일자리가 나타나는 낙관적 미래가 오더라도 기존에 육체적으로 스트레스를 받던 것과는 다른 양상의 일자리가 나타날 것이기 때문에 일자리로부터 '해방'된다고 볼 수 있다. 세 가지 방향 중 어떤 쪽으로 진행이 되건 인간은 일로부터 굉장히 멀어질 것이란 얘기다.

두 번째 메가트렌드는 생산 도구의 변화다. 지금까지 생산 도구는 크게 두 가지 뿐이었다. 자본과 공장이다. 하지만 상황이 바뀌었다. 이 상무는 "미래에는 노트북 한 대와 사람 한 명이 프로그램을 가지고 할 일이 굉장히 많이 늘어나는 시대가 될 것"이라고 말했다. 또 과거에는 땅 위에 생산설비가 있어야 재화를 생산할 수 있었지만 생산도구의 변화가 일어나면서 초연결성, 다양화, 탈공간 등의 메가트렌드로 이어진다. 중요한 건 이런 변화 속에서 어떻게 투자 아이디어를 얻어야 할 것인가 하는 점이다.

4차 산업혁명에서 발견할 투자 기회 '엔터테인먼트 산업'

그렇다면 이러한 다섯 가지 메가트렌드 속에서 어떻게 투자 대상을 찾아야 할까. 이는 과거 2000년대 IT 버블에서 실마리를 찾을 수 있다.

대표적인 글로벌 IT기업 인텔과 오라클은 당시 단기간에 주가가 급등했지만 컴퓨터 보급이 어느 정도 수준에 다다르고 저성장 국면이 시작되면서 주가가 동반 하락하는 경향을 보였다. 반면 아마존과 블리자드는 인텔과 오라클 등의 기업들이 내놓은 신제품과 신기술을 기반으로 사업을 확장해나갔다. 아마존은 2000년대 온라인 쇼핑이 본격화되면서 지금까지도 성장 가도를 달리고 있고 블리자드 역시 온라인 게임의 확산을 타고 꾸준히 성장해왔다.

한국도 상황이 크게 다르지 않다. SK텔레콤이나 하이닉스 같은 기업들도 2000년도 버블 당시 형성된 고점을 지금까지 돌파하지 못하고 있다. 하지만 신기술과 신제품을 기반으로 콘텐츠나 온라인화 추세를 타고 성장한 네이버나 NC소프트 등의 기업은 지속적인 성장을 보였다. 결국 4차 산업혁명 시대에 등장할 신기술과 제품에 투자하는 것보다 '놀이의

4차 산업혁명에도 우리가 잊지 말아야 할 것

역량있는 경영진	비즈니스 모델	밸류에이션	성장성
• 회사의 장기 전략 • 이해관계자와의 관계	• 제품 경쟁력 • 진입장벽 • 브랜드 파워	• P/E • P/B • 배당수익률	• 매출 증가율 • EPS 증가율

다양화', '콘텐츠의 성장'에 베팅하는 것이 보다 나은 수익률을 안겨줄 수 있다는 의미다.

그런 의미에서 이준혁 상무는 "엔터테인먼트·콘텐츠·게임 부문에서 유망 기업을 찾을 수 있다고 생각한다"고 강조했다. 이 상무는 "4차 산업혁명이 진행될수록 인류의 삶에서 놀이와 콘텐츠가 차지하는 비중은 더욱 커진다. 엔터테인먼트·콘텐츠·게임 부문 한류의 경쟁력은 아시아에서 10년 이상 지속되고 있으며 현재는 글로벌하게 확장되고 있다"고 설명했다.

경영진과 사업 모델을 들여다볼 필요도 있다. 이 상무는 "4차 산업혁명에 있어서도 결국은 그 회사가 어떤 아이템을 갖고 있는가보다는, 어떤 경영진이 어떤 사업모델을 갖고 있는지가 훨씬 중요하다"고 설명했다. 3차 산업혁명 시대가 왔을 당시에도 많은 유망 회사가 있었지만 결국 회사가 망하면서 큰 손실을 본 투자자들이 나왔다. 그는 "4차 산업혁명이란 기회가 와도 단기적으로 회사의 주가가 오를 순 있겠지만 역량 없는 경영진은 이를 장기적으로 키우기 힘들다. 역량 있는 경영진들만이 회사의 가치를 꾸준히 키워갈 수 있다는 것은 예나 지금이나 바뀌지 않는 진리다"라고 강조했다.

과거 20년 동안 한국에 과연 투자할 만한 회사가 있는지에 대한 질문은 반복적으로 나왔다. 하지만 지금 당장 눈에 보이지 않는다고 투자할 회사가 없는 것은 아니라는 설명이다. 오히려 이름만 대도 '4차 산업혁명과 관련된다'고 느껴지는 회사들은 수익률 측면에서 기대 이하일 수 있으니 눈에 잘 보이지 않는 회사들을 발굴해 투자해 보라는 조언이다.

CJ E&M, 한국전자금융, JVM… '한국의 구글' 후보군

이 상무는 한국의 구글, 한국의 아마존을 찾기 위해 상상력을 발휘해 보라고 조언했다. 무인화와 일자리 변화 등이 우리 생활에 미칠 사소한 영향까지 생각해 보라는 것이다. 인간이 일자리에서 멀어진다면 남는 시간은 결국 게임이나 TV를 보며 여가 시간을 보낼 수 있다.

이런 추세에 부합하는 주식 종목은 CJ E&M이다. 이 상무는 "이 회사는 글로벌에서 유일하게 종합 엔터테인먼트 회사다. CJ오쇼핑과 합병을 하게 되는데 이 경우 드라마 제작(콘텐츠)과 채널(플랫폼), 홈쇼핑(쇼핑)까지 한 회사가 다 갖추게 된다"고 말했다. 드라마를 보다가 드라마 속 주인공이 입고 있는 옷을 바로 주문할 수 있는 시스템이 갖춰질 수 있다는 얘기다. 기존에는 채널을 보유한 회사와 드라마 제작사가 분리돼 있다 보니 이러한 사업모델 구현이 어려웠다.

무인결제기 사업을 하는 한국전자금융은 무인화 트렌드 측면에서 특히 유망한 회사다. 프랜차이즈를 중심으로 무인결제기를 설치하는 식당이 갈수록 늘고 있다. 아르바이트나 직원을 고용하는 것보다 저렴하고 향후 최저임금 상승이 예상된다는 점에서 더욱 수요가 늘어날 것으로 보인다. 한 달에 50만 원 가량의 비용만 내면 24시간 가동되는 무인주차장 결제기 역시 한국전자금융의 사업 영역이다. 식당이나 주차장뿐 아니라 다른 분야에서 무인화가 가속될수록 한국전자금융의 가치는 빠르게 상승할 수 있다는 설명이다.

약국 조제나 약품관리 전자동화 사업을 영위하는 JVM 역시 무인화 수혜주다. JVM은 2016년 7월 한미약품그룹에 편입됐다. 한국 약국에서 약을 받으면 한 봉지 안에 한 번에 먹을 약을 종류별로 담아 포장해 주는 것과 달리 해외에서는 일반적으로 복용자가 각각의 약병에서 한 알씩 꺼내 먹어야 한다. JVM은 이런 번거로움을 없앨 수 있게 약을 종류별로 담아 포장하는 일을 자동화해 관련 특허를 취득, 시장점유율 90% 이상을 점유하고 있다.

이 상무는 한국의 4차 산업혁명 투자 환경에 대해 긍정적인 평가를 내렸다. 그는 "한국은 기업 분석의 깊이와 업데이트 속도가 해외 투자보다 용이하고 빨라 유망 종목 발굴이 가능하고, 벤처 투자에 대한 현 정부의 높은 의지도 도움이 될 것"이라고 말했다. 현재 2조 원이 넘는 자금이 코스닥 벤처펀드에 유입된 상황이다. 또 정부가 5년 안에 2조 원에 달하는 자금을 또다시 풀겠다고 한 데 비추어볼 때 4조 원 정도의 막대한 자금이 코스닥 시장에 들어갈 수 있다. 이 상무는 "메가트렌드 흐름에 있는 국내 기업 투자를 통해 장기적으로 꾸준한 수익을 기대할 수 있다. 생활 자체를 변화시키는 메가트렌드 관련 기업들을 발굴해 한국의 구글과 아마존을 찾아보자"고 말했다.

스무살 무일푼에서 슈퍼개미가 되기까지

이주영

2018 서울머니쇼에서 강연에 나선 '슈퍼개미' 이주영 IP경제교육센터 원장은 다소 복잡한 감정인 듯 보였다. 수백석의 자리를 꽉꽉 메운 청중 앞에서 어떤 얘기를 들려줘야 좋을까 고민하는 기색이 역력했다. 그는 "배정된 한 시간 남짓 시간이 길지 않아 고민을 많이 했다. 청중분들과 저는 똑같이 투자를 하는 입장이기 때문에 코스피의 현재와 미래에 대해 이야기를 해보는 시간으로 삼으면 좋겠다"고 운을 뗐다.

그는 주식시장에 일찍 들어가 여러 어려움을 겪으면서 투자를 해왔다고 말했다. 가장 어려운 것은 지금도 주식시장의 흐름을 읽는 거라고 했다. 하지만 주식시장은 누구에게나 평등한 기회를 제공한다는 게 그의 입장이다. 현금을 잘게 쪼갤 수 있어서다. 부동산은 투자하려면 아무래도 목돈이 필요하다. 공인중개사 사무실에 가서 계약서도 써야 한다. 하지만 주식시장에서 투자는 PC에 깔려 있는 홈트레이딩시스템(HTS)이나 휴대폰으로 간단하게 할 수 있다.

하지만 성공하기 위한 큰 흐름을 읽기가 어렵다. 그는 그가 바라보는 시장의 큰 흐름에 대해 말하고 싶어 했다. 주식시장을 어떻게 정의하는가. 주식시장을 어떻게 바라봐야 하는가가 그가 이날 가져온 화두였다.

주식시장 투자 전에 달러에 대한 고민이 필수

이 원장은 "큰 흐름을 보자면 본질적인 요소는 돈이다. 주식시장이 돈으로 구성되어 있는데, 우리가 투자에 대해서 얘기할 때는 항상 개별 종목에 대해서만 말한다"고 말했다. 그는 "시장을 더 크게 보려면 돈이 무엇인지에 대한 정의를 내리는 데 먼저 집중해야 한다"고 말했다.

그가 말하는 돈이라는 개념은 기축통화와 관련된 이슈다. 그는 "달러(기축통화)의 가치에 따라 우리나라 증시는 물론 세계 증시가 덩달아 움직인다. 주식시장에 뛰어들기 전에 달러에 대해 먼저 생각을 해야 한다"고 말했다. 달러를 기본으로 하는 자본주의 체제 특성상 미국 증시가 조정을 받으면 한국 증시도 추락할 수밖에 없는 구조다. 예를 들어 서브프라임 사태가 터진 직후 2000 고지를 넘었던 코스피는 반 토막 이하로 추락

서브프라임 사태 이후 다우지수 추이

했다. 그는 "당시 개별 종목 역시 고점대비 50~60% 떨어진 종목이 허다했다. 이때는 아무리 좋은 주식을 가지고 있어도 투자에 실패할 수밖에 없는 상황이었다"고 말했다.

그는 미국 다우지수를 그린 차트를 소개하며 말을 이어갔다. 이 원장은 "다우지수가 연일 높은 속도로 올라가고 있다. 미국 증시는 서브프라임 이후 5~6배 올랐다"고 전했다.

그는 미국 증시가 더 오를 수 있느냐 여부를 파악하는 게 굉장히 중요하다고 강조했다. 호기롭게 수억 원을 투자했다가 시장 자체가 무너지게 되면 누구나 극심한 공포를 느낀다는 것이다. 결국 포인트는 '왜 다우지수와 나스닥이 올라갔느냐'로 모아진다. 결론은 간명하다. 시장에 돈이 엄청나게 많아졌기 때문이다. 양적완화 정책으로 전 세계가 시장에 돈을 쏟아내면서 유동성이 풍부해졌기 때문이다. 이 원장은 "미국 기업 실적이 엄청나게 좋고 경기가 회복세였지만 가장 근본적인 이유는 시중에 돈이 많아졌기 때문이다. 따라서 이 돈이 어떻게 될지를 고민하는 것은 아주 중요하다"고 말했다.

그는 미국증시 시가총액 상위종목을 소개했다. 애플 시총이 약 1,000조 원 정도다. 1년에 60조 원 정도를 버니 이익이 시총에서 차지하는 비중은 6% 정도라 했다. 삼성전자는 15~18% 정도 나온다고도 했다. 즉 애플이 삼성전자 대비 훨씬 높은 평가를 받고 있다는 얘기다.

구글은 시총이 900조 원인데 1년에 30조 원을 버니 이 비율이 3% 수준이다. 아마존은 0.5% 밖에 안 된다. 아마존이 훌륭한 기업이기는 하지만 증시에서 고평가를 받고 있다는 입장이다. 그는 마이크로소프트 이익이 시가총액에서 차지하는 비율이 3%, 워런 버핏의 회사인 버크셔해서웨이가 4%, 페이스북 역시 비율이 4% 안팎을 맴돌고 있다고 말했다.

이 원장은 "미국에 상장된 우량기업은 시총대비 이익의 비율이 4~5% 수준이다. 미국이 금리를 올리고 있는 상황에서 이 비율을 보면 불안한 생각이 든다"고 말했다. 예를 들어 기업에 투자하면 가진 돈의 4~5% 정도 벌 수 있는데, 기업의 미래는 불확실하다. 망하는 기업도 있고 이익이 감소하는 기업도 나올 수 있다.

그런데 안전한 채권에 투자하면 3%를 벌 수 있다고 하자. 그렇다면 큰돈은 어떻게 하겠느냐는 게 이 원장 질문이다. 그는 "큰손들이 불확실한

미국증시 시가총액 상위 10

순위	종목 코드	종목명	현재가 (USD)	시가총액 (KRW)	영업이익 (KRW)	영업이익 /시가총액	섹터	산업
1	APPL	**애플**	179.98	978조 590억	65조 6,994억	6.7%	소비재	전자기기
2	GOOG	**구글**	1,160.04	865조 8,180억	28조 8,180억	3.2%	기술	인터넷 서비스
3	GOOGL	**구글**	1,160.04	861조 8,230억	28조 24억	3.2%	기술	인터넷 서비스
4	AMZN	**아마존**	1,578.89	818조 6,190억	4조 3,975억	0.5%	서비스	소매(카탈로그와 메일 주문)
5	MSFT	**마이크로소프트**	96.54	796조 1,170억	23조 9,111억	3.0%	기술	비즈니스 소프트웨어 및 서비스
6	FB	**페이스북**	185.23	576조 2,940억	21조 6,374억	3.8%	기술	인터넷 서비스
7	BRK-A	**버크셔해서웨이**	319,600.00	562조 8,750억	22조 3,839억	4.0%	금융	재산 및 손해보험
8	BRK-B	**버크셔해서웨이**	212.94	562조 8,750억	22조 3,839억	4.0%	금융	재산 및 손해보험
9	JPM	**J.P.모건체이스 앤드컴퍼니**	118.04	433조 8,730억	38조 4,489억	8.9%	금융	은행
10	JNJ	**존슨앤드존슨**	133.80	384조 4,570억	19조7118억	5.1%	헬스 케어	제약

주식을 버리고 채권으로 옮겨 탈 수 있다"고 전망한다.

그는 미국이 양적완화 정책을 엄청나게 쓴 결과 다우지수와 나스닥이 지나치게 올랐다고 말했다. 여기서 지수가 더 오르면 어떻게 될까. 그러면 앞서 말한 시가총액에서 차지하는 이익의 비율이 4%에서 3.8%로 3%로 뚝뚝 떨어질 것이다. 여기서 주식 가치를 더 끌어올리려면 양적완화 정책을 더 유지해야 한다. 그런데 이게 반복되면 화폐가치가 급락하면서 물가상승 압박을 느끼게 된다. 한국 역시 화폐가치가 빠르게 떨어지고 있다. 물가가 단기에 급하게 오르면 모두가 살기 어려워진다. 결국 미국 금리 인상은 늦춰질 수 없는 상황이다.

그는 "중국 증시 상승이 현재 벽에 막힌 이유 역시 양적완화 정책을 무리하게 썼기 때문이다. 이미 중국과 미국, 한국의 스타벅스 가격은 차이가 거의 없는 수준"이라고 말했다. 중국의 물가지수가 한국과 비슷하다고 하면, 한국과 중국의 임금수준이 비슷해야 하는데 그렇지 않은 게 사실이다. 중국에 수년 전 건설 붐이 일 때 중국 정부가 양적완화 정책을 너무 무리하게 썼다는 게 그의 주장이다.

이 원장은 "코스피지수가 아주 오랜 시간 '박스피'에 갇혀 있었다가 2017년 들어서야 올랐다"고 말했다. 최근에 지수가 상승한 이유는 실적이 워낙 좋았기 때문이다. 그런데 이런 추이가 계속 지속될 수 있을지를 놓고는 잘 모르겠다고 했다. 2008년 서브프라임 이후 5.7%에 달하던 수신금리가 1.5%대로 떨어졌다. 당연히 덩달아 대출금리도 떨어졌다. 문제는 미국이 기준금리를 올리면 한국에도 심각한 상황이 닥친다는 것이다.

올라가는 종목보다 떨어지지 않는 종목 사라

그는 경기가 어렵다고 얘기하는데 돈은 너무 많다고 했다. 과거보다 금리가 싸니까 대출을 두려워하지 않는다고도 했다. 그렇기 때문에 유동성 과잉 시점에서 금리 압박이 더해지면 뭐부터 정리할지 사람들이 고민할 것이라 했다. 이 원장이 생각하는 정답은 '부동산'이다. 그는 "금리가 올라가면 부동산이 직격탄을 맞고 부동산을 팔아 생긴 돈으로 주식에 투자할 가능성이 높다. 4차 산업혁명 등 미래에 대한 기대치를 먹고사는 기업의 가치가 올라가는 추세다"라고 말했다.

하지만 그는 4차 산업혁명에 대해 정의하기는 어렵다고 했다. 이 원장은 "노동의 가치가 중요한게 아니라 기술이 중요한 산업"이라며 "그만큼 공부를 많이 해야 하는 산업이고 미래를 내다봐야 하기에 기업가치 측정도 어렵다"고 토로했다.

그는 주식은 어렵지만 반면 단순할 수 있다는 입장이다. 왜냐면 주식은 오르거나 떨어지는, 두 가지 선택지밖에 존재하지 않기 때문이다. 이 원장은 과거에는 자꾸 올라가는 종목에 투자하려 했다고 말했다. 올라가는 종목에 묻어놓는 투자를 할 때는 항상 위험을 감수해야 한다. 그는 요즘은 떨어지지 않는 종목을 산다고 했다. 떨어지지 않는다는 것은 언젠가는 오른다는 얘기다. 그는 "개인이 변동성 높은 종목을 비중 있게 사면 굉장히 스트레스를 받을 가능성이 크다. 주식을 샀다 팔았다 하면서 수익을 내기보다는 손실을 볼 가능성이 훨씬 크다고 본다"고 말했다.

예를 들어 1,000만 원으로 시작해 운이 좋아 1억 원을 벌었다 치자. 그러면 이 투자자는 틀림없이 주변에 본인의 감각을 자랑하게 된다. 도취된 투자자는 1억 원을 추가로 빌려 2억 원의 자금으로 투자를 하게 된다. 아마도 금방 20억으로 자산을 불릴 것으로 예측할 것이다.

그런데 여기서 자칫 −50% 수익을 내게 되면 그동안 벌어놨던 1억 원이 단숨에 날아가게 된다. 가파르게 오른 주식이 떨어지는 것은 순식간이다. 소액 투자를 통해 만만찮은 수익을 거뒀더라도 한순간의 실수로 원금 손실을 볼 수 있다는 것이다.

하지만 그럼에도 이 원장은 개인이 주식투자를 해야 한다고 말한다. 유동성이 풀려 있는 상황에서 돈은 주식시장으로 이동할 공산이 크다고 말한다. 그는 "지금까지 여러 얘기를 했던 것은 위기를 말하고자 하는 것이 아니라 기회를 말하고 싶었기 때문이다. 유동성으로 올라가는 주식은 단기 투자처에 그친다. 오래 묻어놓고 지켜볼 수 있는 주식을 찾아야 한다"고 말했다.

섣부른 대북 테마주 베팅은 금물

그는 남북정상회담을 비롯해 대북관련 이슈를 놓고도 꼭 하고 싶은 말이 있다고 했다. 이 원장은 "현재 북한은 오지나 다름없는 상황이다. 분명 대북관련 이슈로 크게 수익을 낼 수 있는 종목도 있을 것이다"고 말했다.

하지만 섣불리 대북 테마주에 베팅하는 것은 말리고 싶다고 말했다. 그는 "현대로템의 경우 회사는 손실을 보는 상황에서 주식만 가파르게 올라가고 있다. 대북 관련주에 돈을 베팅해 크게 먹을 수도 있지만 크게 잃을 가능성도 내다봐야 한다"고 말했다. 투자와 투기를 구분하자는 것이다.

뜻밖의 악재로 떨어지는 주식에도 주목해야 한다는 조언이다. 예를 들어 한국전력의 경우 원전발전이 힘들고, 전기료 인상이 힘들다는 악재에 주가가 반 토막이 났다. 하지만 전기는 미래에도 써야 한다. 통일 이후에도 써야 한다. 채용비리에 휘말려 주가가 많이 빠진 강원랜드도 마찬가지다. 이 원장은 "비즈니스와 상관없는 이슈로 주가가 크게 빠진 주식은 저점일 때 사면 손실을 보기 힘든 구조"라고 말했다. 이 같은 논리로 한국항공우주, KT 등 독과점 기업 주가도 눈여겨보고 있다고 말했다.

그는 "투자를 할 때 위험부담을 줄이려면 물가상승을 눈여겨봐야 한다. 물가상승으로 수혜를 볼 수 있는 기업을 사야 한다"고 말했다. 특히 그는 "거품을 조심하고 단기 악재로 주가가 크게 흔들린 기업을 사두면 반드시 수익을 볼 수 있다"고 전망했다.

PART 4

해외에서 찾아낸 놀라운 투자 기회

중국, 베트남 그리고 통일한국에서 찾는 기회

해외에서 찾는 고수익 부동산

중국, 베트남 그리고 통일한국에서 찾는 기회

오남훈 · 부쑤언토 · 이경민 · 박석중

"2017년 증시가 워낙 많이 오른 탓에 2018년 지수 상승세는 주춤할 수 있다. 하지만 개별종목 기준에서는 여전히 오를 만한 주식이 많다. 지수가 빠진 지금이 투자 적기다."

2018 서울머니쇼에서 신헌철 매일경제 증권부 차장의 진행으로 열린 '아시아 증시에서 금맥을 캐라' 세미나를 관통한 핵심 메시지다. 세션에 참석한 전문가들은 "2018년은 지수가 아닌 종목을 사야 할 국면"이라고 입을 모았다. '대륙의 실수' 샤오미의 홍콩 증시 상장(IPO), 베트남 정부의 부동산 개발 프로젝트 등 시장을 강타할 이슈에 따라 수혜를 볼 수 있는 종목을 지금 사야 한다는 얘기다.

3억 명 돌파한 중국 중산층 소비트렌드에 주목하라

오남훈 마이다스에셋자산운용 본부장은 빠르게 늘어나는 중국 중산층 숫자에 투자 기회가 있다고 말했다. 오 본부장은 "13억 명으로 추산되는 중국 인구 중 중산층이 최근 3억 명을 돌파했다. 이들이 바꿔놓는 소비트렌드가 전 세계 증시에 파급효과를 내고 있다"고 말했다.

예를 들어 일본 화장품 업체 시세이도는 최근 일본 증시 침체에도 주가가 사상최고치를 돌파하는 랠리를 벌이고 있다. 사드(고고도미사일방어체계) 국면 해소로 실적이 늘 것으로 예상되는 호텔신라는 1년래 주가가 2배 이상 급등했다. 중국발 중산층 확대 이슈가 아시아 증시 전반을 견인하는 촉매제 노릇을 하고 있다는 얘기다. 오 본부장은 "루이비통 브랜드를 보유한 프랑스 LVMH, 구찌를 가진 KERING 주가도 사상최고치 행진을 벌이고 있다. 중국인 입맛에 따라 세계 증시가 요동치는 상황이다"라고 설명했다.

중국 내부에서는 유모차 생산업체 하오하이즈(好孩子), '중국의 나이키'로 불리는 스포츠 의류업체 안타(安踏, ANTA), 주류업체인 마오타이 등이 중산층 확산 덕을 보는 종목으로 부각될 전망이다. 하오하이즈는 독일의 명품유모차 업체 사이벡스(Cybex)와 100년 역사를 자랑하는 미국 이븐플로(Evenflo)라는 업체를 인수한 바 있다. 급증한 중국 중산층 눈길을 사로잡을 만큼 중국 내수업체 실력이 올라왔다는 뜻이다.

중국의 트렌드

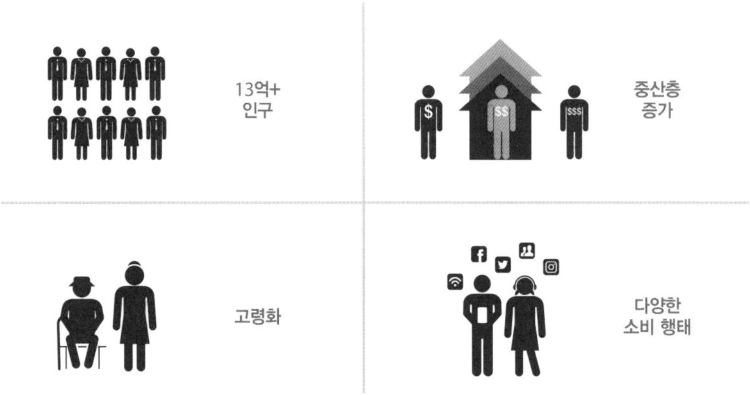

오 본부장은 "중국의 과거와 현재를 봐라"라고 강연에서 목소리를 높였다. 그는 이를 위해 인공위성에서 찍은 중국 사진을 소개했다. 지금 이 순간에도 끊임없이 변하고 있다는 게 그의 주장이다. 앞으로 중국 위상은 점점 높아질 것이라고 그는 말한다.

그는 중국의 트렌드를 몇 가지로 정리했다. 일단 인구다. 중국의 인구는 여전히 많다. 특히 중산층이 엄청난 속도로 빠르게 증가하고 있다. 중산층이 늘어나는 속도가 한국과는 비교가 안 될 정도다. 엄청난 속도로 점프업하는 중이다.

이와 관련해 고령화가 중국을 관통하는 시대적 이슈가 되어가고 있다. 한국보다 더 빨리 중국 고령화가 진행될 것이란 게 오 본부장 견해다. 따라서 이와 관련된 이슈를 잘 살펴봐야 한다. 중국이 늙어갈수록 제약업체는 일감이 더 늘어날 것이다. 고령화 이슈와 맞물려 있는 종목을 찾는 혜안을 길러야 한다.

도시화도 빼놓을 수 없다. 상하이 항저우를 비롯한 도시를 관통하는 중국의 철도를 봐야 한다. 이미 홍콩까지 연결되고 있다. 이로 인해 충칭 등 신흥 도시도 급부상하고 있는데, 충칭 인구가 6,000만 명에 달해 한국보다 많다. 새롭게 떠오르는 도시가 엄청나게 많다는 뜻이다.

이미 중국 고속철 기술은 한국 KTX 못지않다. 냉정하게 말하면 중국은 세계에서 가장 철도기술이 높은 나라다. 이미 수출도 하고 있다. 유럽과 한국에서 기술을 배워간 중국 철도산업은 중국의 풍부한 내수시장을 발판삼아 세계 최강으로 올라섰다. 오 본부장은 "여전히 상하이는 지하철이 더 들어갈 여지가 있다"고 말한다. 그는 "중국 부동산 가격 걱정하는 사람이 많은데 집 앞에 지하철이 생기는데 부동산 가격이 빠질 수 있겠는가. 중국의 변화를 눈여겨보고 투자기회를 찾으려는 습관이 필요하다"고 말했다.

중국 IT업종 3총사인 바이두, 알리바바, 텐센트 등 'BAT'기업을 축으로 한 중국 성장주 랠리 기대감도 여전하다. 박석중 신한금융투자 글로벌투자전략팀장은 "강력한 권력을 틀어쥔 중국의 시진핑 정부가 국가 차원에서 인수·합병(M&A)과 연구개발(R&D)을 독려하고 있다. 미국 페이스북, 아마존, 애플, 넷플릭스, 구글 등 '팡(FAANG)'으로 대표되던 4차 산업 주식 패권이 BAT를 비롯한 중국으로 넘어갈 것이다"라고 전망했다. 연내 홍콩에서 100억 달러(약 11조 원)을 조달하는 샤오미 IPO 이벤트는 또 한 번 중국 성장주에 대한 관심을 불러일으킬 것으로 보인다. 중국 전기차 업체 비야디(BYD), 스마트폰 업체 ZTE 등도 관심 종목 리스트에 올릴 만하다. 박 팀장은 "정부의 지원을 받고 자라난 중국 성장 기업들이 줄줄이 상장 일정을 잡을 것이다. 막연히 지수에 돈을 묻어놓지 말고 적극적으로 종목을 탐구해 주식을 살 때다"라고 조언했다.

베트남 증시 하락은 일시조정…
IPO 뛰어드는 현지 우량 공기업 노려라

최근 지수가 급락한 베트남 증시를 놓고도 낙관적인 전망은 이어지고 있다. 2017년과 2018년 1분기 베트남 VN지수가 가파르게 올라 일시 조정을 맞았을 뿐, 대세하락으로 이어질 만한 악재는 보이지 않는다는 근거에서다. VN지수는 2017년 50% 가까이 급등한 데 이어 2018년도 1분기까지 20% 상승하는 랠리를 펼쳤다. 다만 최근 한 달 사이(2018년 4~5월 기준) 지수가 10% 넘게 급락하며 투자자 우려를 샀다. 부쑤언토 한국투자증권 리서치센터 수석연구원은 "2017년 베트남 국내총생산(GDP) 성장률은 6.8%로 6년 만에 최고치를 기록했다. 기준금리를 인하하면서 예금에서 증시로 뭉칫돈이 이동하고 있어 지난 2007년 증시급락기와는 상황이 전혀 다르다"고 말했다.

그는 베트남 유제품 업체 비나밀크, 부동산 업체 빈그룹 등 업종 대표주에 투자기회가 있다고 설명했다. 부쑤언토 연구원은 "베트남 인구 3분의 1을 차지하는 20~39세 근로자 대다수가 도시로 몰려 주택 수요가 급증하고 있다. 신도시 개발, 철도, 도로 관련 사업을 펼치는 부동산 업종은 향후 장기 성장이 기대된다"고 말했다.

베트남 IPO 일정도 주의 깊게 살펴봐야 할 것으로 보인다. 베트남 정부의 국유기업 민영화 의지가 강해 우량 공기업이 속속 IPO 대열에 합류하고 있다. 베트남고무공사(Vietnam Rubber Group), 베트남전력공사(EVN) 등이 조만간 구체적인 IPO 플랜을 내놓을 것으로 보인다.

부쑤언토 연구원은 "베트남 경제성장률이 안정적으로 연 7~8% 가량을 찍을 수 있을 것으로 보인다. 정부가 부양정책을 쓰고 있다"고 말했다. 베트남 물가 역시 안정적인 추세를 보이고 있다. 정부가 여러 가지 정책을 쓰면서 연 3%대로 떨어지고 있다.

해외직접투자(FDI) 증가세 역시 지속되는 추세다. 베트남에 직접 투자하는 자금이 늘어나는 추세다. 그는 사상 최고치로 해외 자금이 몰려들고 있다고 말한다. 베트남 근로자 임금 수준은 여전히 낮다. 베트남 정부는 외국인 근로자를 우대하기 위한 세금혜택을 주고 있다.

외국인들은 베트남 주식을 많이 사고 있다. 현재 베트남 증시 주식 20% 정도를 외국인이 쥐고 있다. 그런데 주식투자 한도는 40%다. 아직 한도의 반 정도 가지고 있는 것에 불과하다. 외국인 투자자가 베트남 주식을 더 살 여지가 있다는 것이다.

부쑤언토 연구원은 현재 베트남 증시 시가총액은 GDP의 50% 정도

베트남 해외직접투자(FDI) 추이

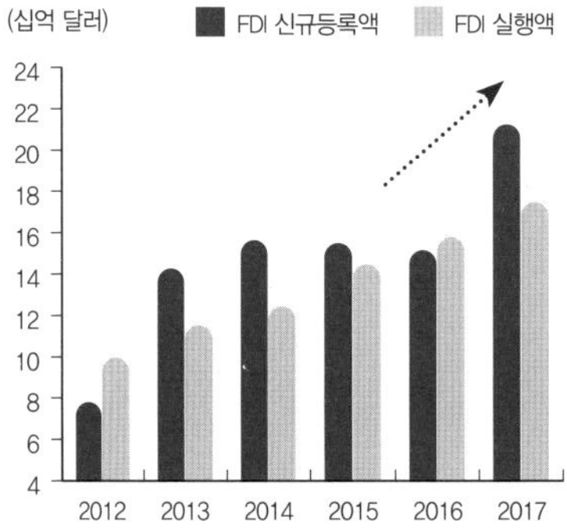

베트남 FDI의 국가별 규모

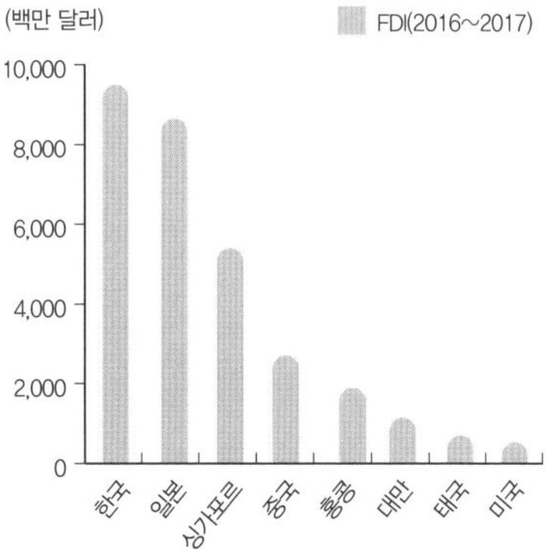

출처: 베트남 FDI관리국, 베트남 통계청, CEIC, 한국투자증권

라고 말한다. 한국은 이미 100%가 넘은 상황이다. 따라서 시간이 지날수록 커지는 베트남 GDP를 타고 베트남 증시 시가총액은 더 빠른 속도로 늘어날 것이다.

정부는 증시를 부양하겠다는 의지를 보이고 있다. 향후 베트남에서는 통화완화 정책을 유지할 가능성이 높다. 아직 베트남 금리는 매우 높은 수준이지만, 과거 연 12~13% 시절과 비교하면 많이 낮아진 것이다.

따라서 금리가 낮아지면 예금보다는 부동산 쪽으로 투자처가 바뀔 수 있다. 그리고 증시로도 밀물처럼 자금이 몰려올 수 있다. 단기적으로는 베트남 증시가 조정 받을 수 있다. 하지만 장기적으로는 여전히 유망하다. 일단 부동산 업종에 대한 상승세를 기대할 만하다. 2017년 베트남 증시에서는 부동산 지수가 많이 올랐다. 부동산 시세가 많이 올랐고, 투자도 확대되는 분위기다. 과거에는 외국인들이 허가를 받아야 투자할 수 있었는데 지금은 그렇지 않아도 할 수 있는 길이 열려 있다. 특히 베트남 내수 수요도 늘고 있다. 한국 1인당 GDP가 3만 달러인데 지금 베트남 1인당 GDP는 2,300달러 수준이다. 아직 낮다. 훨씬 더 많은 사람이 부동산을 살 여지가 생겨난다는 뜻이다.

남북경협 초기엔 의류, 철도…
통일 직전엔 은행, 보험업에 온기

이경민 대신증권 리서치센터 투자전략팀장은 통일 시나리오에 맞춰 투자할 만한 업종을 전망해 눈길을 끌었다. 그는 "남북 경제협력 단계 초입에서는 의류, 철도, 비료 업종 등의 강세가 예상된다. 얘기가 진전돼 통일 직전 단계까지 오면 은행, 보험 업종까지 온기가 미칠 것이다"라고 말했다.

이 팀장은 "통일 직후에는 가전, 자동차 등 북한 내수시장 관련주가 본격 부각될 것이다. 통일 이후 투자 성숙 단계에서는 관광 등 고부가가치 주가 상승이 기대된다"고 전망했다.

그는 많은 사람들이 통일한국에 대해서 궁금해 한다고 말했다. 그는 이게 좋은 얘기일 수도 그렇지 않을 수도 있다는 입장이다. 하지만 역사는 낙관론자에 의해 바뀌는 법이다. 여기서 투자기회를 무조건 찾아야 한다는 얘기다. 이 팀장은 "지금 우리가 바라보고 있는 이벤트는 단순히 한국과 북한 간 벌어지는 얘기가 아니다. 미국, 일본, 중국 간 이해관계가 한 데 뒤섞여 얽히고 있다"고 말했다.

한국이 북한을 바라보는 관점도 과거와는 사뭇 다르다. 그는 "최근 남북정상회담은 과거 일회성 정상회담 때 상황과는 전혀 다르다"고 말했다. 지금까지는 한국 대통령 임기 말에 통상 정상회담이 있었다. 하지만 아직 문재인 정부 임기는 4년 가까이 남은 상황이다. 추가 포석을 펼칠 여지가 많다는 뜻이다.

게다가 도널드 트럼프 미국 대통령도 재선을 노리고 있는 시점이다. 일각에서는 트럼프 대통령에게 노벨평화상을 줘야 한다는 얘기가 나올 정도다. 정치적으로 남북관계 이벤트를 이용하려는 사람이 많다는 뜻이다. 즉 이와 관련해 주가가 오를 모멘텀이 많은 것이다.

김정은 국무위원장은 북한을 정상국가로 만들기 위해 뛰고 있다고 그는 평가했다. 한때의 결기로 이벤트를 추진하는 게 아니라는 얘기다. 이 팀장은 "김정은 역시 꿍꿍이가 있을 수 있지만 지금으로서는 확실히 북한을 바꾸려는 의지가 돋보인다"고 말했다. 현 경제체제가 지속되면 암시장이 활성화되고, 이는 국가가 통제될 수 없을 정도로 혼란에 접어든 것을 말하기 때문이다. 자칫 이 상태를 그냥 유지하려고 했다가는 사회주의 제도 자체 근간이 흔들릴 수 있다는 말이다. 그가 정상국가로 북한을 드라이빙하는 것은 '최악의 혼란은 막자'는 의미로 받아들일 수 있다.

통일에 다가갈수록 전략적 변화 필요

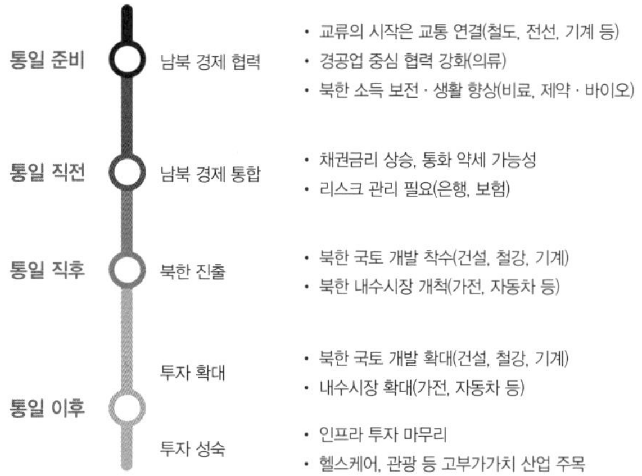

출처: 대신증권 Research&Strategy 본부

결국 김정은에게도 남은 패가 많지 않다는 뜻이다.

이 팀장은 "점진적인 남북통일은 편익을 늘리고, 비용을 낮출 것이다. 통일을 계기로 시너지가 날 것이다"고 말했다. 특히 많은 사람들이 한국 증시 저평가 이유로 드는 '코리아 디스카운트'가 해소되는 측면에서 이번 이벤트의 의미는 크다. 그는 "코리아 디스카운트 해소로도 현 지수에서 10%가량 증시가 점프할 수 있는 여지가 있다. 억눌려왔던 증시가 상방으로 뛸 수 있는 가능성이 충분하다"고 진단했다.

남북 경제협력이 경제권 확장으로 넘어가는 모멘텀도 잘 살펴봐야 한다. 한국증시에 장기적으로 프리미엄을 줄 수 있는 변수를 살펴야 한다.

예를 들어 남북 화해 모드로 인해 환서해벨트, 환동해벨트가 구축되면 한국 경제벨트는 유라시아권으로 확장된다. 증시도 점차 프리미엄을 받을 수 있다는 얘기다.

이 팀장은 통일이 올수록 전략적인 변화가 필요한 시기가 온다는 입장이다. 건설 통신 등등 내수시장 확대 국면을 반영하는 종목을 찾아야 한다. 특히 시기 별로 다르게 봐야 한다. 통일 준비 과정에선 인프라 투자를 주목해야 한다. 남북 제재가 완화되는 시점에 인도적 차원에서 지원을 받을 수 있는 종목도 기대해야 한다. 통일 이후에는 건설, 철강, 기계 업종이 힘을 받을 것으로 보인다. 그는 "독일 통일 과정을 보면 의류, 자동차 등의 주가가 많이 상승했다. 역사는 낙관론이 지배한다는 것을 명심하고 투자하자"고 말했다.

해외에서 찾는 고수익 부동산

문석헌 · 최성호

2017년 초부터 해외로 눈을 돌리는 투자자가 늘어나고 있다. 정부의 각종 규제와 수도권 공급과잉 등 악재가 겹쳐 국내 주택 시장의 리스크가 커졌기 때문이다. 덕분에 주요 은행 VIP센터에서는 해외 부동산 투자설명회도 수시로 열리고 있다.

2018 서울머니쇼를 찾은 청중들도 해외 부동산 투자에 대해 뜨거운 관심을 보였다. 2018년 처음으로 진행된 '해외에서 찾는 고수익 부동산, 글로벌 베스트 부동산 투자비법' 세미나에서 전문가들은 국내 부동산경기 악화에 대비한 돌파구를 해외에서 찾으라고 조언했다. 이들은 "기술 발전으로 세상이 좁아졌다. 이제 적은 비용으로도 해외 부동산 투자가 가능하니, 더 이상 우리나라 아파트만을 고집할 필요가 없다"고 권유했다.

해외 부동산 직접투자, 미국 등 선진국이 베스트

해외 부동산 직접투자에 대해 강연한 문석헌 도우씨앤디 해외사업부장은 "글로벌 부동산 투자는 생각보다 어렵지 않다. 과거에는 이민, 유학 등 목적으로 해외 부동산에 투자하는 경우가 많았지만 지금은 국내 시장 불안정성과 수익성 악화를 피해 대체투자 목적으로 해외에 눈을 돌리는 자산가들이 늘었다"고 말했다.

도우씨앤디 자료에 따르면 해외부동산 투자 한도는 정부의 외환거래 자유화로 2007년부터 완화됐다. 이후 2008년 6월에는 해외 부동산 취득 한도가 폐지됐다. 문 부장은 "이제는 해외 투자의 패러다임도 변하고 있다. 과거에는 주택 중심이었다면, 앞으로는 해외 비주거까지 관심을 가져야 한다"고 말했다.

문 부장은 해외 부동산 투자의 장점으로 다양한 도시와 상품, 높은 자본 이득과 임대 수익, 환차익 기대, 세제 혜택 등을 꼽았다.

문 부장은 "개인 투자자가 전 세계 부동산 시장에서 35%를 차지한다. 주로 자본이 유출되는 나라는 중국, 싱가포르, 홍콩, 영국, 독일 순이다"라고 설명했다. 한국은 9위를 기록했다. 그렇다면 이 자본은 어디로 향할까. JLL의 2016·2017년 해외 자본 유입 10대 도시 명단에 따르면 런던이 해외 투자자들 사이에서 가장 인기가 많았다. 뉴욕, 상하이, 파리, 베를린이 뒤를 이었다.

2016 & 2017 해외 자본 유출 10대 국가 **2016 & 2017 해외 자본 유입 10대 도시**

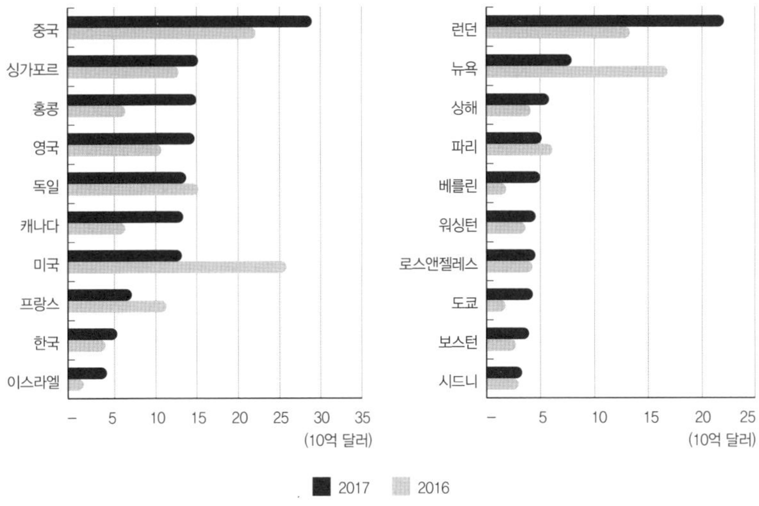

출처: JLL

런던은 대대적인 도시재생 사업을 성공적으로 마친 곳이다. 일본을 대표하는 디벨로퍼 모리의 모리기념재단 도시전략연구소가 발표한 2017년 글로벌 도시 경쟁력 지수(GPCI)에서 런던은 1위를 차지한 바 있다. 문 부장은 "런던에는 특히 홍콩 자본이 많이 유입되고 있다"고 설명했다. 그는 "상하이는 국제 시장에서 3대 투자처로 각광을 받고 있고, 도쿄는 올림픽 개최 때문에 유입이 늘었다"고 말했다.

이어 문 부장은 한국 투자자가 가장 관심이 많고 실제로 투자를 하고 있는 10개의 나라를 소개했다. 미국, 캐나다, 일본, 호주, 베트남, 캄보디아, 태국, 필리핀, 말레이시아, 싱가포르가 그 주인공이다. 그는 "선진국 중에서는 일본, 캐나다, 미국, 호주 등이 글로벌 자본에 대한 사회 제도가 가장 안정적이다. 자본 이득과 임대 수익 측면에서도 상당히 높은 가치를 보이고 있다"고 설명했다.

문 부장은 "특히 미국은 실업률이 18년 만에 최저치를 기록했고, 캐나다는 40년 만에 최저치를 보이고 있다"고 강조했다. 그만큼 고용과 소득이 늘어 소비도 증가하고 있다는 것이다. 문 부장은 "일본 역시 14년 만에 실업률이 최저치라 경제가 나쁘지 않은 상황"이라고 밝혔다.

현재 우리나라 투자자들 중 일부는 이민을 고려해 말레이시아로 진출하고 있다. 말레이시아는 생활 물가가 저렴해서 매력적이라는 평가를 받고 있다. 문 부장은 "하지만 아직 한국에 비해 문화적으로 불편한 점이 상당히 많다. 생활환경이 본인이 원하는 수준에 있는지 판단해 보고 해당 국가에 투자를 하는 것이 좋다"고 권장했다.

아울러 문 부장은 "미안마, 베트남, 태국을 잇는 고속철도 계획도 있다. 국내를 넘어 해외의 개발 계획들도 유심히 살펴보라"고 추천했다. 문 부장은 "태국 부동산은 연간 5~10% 수준으로 가격이 뛰고 있다. 다만 외국인의 경우 신규 분양 상품만 신청할 수 있다"고 소개했다. 분양을 받는다면 통상 15~30% 정도의 매매 차익을 기대할 수 있다고 한다. 그는 "베트남, 필리핀, 캄보디아도 주요 투자처인데, 이 나라들은 경제성장률이 7%에 육박한다"고 설명했다. 문 부장은 "특히 베트남 등은 생산 가능 평균 연령대가 30세 전후이고, 도시화율이 30% 수준밖에 안 돼 발전

10대 해외 투자처

	경제성장	자본이득	임대수익	안정성
캄보디아	★★★★☆	★★★☆☆	★★★☆☆	★☆☆☆☆
베트남	★★★★☆	★★★★☆	★★★☆☆	★★☆☆☆
일본	★★★☆☆	★★★☆☆	★★★☆☆	★★★★★
캐나다	★★★★☆	★★★☆☆	★★★☆☆	★★★★★
미국	★★★★☆	★★★★☆	★★★☆☆	★★★★★
태국	★★★★☆	★★★☆☆	★★★☆☆	★★★☆☆
싱가포르	★★★☆☆	★☆☆☆☆	★★☆☆☆	★★★★☆
말레이시아	★★★★☆	★★★☆☆	★★★☆☆	★★★☆☆
필리핀	★★★★☆	★★★★☆	★★★☆☆	★★☆☆☆
호주	★★★★☆	★★★★☆	★★★☆☆	★★★★★

출처: DOWOO C&D

가능성이 무궁무진하다"고 말했다.

그렇다면 얼마나 많은 돈이 있어야 해외 부동산에 눈독을 들일 수 있을까.

문 부장은 "선진국은 최소 5억 원 이상은 준비해야 높은 자본 이득과 임대 수익을 창출할 수 있다"고 말했다. 반면 신흥국의 경우 2억 원 미만 투자를 권장했다. 그는 "너무 많은 비용을 투자하기보다 2억 원 미만, 1억 5,000만 원 정도 금액으로 투자하는 게 가장 현명하다"고 했다.

그는 선진국을 가장 안전한 투자처로 꼽았다. 제도와 시장이 가장 안정적이기 때문이다. 선진국 중에서는 미국 캘리포니아 내 얼바인, 토렌스, 플러튼 등을 권유했다.

문 부장은 "얼바인의 경우 미국 8학군으로 불리며 교통과 주거환경이 뛰어나다"고 설명했다. 얼바인 지역에서는 8억~13억 원의 자금으로 주택을 매입할 수 있다. 문 부장은 "예컨대 9억 2,000만 원으로 방 3개 규모 집을 매입하면 세금 등을 제외한 임대소득이 연간 3,400만 원에 달한다"고 밝혔다. 호주의 경우 더 적은 자금으로 수익률 3~4%대 주택을 매입할 수 있다.

호주는 최근 중국인 등 외국인 투자 심사를 강화하고 있어 신규 분양 상품만 매입할 수 있다. 문 부장은 "분양 물량마다 외국인 쿼터(50%)가 있어 1,000가구를 분양하면 500가구만 외국인이 살 수 있다"고 소개했다.

하지만 여전히 호주도 매력적인 투자처라는 것이 문 부장 설명이다. 그는 "호주 내에 유입 인구가 증가하고 있는 시드니와 브리즈번의 경우 3~4%대 수익률을 기대할 수 있다"고 말했다. 브리즈번은 4억~6억 원 정도면 방 두개 규모 상품을 매입할 수 있다. 시드니는 6억~8억 원 정도가 필요하다. 수익률로 치면 브리즈번은 4%대, 시드니는 3~3.5% 안팎이다. 문 부장은 "시드니 2개 방 규모 주택을 사면 총 7억 3,000만 원이 필요한데, 기대 가능 임대수익은 연 3,000만 원"이라고 밝혔다. 세금을 제외한 순수익률은 3.1% 수준이다. 문 부장은 "호주 주택가격은 7~10년 주기로 2배씩 뛰고 있다"고 말했다.

동원 가능 자금이 많다면 일본 부동산을 노려볼 만하다. 문 부장은 "여유 자금이 40억 이상 있는 경우 일본 상업용 부동산을 권유한다. 도쿄 내 신주쿠·치요다·츄오·시부야·미나토 지역이 가장 유망하다"고 설명했다. 그는 "일본의 상업용 부동산은 공실률이 1~3% 수준이라 한국의 12%에 비해 낮다"고 덧붙였다. 예상 수익률이 3~6.5% 수준인 50억~80억 원 사이의 상품이 가장 적합한 투자처다.

베트남도 남향을 선호할까?

아울러 문 부장은 해외 부동산 투자에 성공하려면 국가별 외환제도와 그 나라의 개발 호재에도 관심을 기울여야 한다고 강조했다. 특히 그는 "해당 국가의 눈높이에 맞는 상품을 선택해야 향후 매각을 할 때 차익을 누릴 수 있다. 예컨대 베트남과 태국은 우리나라와는 달리 남향보다 햇볕이 덜 들어오는 북향을 선호한다"고 설명했다.

특히 그는 "가장 중요한 건 외환 제도다. 1만 달러 이상 거래는 은행의 상담을 거쳐 진행하길 권장한다"고 말했다. 문 부장은 또 "해외 부동산 취득은 원칙적으로 공동명의가 불가능하다. 하지만 거주의 목적이라면 부부 공동명의 등이 가능하다"고 덧붙였다. 단 이 경우에는 해외 장기 체류 비자가 있어야 한다.

문 부장은 "베트남 같은 경우 토지 소유권 취득이 안 돼 우리나라 정서와는 맞지 않다는 점을 꼭 명심해야 한다"고 강조했다. 문 부장은 "신흥국은 제도적으로 안정화가 안 돼 있기에 단기보다 장기 투자 목적으로 접근하는 게 맞다"고 말했다.

문 부장이 속해 있는 분양대행사 도우씨앤디는 최근 해외 사업부를 신설해 민간 투자자들에게 해외 부동산 매물을 중개하는 업무를 시작했다. 분양대행사 가운데 해외 부동산 거래 서비스를 시작한 것은 도우가 처음이다. 도우 관계자는 "국내 건설 시장 악화 가능성을 대비해 주택시장에 대한 의존도를 줄이자는 취지"라고 설명했다. 도우는 이를 위해 별도 법인(도우지엔)도 설립했다. 도우는 해외 사업부를 계속해서 확장하겠다는 방침이다. 2017년 12월에는 우리은행과 '해외 부동산 투자 자문 서비스' 협약을 맺었다. 우리은행은 해외 투자에 관심 있는 VIP 고객들을 도우에 소개한다. 도우는 총 17개국의 부동산 기업 80곳과 영업망 구축을 추진 중이다.

소액 투자 가능한 해외 부동산 대체 투자

자문 기관의 컨설팅을 받고 직접 해외 부동산을 매입하는 건 '직접 투자'다. 대체 투자는 개념이 조금 다르다. 해외 주식이나 채권 같은 전통적인 투자 상품이 아닌 다른 대상에 투자하는 방식이다. 대상은 사모펀드, 헤지펀드, 부동산, 벤처기업, 원자재, 선박 등 다양하다.

2018 서울머니쇼에서 해외 부동산 대체 투자에 대해 강연한 최성호 신한은행 부동산투자자문센터 팀장은 "요즘은 구글 지도 등을 활용해 집에서도 해외 부동산 매물을 찾아볼 수 있는 세상"이라는 말로 강의를

시작했다. 그만큼 해외 부동산 진입장벽이 낮아졌다는 뜻이다. 그는 특히 "금융기관을 통해 해외 부동산을 매입하는 대체 투자의 매력은 적은 돈으로 안정적인 재테크가 가능하다는 것"이라고 말했다.

최 팀장은 "대체 투자는 해외 상품에 투자해서 거기에서 나오는 수익을 갖고 배당을 하는 형태다. 원자재, 선박 시장 등은 불안정하니 우량 부동산을 사서 배당하고 투자 원금을 회수하는 부동산펀드에 관심을 기울일 필요가 있다"고 말했다. 부동산펀드는 크게 임대형, 대출형, 개발형, 경공매형이 있다. 최 팀장은 "이중 가장 안정적인 건 임대형"이라고 밝혔다.

부동산펀드의 종류도 공모펀드와 사모펀드로 나뉜다. 공모펀드는 불특정다수에게 투자기회를 제공하는 펀드다. 자본시장법상 공모(모집·매출)의 방식으로 투자자를 모은다. 공모펀드의 경우 투자자 보호를 위하여 분산투자 등 자산운용규제, 투자설명서, 설명·교부의무, 외부감사 등 엄격한 규제가 적용된다. 최 팀장은 "공모펀드는 500만 원으로도 투자할 수 있다"고 설명했다.

반면 사모펀드는 소수의 투자자로부터 자금을 조성해 상품을 매입한다. 투자신탁업법상에는 100인 이하의 투자자, 증권투자회사법에는 49인 이하의 투자자를 대상으로 모집하는 펀드로 2004년 12월 허용됐다. 공모펀드와 달리 투자대상, 투자비중 등에 제한이 없어 주식, 채권, 부동산, 원자재 등에 자유롭게 투자할 수 있다.

2018년 5월 기준 부동산펀드는 승승장구 중이다. 미국 국채금리 급

등 속에 자산시장 금리 리스크가 고개를 들고 있는 가운데 일본 부동산펀드는 2018년 초 이후 6%대 수익률에 육박하는 꾸준한 성적을 유지했다. 조달비용이 큰 부동산 특성상 금리 상승은 대출이자 등을 높여 펀드의 수익성을 악화시키지만, 일본 부동산펀드는 일본 중심 지역의 부동산 경기 호황과 통화정책 완화를 고수하는 일본중앙은행의 정책 영향으로 강세를 이어갔다.

내 돈으로 NASA 본사를 살 수 있다?

최 팀장은 "해외 대체 투자는 임차인이 누구인지가 가장 중요하다"고 강조했다. 그는 신한은행이 부동산펀드를 통해 투자한 사례들을 소개했다. 최근에는 부동산펀드를 만들어 선진국 주요 국가 기관들의 건물을 매입하는 사례들이 나오고 있다.

최 팀장은 "2017년 부동산펀드를 통해 NASA(미국 항공우주국)의 워싱턴 본사 건물을 사들였다"고 소개했다. 최 팀장은 "월세를 체납할 걱정이 없는 해외 유력 기관이 임차인이라 안정적인 6~7%대 수익률을 기록 중"이라고 말했다. 그는 "부동산펀드는 통상 현지 대출, 기관과 개인 투자로 자금을 조성하기 때문에 1,000만 원만 있어도 소액 투자자로 참여할 수 있다"고 말했다.

최 팀장은 "NASA 건물을 사는 데 약 4,000억 원이 필요했다. 60%

정도는 은행 대출로, 일부는 국민연금 등 기관으로부터, 나머지를 일반 고객들의 소액 투자로 채웠다"고 말했다. 이에 대해 그는 "우리 고객들이 NASA의 건물주가 된 셈"이라고 설명했다.

최 팀장은 "이제 선진국 기관들은 사고방식이 바뀌었다. 본사로 쓰는 건물을 팔면 수천억 원 이상의 여유 자금이 생기니 이 돈을 묵히기보다 차라리 연구비나 복지비용으로 활용할 수 있도록 유동화를 하는 추세"라고 밝혔다.

그는 "향후 매각 시에도 큰 차익을 누릴 수 있을 것"이라고 말했다. 뛰어난 입지 때문이다. NASA 본사는 미국 수도 워싱턴 내 정부 기관 밀집 지역에 위치해 있다. 항상 수요가 있기에 펀드 운용 기간이 끝난 후 건물을 못 팔 걱정이 사실상 없는 것이다.

최 팀장은 "해외 빌딩의 입지를 평가할 때는 각 나라 수도의 시청이나 궁 인근 핵심 업무 지역에 위치해 있는 지 여부를 따져봐야 한다. 이 같은 지역은 기관이나 기업의 수요가 넘쳐 실패할 일이 없다"고 설명했다.

신한은행은 EU(유럽연합)의 사무실 건물도 같은 방식으로 매입했다. 벨기에 왕궁 근처에 위치해 있다. 우리나라로 치면 서울 광화문 중심가에 자리 잡고 있는 셈이다. 아울러 최 팀장은 "EU가 우리나라 정부보다 신용등급이 높다"고 강조했다.

최 팀장은 또 "영국 세인스베리 물류센터도 매입했다. 세인스베리는 영국에서 가장 큰 시장 점유율을 차지하는 기업"이라고 말했다. 그는 "왜 갑자기 시골에 있는 물류창고를 샀나"는 질문에 대해 영국의 전자상

거래 시장 확산을 꼽았다. 최 팀장은 “영국과 우리나라는 전 세계에서 유일하게 그린벨트를 적용하는 나라다. 개발할 수 있는 땅은 제한돼 있는데 전자상거래 증가로 향후 기존 물류센터의 가치가 더욱 높아질 것”이라고 설명했다.

PART 5

4차 산업혁명 시대 맞춤형 신재테크

비트코인 열풍의 주역 블록체인이 바꿀 미래는

2018년 가상화폐 시장 전망과 실전투자 가이드

P2P 투자 100% 활용법

인공지능이 추천하는 투자 가이드 로보어드바이저

신재생에너지 태양광에 투자하라

비트코인 열풍의 주역 블록체인이 바꿀 미래는

박성준 · 한준성

손가락 아닌 달을 보면 가상화폐 투자법 보여

최근 가상화폐(암호화폐)에 대한 논의가 활발해지면서 4차 산업혁명 핵심 기술로 손꼽히는 블록체인(Block Chain)도 주목받고 있다.

블록체인은 거래정보를 하나의 덩어리(블록)로 보고 이것을 잇따라 연결한(체인) 모음이다. 블록에는 일정 시간 동안 확정된 암호화폐의 거래내역이 암호로 보관되며 네트워크에 있는 모든 참여자에게 전송돼 저장된다.

네트워크에 연결된 모든 참여자가 공동으로 거래내역을 기록하고 관리하기에, 정부가 통제하는 중앙 서버를 통해 묶여 있는 현행 인터넷 체

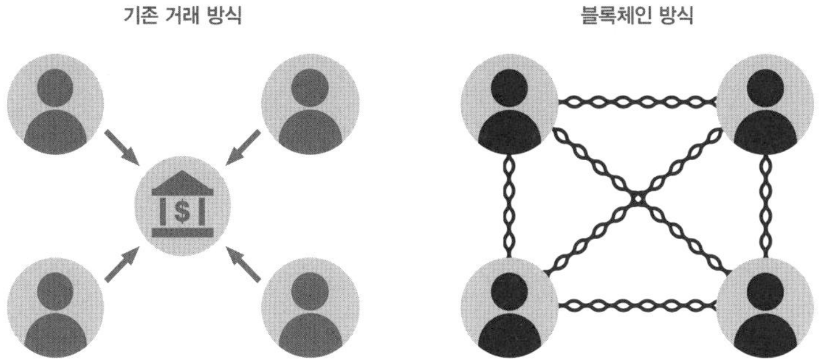

계를 넘어선다는 의미에서 '제2의 인터넷'으로 불린다. 개인과 개인이 직접 연결되어 정부나 기존 금융 기관의 간섭을 받지 않는 구조다.

데이터의 위·변조가 불가능한 기술적 특성을 갖고 있어 가상화폐뿐만 아니라 사물인터넷(IoT), 인증정보 관리, 콘텐츠 서비스, 저작권 관리 등 다양한 분야에 응용이 가능하다. 중앙집중형 서버 시스템보다 블록체인이 더 효과적이라면 세상이 흘러갈 방향성은 분명해진다.

박성준 동국대 국제정보보호대학원 블록체인연구센터장은 2018 서울머니쇼에서 블록체인이 바꿀 미래에 대해 설명하기 위해 연단에 섰다. 가상화폐에 대한 관심으로 이날 강연장엔 2,000여 명 가까운 청중이 가득 들어찼다.

박 센터장은 "많은 이들이 암호화폐라는 손가락만 보고 정작 블록체인이라는 달은 보지 못한다. 블록체인에 대한 기본 이해가 선행돼야 가상화폐를 이해할 수 있다"고 말했다. 그는 "블록체인 스마트폰의 국내 시판이 예고돼 있다. 연구실을 넘어 실제 실생활에 들어오게 되는 건 멀지 않은 일이다"라고 말했다. 그는 블록체인이 실생활에 들어오면 많은 것들이 변동될 것이라고 단언했다.

그는 가상화폐 대표코인인 비트코인의 본질은 바로 상호 간 신뢰확보 모델이라고 설명했다. 화폐가 가짜인지 진짜인지 판단해줄 수 있는지를 기존에는 중앙집권기관에서 보증하지만 비트코인은 블록체인 덕택에 이를 거래 참가자 서로가 확인할 수 있다는 것이다.

현재의 중앙집권금융 시대는 누군가가 언제 돈을 찍는지 아무도 알지 못한다. 실제 돈이 새로 발행될 경우 내가 가진 화폐의 가치가 떨어지는 게 분명함에도 아무도 의문을 제기하지 못한다. 박 센터장은 비트코인 등 가상화폐는 이를 극복하는 과정에서 나온 IT산물이라고 설명했다. 그는 실제 10년간 경제 시스템을 연구해본 결과 상당수의 경제학자들이 이 P2P(개인간) 모델이 더 우수한 금융인프라라고 인정했다고 말했다.

하지만 비트코인이 모든 걸 해결해주지는 않는다고 했다. 그는 "비트코인은 컴퓨터기능이 없는 단순한 코드다. 이를 극복하고 컴퓨터기능을 갖춘, 즉 활용성이 커진 게 이더리움이다"라고 설명했다. 그는 이더리움은 단순한 가상화폐라기보다는 컴퓨터로 보는 게 옳다고 강조했다.

그는 실제 금융결제원의 정의를 보면 이를 확인할 수 있다고 했다. 금융결제원은 블록체인을 '분산된 네트워크 컴퓨팅 자원을 모아 거대한 연산 능력을 확보하고 이를 기반으로 중앙서버 없이 모든 작업을 처리하고 검증하는 기술'이라고 정의했다. 박 센터장은 이 정의 내용 중 '거대한'을 주목해서 봐야 한다고 말했다. 분산돼 있는 컴퓨터들을 합쳐 가상의 거대한 컴퓨터를 만드는 것이란 뜻이다.

그는 보다 쉬운 설명을 위해 컴퓨터를 구매할 때 사양은 어떤 걸 따지는지 물었다. 컴퓨터가 1개처럼 보이지만 듀얼코어는 사실 컴퓨터가 2개, 쿼드코어는 4개가 합쳐진 것이라고 봐야 한다고 말했다. 이를 물리적으로 직접 합쳐져 있지 않은 다수 컴퓨터로 확대한 개념이 블록체인이라는 것이다.

그는 바로 이 점에서 신뢰가 생긴다고 말했다. 전 세계 컴퓨터가 하나로 묶여 있기 때문에 소위 '나쁜 짓'을 할 수 없다. 하나의 컴퓨터기 때문에 서로 조작이 불가능하다. 이를 통해 서로 간 신뢰를 보증한 금융거래가 가능해진다.

가상화폐 투자 전에 생태계 구축 사업계획, 개발팀원 따져봐야

블록체인이 어떻게 가치를 만들 수 있을까. 그는 페이스북을 예로 들었다. 페이스북을 이용하는 것만으로도 데이터가 쌓이고 광고가 노출되면서 페이스북 회사는 돈을 번다. 하지만 페이스북은 이를 이용료라고만 생각하고 회원들에게 별다른 혜택을 제공하지 않는다. 하지만 블록체인 생태계는 다르다는 게 그의 설명이다. 가치를 참여자들 모두와 공유하는 게 블록체인이다.

그는 이러한 개념이 어색한 건 단지 아직 눈에 보이지 않기 때문이라고 했다. 박 센터장은 "우리가 지금은 저작권이라는 개념을 쉽게 받아들이지만 15년 전에는 아무도 인정하지 않았던 가치다. 지금은 가치가 없다고 생각하는 개인의 모든 데이터들이 미래에는 결국 모두 가치가 생길 것이고 그게 블록체인 생태계다"라고 설명했다.

실제 블록체인 스마트폰 시대가 도래하면 어떤 일이 일어날까. 그는 첫째는 가상화폐 생성이 가능해진다고 했다. 그는 "네이버를 이용하면서 누군가가 카페를 만들고 밴드를 만들었다 하는 게 특별한 일이 아닌 것처럼, 블록체인 시대에서도 디앱(Dapp, 스마트계약 및 분권화 앱) 위에서 누구나 자유롭게 자기만의 가상화폐를 만들고 발행할 수 있게 된다"고 말했다.

그는 가상화폐를 보다 더 이해하려면 스마트계약을 알아야 한다고 말했다. 이는 스마트자산을 통제하는 것을 의미한다. 스마트자산은 가치를 줄 수 있는 모든 데이터들을 의미한다. 그는 "앞으로 큰돈을 버는 사람들은 스마트자산이 어떤 것일지 발견하고 의미를 부여하는 사람들이 될 것"이라고 말했다.

현재는 거래 인프라가 갖춰지지 않았지만 스마트자산을 거래할 수 있는 블록체인 인프라가 갖춰지면 거래가 발생하고 시장이 생긴다는 뜻이다.

투자할 만한 가상화폐를 고르는 방법에 대해 박 센터장은 백서를 반

가상화폐 백서 예시 – 리플 백서

The Ripple Protocol Consensus Algorithm

David Schwartz
david@ripple.com

Noah Youngs
nyoungs@nyu.edu

Arthur Britto
arthur@ripple.com

Abstract
While several consensus algorithms exist for the Byzantine Generals Problem, specifically as it pertains to distributed payment systems, many suffer from high latency induced by the requirement that all nodes within the network communicate synchronously. In this work, we present a novel consensus algorithm that circumvents this requirement by utilizing collectively-trusted subnetworks within the larger network. We show that the "trust" required of these subnetworks is in fact minial and can be further reduced with principled choice of the member nodes. In addition, we show that minimal connectivity is required to maintain agreement throughout the whole network. The result is a low-latency consensus algorithm which still maintains robustness in the face of Byzantine failures. We present this algorithm in its embodiment in the Ripple Protocol.

드시 읽어보라고 했다. 백서 내에 '코인생태계'가 있는지 반드시 확인하라는 것이다. 실제 이 가상화폐가 어떻게 사용되는지 어떤 콘텐츠들을 다루는지 확인한 뒤에 투자해야 한다는 뜻이다. 그는 포에버 로즈 사진 코인을 예로 들었다. 유명 사진작가가 찍은 사진의 저작권을 블록체인 형태로 유통시킨 사례다. 그는 "스마트자산이 유통되는 중요한 지점이 되는 사건"이라고 설명했다.

그는 전자문서를 넘어서는 세상이 온다고도 말했다. 블록체인 시대에는 부동산 소유권을 단순 문서가 아닌 디지털 에셋(자산)으로 변경한다. 계약서 자체가 거래와 합쳐지는 것으로, 거래가 이뤄지면 즉각 부동산

문서 소유까지 변동된다는 뜻이다.

그는 전 세계 가상화폐는 코인과 토큰으로 구분된다고 말했다. 코인은 컴퓨팅 기술이다. 플랫폼으로서 어떤 컴퓨팅을 구축하는지 설명한다. 이더리움이 대표적 사례다. 나머지 대부분은 토큰이다. 플랫폼 위에서 어떤 콘텐츠 시장에 유통시키는 화폐인지 설명해야 한다. 즉 사업계획서가 있어야 한다. 박 센터장은 "토큰형 코인 중 생태계 비전이 없는 코인일 경우 투자할 가치가 일절 없다. 대부분의 가상화폐에 그런 사례가 많다"라고 말했다.

한 단계 더 안전한 투자를 위해선 이를 구현하는 개발자들을 확인하라고 조언했다. 실제 팀 구성원들 중 가상화폐 개발 경험이 많은 개발자들이 포진돼 있는지, 이를 사업화할 수 있는 경제전문가들이 들어가 있는지를 확인해야 한다는 말이다.

시중은행도 블록체인에 큰 관심

함께 강연에 참여한 한준성 하나은행 부행장은 은행을 포함한 실제 기업들이 어떻게 블록체인을 바라보고 산업에 적용해나가고 있는지 설명했다. 한 부행장은 "앞으로 5년 후에 어떤 기술이 우리 생활에 영향을 미칠지 생각해보는 게 사업 성공의 비결이자 투자성공의 비결이다. 현 시점에서 그 답 중 하나로 제시할 수 있는 게 블록체인인 것은 자명한 사실이다"라고 말했다. 그는 "소니는 컴퓨터에 집중하느라 모바일시장을 놓쳤고 결국 도태됐다. 실제 기업인들의 42%가 미래기술이 어떤 것일지 알 수 없다고 대답할 만큼 어려운 문제인 것이 사실이다"라고 말했다.

그는 "애초 컴퓨터가 운전하는 차가 먼저 나왔다면 과연 사람이 운전하는 차를 탈까 하는 의문을 거꾸로 던져볼 필요가 있다. 지금 일어나는 현상을 거꾸로 뒤집은 관점에서 바라보는 게 변화를 이해하는 시작이다"라고 말했다. 기존 문화를 벗어나는 신기술을 고정관념에서 탈피해 바라볼 때 진정으로 이해할 수 있다는 뜻이다. 그는 "나도 은행권 임원이지만, 만약 블록체인 방식이 처음부터 화폐에 적용됐다면 과연 은행이 존재할 필요가 있었을까 하는 의문이 든다. 단언하긴 어렵지만 이런 열린 관점에서 보면 화폐로서 블록체인의 미래를 가늠할 수 있다"고 말했다.

그는 늦어도 2년에서 3년 안엔 스마트폰 앱으로 뱅킹하는 시대가 올 것이라고 말했다. 이 자리는 인공지능(AI)이 대체한다. 그는 "음성일지 또 다른 인터페이스일지는 아직 확신할 수 없지만, 개인이 금융 서비스를 찾아들어가는 대신 자연스러운 AI의 유도로 금융활동이 일어날 것"이라고 말했다. 예를 들어 스마트폰 메신저로 송금을 해달라는 메시지가 도착하면 자연스럽게 AI가 뒷단에서 송금 절차를 진행하고 사용자에겐 생체인증 한 번만 유도하는 식이다.

그는 블록체인을 가상화폐에만 국한돼서 생각할 필요는 없다고도 했다. 한 부행장은 "가상화폐는 커뮤니티에 기여하는 이들에게 제공되는 마일리지 혹은 인센티브가 기본적인 개념이다. 블록체인 커뮤니티에 필요한 요소이긴 하나, 이 자체가 블록체인인 것은 아니다"라고 설명했다.

은행이 IT비용에 어마어마한 투자를 진행하고 있다고 했다. 한 부행장은 "하나은행만 하더라도 IT비용을 주류로 한 투자가 1년에 4조 원 수준일 정도로 막대하다. 그럼에도 불구하고 부족하다고 느끼는 게 사실이다"라고 말했다.

그렇다면 이런 IT세계에서 디지털 자산은 어떻게 이동되고 보관될까. 그는 "티머니는 교통수단 외에 쓰기 어렵거나 충전이 까다롭고, 비행 마일리지는 항공권 구매 말고는 쓰기 어렵다. 일본 라쿠텐의 경우 쌓여 있는 마일리지가 10조 원이 넘을 정도로 낭비되는 디지털 자산이 많다. 이를 통합하면서 낭비자산을 줄여나가는 작업이 이뤄질 것"이라고 말했다. 그는 "이렇게 통합해나가는 작업 중 하나가 하나멤버스 같은 앱인데, 2년 만에 1,300만 명 넘는 사람들이 가입할 정도로 인기가 좋다"라고 말했다. 그는 덧붙여 "이런 물리적 결합을 넘어 유기적으로 합칠 수 있게 하는 수단이 블록체인"이라고 말했다.

한 부행장은 은행의 임원으로서 암호화폐를 어떻게 바라보고 있는지도 청중과 공유했다. 그는 지구촌화가 금융의 혁신을 일으킬 것이라고 말했다. 가상화폐도 언젠가 한 부분을 담당하게 될 거라 예측했다. 한 부행장은 "현재 대한민국 국민들이 무비자로 여권만 있으면 여행 다닐 수 있는 나라가 100개 국가가 넘는다. 그럼에도 사실상 해외에서 현지 금융서비스를 이용할 수 있는 건 신용카드를 제외하곤 제로에 가깝다"

고 말했다. 그는 "자체머니를 전 세계적으로 호환시키는 작업이 있고, 아직은 위험하지만 가상화폐도 그 대안 중 하나가 될 수 있을 것"이라고 말했다. 비자와 마스터가 지배하는 디지털 화폐 네트워크망에 가상화폐를 활용한 블록체인 기술이 새로운 지배자로 나타날 것이라는 뜻이다. 그는 "블록체인을 활용할 경우 수수료가 대폭 낮아지기 때문에 오래 걸리지 않아 소비자들의 선택을 받고 주류가 될 것"이라고 말했다.

2018년 가상화폐 시장 전망과 실전투자 가이드

임동민 · 신원희

2018 서울머니쇼가 처음으로 선보인 가상화폐 투자 세미나에는 2030 젊은 층뿐 아니라 가상화폐 개념이 아직 생소한 중·장년층도 객석의 절반 이상을 채우며 높은 관심을 보였다. 가상화폐 투자 컨설턴트인 임동민 오스트인베스트먼트 애널리스트는 '2018 가상화폐 시장 전망과 실전투자 가이드북' 세션에서 암호화폐의 가치 측정 방법과 ICO(가상화폐 공개, Initial Coin Offering) 시장 규모에 대해 소개했다.

임동민 애널리스트는 과거 10년 동안 증권사에서 실물 경제와 금융 시장을 분석하는 일을 하다 가상화폐 시장의 가능성을 보고 업계에 뛰어들었다. 잘나가는 금융사 직원을 매료시킨 가상화폐는 법정화폐와 어떤 차이가 있을까. 임 애널리스트는 "달러나 유로, 엔화 등은 자산대비

구매력이 지속적으로 하락하지만, 가상화폐는 희소성으로 인해 가격이 상승한다"고 설명했다. 주요 국가들이 화폐를 무제한으로 찍어낼 수 있는 것과 달리, 비트코인은 2,100만 개로, 이더리움은 평균 유통량 1억 개로 발행 계획이 정해져 있다. 실제로 주요국들의 양적 완화 이후 안전자산인 금과 비트코인의 가격은 꾸준히 상승해왔다.

비트코인, 5년 안에 10만 달러 전망도

가상화폐는 그 가치를 두고 투자 거물들 사이에서도 논란이 이어져 오고 있다. '오마하의 현인' 워런 버핏 버크셔해서웨이 회장은 "수표는 돈을 전달하는 도구일 뿐, 그 자체에 투자가치가 있다고 볼 수 없다. 비트코인도 마찬가지다"라며 가상화폐에 회의적인 입장이다. 반면 넷스케이프의 공동 창업자이자 유명 벤처투자자인 마크 안데르센은 "비트코인의 본질적 가치는 가치교환의 인프라적 기능에서 창출된다. 비트코인은 화폐 경제에 포함될 것이며 유통량과 유통 속도를 감안할 경우 시가총액이 상승할 것이다"라고 점쳤다.

임동민 애널리스트는 먼저 화폐수량설에 기반한 가상화폐 시가총액 계산법을 소개했다. 화폐수량설이란 화폐 공급이 가격 수준과 '정(正)의 관계'를 가진다는 이론이다. 물가 수준이 화폐량에 의해 결정된다는 이론에 따른 'MV=PY' 공식이 유명한데 여기서 M은 통화량, V는 화폐유통속도, P는 가격 수준, Y는 생산량이다.

이를 가상화폐에 적용하면 가상화폐 시가총액(M)은 '명목GDP(PY)÷화폐유통속도(V)'로 구할 수 있다. IMF는 2022년 명목GDP를 102조 5,000억 달러로 추산하고 있다. 이 중 25%가량이 가상화폐로 결제될 것이라고 가정한다. 화폐 유통속도는 보수적으로 과거 미국 본원통화 유통속도가 가장 빨랐을 때인 17.3배를 사용했다. 이를 적용하면 M은 1조 4,812억 달러(102조 5,000억 달러×25%÷17.3)가 나온다. 이 계산이 맞다면 5년 뒤 시가총액이 세 배 이상 뛸 것이라고 추정해볼 수 있다.

비트코인은 흔히 '디지털 골드'로 불린다. 비트코인이 대표적 안전자산인 금의 가치에 수렴한다고 가정하고 가치를 측정해볼 수도 있다. 만약 비트코인이 금의 가치에 50% 정도로 수렴한다면 1비트코인의 가격은 3만 달러 정도로 추정할 수 있다. 이런 측정법에 기반해 투자 전문가 로니 모아스는 비트코인 가격이 장기적으로 5만 달러까지 갈 수 있다고 내다봤고, 중국의 유명 채굴자 우지한 비트메인 대표는 비트코인이 5년 내 10만 달러에 도달할 수 있다고 언급했다.

네트워크 플랫폼 가치에 기반해 페이스북과 이더리움의 비교도 이어졌다. 이더리움은 비탈릭 부테린이란 개발자가 갓 스무 살에 불과하던 2014년 창안했다. 비탈릭 부테린은 이더리움 개발 공로를 인정받아 2014년 '월드 테크놀로지 어워드'에서 IT 부문 수상자로 선정되기도 했다. '신기술 분야의 노벨상'이라고도 불리는 이 상을 그는 페이스북 창시자 마크 저커버그를 누르고 받으며 주목받았다.

비트코인, 현재까지 암호화폐의 역사 대변

· **비트코인 가격**, 2010년 7월 $0.08, 최고 2017년 12월 $18,674.47

· **비트코인 관련 주요 이벤트**

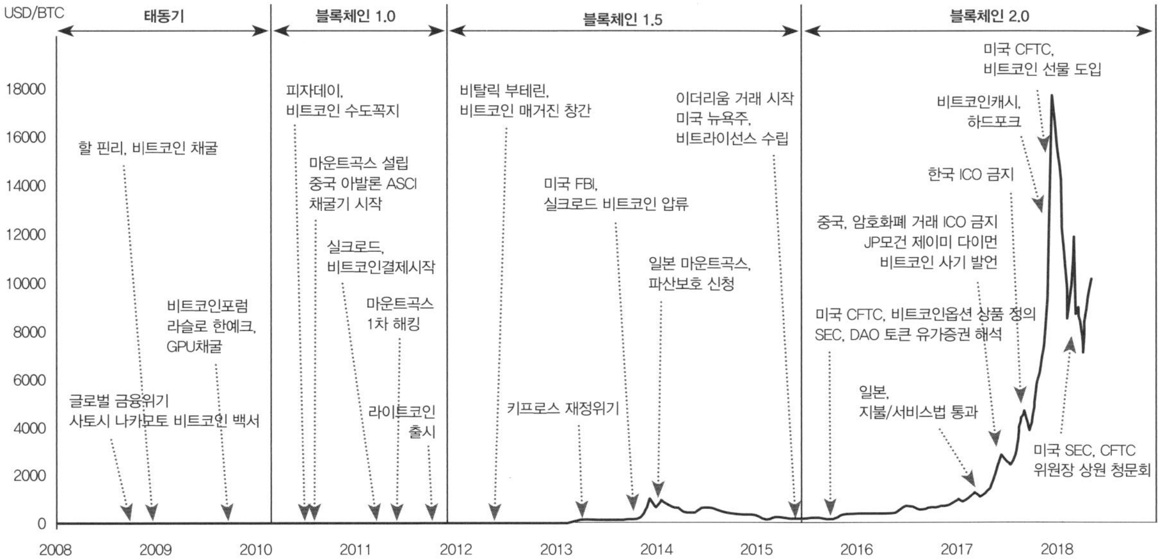

출처: Coinmarketcap

임동민 애널리스트는 "페이스북은 가입자 확대로 네트워크 효과가 기업가치에 반영된다. 이를 이더리움 플랫폼에 적용해 볼 수 있다"고 설명했다. 페이스북 가입자 수는 15억 명을 넘어섰다. 페이스북의 시가총액을 가입자 수로 나눴을 때 1인당 가치는 300~350달러 수준이다. 이더리움의 경우 정확한 사용자 수를 추정하기 어렵기 때문에 계좌 수를 사용해 계산해볼 수 있다. 이더리움의 계좌 수는 3,600만 개 수준이지만 빠르게 증가하고 있다. 이더리움이 사용자 10억 명을 달성하고 페이스북의 인당 가치에 수렴한다고 예상하면 이더리움의 시가총액은 3,600억 달러에 달할 수 있다.

임 애널리스트는 다양한 가상화폐 중 특히 이더리움에 주목하라고 강조했다. 그는 "비트코인의 한계를 극복하기 위해 나온 게 이더리움이다. 비트코인만큼이나 단단한 커뮤니티를 구축하고 있어 안정성도 높아졌다"고 주장했다. 비탈릭 부테린은 비트코인의 한계를 극복하기 위해 이더리움을 제안했다. 비트코인이 암호화 화폐라면 이더리움은 이에 플랫폼 개념을 더했다. 스마트계약과 분권화 어플리케이션인 'Dapp(디앱, Decentralized Application)'을 사용할 수 있다. 비트코인 발행량은 2040년까지 2,100만 개로 제한돼 있다. 이더리움 발행량도 매년 하락하는데, 이더리움 소유자의 사망이나 손실분을 감안하면 향후 약 1억 개 정도에서 평형 상태를 이룰 것으로 예상된다. 이더리움 가격은 2015년 8월 2.77달러에 불과했으나 2018년 1월 1,395.79달러를 찍고 내려온 뒤 2018년 5월 말 530달러 수준에 거래되고 있다.

ICO와 IPO 비교

구분	ICO	IPO
For	스타트업 프로젝트	현존기업 자금조달
To	퍼블릭 세일 및 VC	퍼블릭 세일
What	코인, 토큰	주식
Why	토큰의 밸류 참여	증권의 수익배분
Where	블록체인 네트워크	주식시장
With	백서, 웹사이트	등록, 투자안내서
How	탈중앙화 방식	조정자, 가이드라인

출처: Overnode.com, Youtube

이더리움에 기반해 개발된 디앱에는 '스팀잇'과 '엣지리스' 등이 있다. 스팀잇은 일종의 '블록체인 SNS'로 수정과 검열이 불가하다. 사용자들의 참여를 장려하기 위해 스팀달러를 지급한다. 이용자들이 본인이 쓴 콘텐츠에 대해 사용료를 받을 수 있게 된 셈이다. 엣지리스는 이더리움에 기반 블록체인 카지노다. 일반 카지노에 가면 카지노 측이 기계를 조작하는지, 거짓말을 하는지 손님 입장에선 알 수가 없다. 하지만 엣지리스는 블록체인에 기반해 합의된 대로 게임이 돌아가기 때문에 보다 '투명한 카지노'라고 볼 수 있다.

이러한 혁신적인 서비스의 등장으로 ICO는 투자자 입장에선 매력적인 투자 대상으로, 블록체인 스타트업 입장에선 혁신적인 자금조달 경로로 부상했다. 2017년까지 ICO를 통해 모집된 자금은 무려 64억 달러에 달한다. ICO와 디앱들의 등장으로 개발자와 사용자, 투자자와 거래소 간 가치와 가상화폐가 순환하는 블록체인 생태계가 조성되고 있다.

가상화폐 시장이 급성장하면서 2018년 G20 재무장관 회의에서 주요 의제로 다뤄지기도 했다. 회의 결과는 두 가지 정도로 정리된다. 가상화폐는 화폐보단 암호자산적 특성이 강하다는 점과 자금세탁방지 등 유동성 모니터링 방법을 표준화해서 국제 공조를 해나가겠다는 점이다. 임 애널리스트는 "G20 이후 가상화폐 시장에 대한 규제가 현재 상태와 크게 달라지지는 않을 전망이다. 국가적으로는 자산, 증권으로 규정하고 제도를 준비하는 움직임이 빨라질 것이다"라고 내다봤다.

가상화폐 투자는 비전, 기술적 가능성, 신뢰성 3요소가 필수

가상화폐거래소 코인원 신원희 이사의 강연도 이어졌다. 그는 가장 먼저 블록체인에 대한 오해가 있다며 잘못 알려진 사실에 대해 설명했다. 블록체인은 거래제한이 있어 확장성이 부족하다는 오해에 대해 그는 "필요한 만큼 거래를 확장시킬 수 있으며 무한대에 가까운 거래를 처리할 수 있다"고 설명했다. 누구나 장부의 내용을 확인할 수 있어 거래정보 보호가 어렵다는 오해에 대해선 "금융기관에 블록체인을 도입한 솔루션은 전적으로 해당 금융기관만이 거래정보를 열람할 수 있다"고 잘

가상화폐 투자 3요소

라 말했다.

그는 "가상화폐는 여전히 기술의 가능성을 시험하고 있는 초기시장이다. 가상화폐에 투자할 때 비전, 기술적 가능성, 신뢰성 등 3요소를 반드시 따져봐야 한다"고 조언했다. 또 신 이사는 가상화폐 기술의 활용범위를 다섯 단계로 나누고 다음 단계로 나아갈 때마다 시장가치가 상승할 것으로 내다봤다. 나카모토 사토시가 비트코인을 세상에 처음 내놓은 '등장' 단계, 이더리움, 리플, 퀀텀 등 다양한 기술이 등장하는 '발전' 단계, 실제 비즈니스 적용 가능성을 검토하는 'PoC(개념증명)' 단계를 넘어 상용화가 되면 실제 가치가 발생하고, 대중화가 되면 내재가치가 확정되고 변동하며 궁극적으로 '가치 상승'이 일어날 것이란 분석이다. 신 이사는 "가상화폐 가격에 대해 누가 뭐라고 하더라도 쉽게 흔들리지 말고 눈앞에 있는 정보가 이 다섯 단계 중 어느 단계에 있는지 확인하는 게 좋다"고 설명했다.

신 이사는 "이더리움뿐 아니라 금융사에서 연구 중인 리플과, 빠른 거래 속도가 강점인 오미세고 등도 주목해볼 필요가 있다"고 말했다. 오미세고는 'Unbank the Banked'라는 슬로건에서 나타나듯, 탈은행화를 목표로 하고 있다. 빠른 거래 처리 속도와 보안성을 확보해 다양한 디지털 화폐를 호환할 수 있는 하나의 네트워크를 만들겠다는 것이다. 예를 들어 해외여행에 다녀오며 쌓은 항공사 마일리지를 다 쓰지 못하고 버리는 경우가 많은데 이를 편의점에서 음료수를 사 마실 때 결제하는 식이다.

아브라(Abra)라는 서비스도 있다. 가상화폐 기반의 디지털 지갑 서비스인데, 가상화폐를 통해 전 세계 50개 이상의 화폐로 자유롭게 환전이 가능하며, 전송 수수료 없이 송금 가능한 서비스다. '아브라 텔러(Abra Teller)'를 통해 현금으로 인출하는 오프라인 환전 기능도 제공한다.

리플은 화폐와 화폐를 연결하는 '연결 통화(Bridge Currency)'를 목표로 한다. 신 이사는 "리플은 전 세계 60여 개 이상의 은행과 많은 프로젝트를 진행하고 있고 국내에서도 많은 논의가 이뤄지고 있다"고 말했다. 리플의 해외송금 솔루션인 'xCurrent'는 기존 은행을 이용하는 것보다 80% 이상 저렴하고 송금시간 역시 10배 이상 단축했다.

신 이사는 가상화폐 투자를 위한 첫걸음은 안전한 거래소를 선택하는 것이라고 강조했다. 가상화폐 거래소는 국내에만 30곳 넘게 있고, 전 세계적으로 300개가 넘는 것으로 집계된다. 관련 규제가 없다보니 거래소 해킹 피해나 '먹튀' 사건도 잇따르고 있다. 이런 사고로 소중한 투자금에 손실이 발생하는 것을 최소화하기 위해 가상화폐는 물론 거래소에 대한 신뢰 또한 검증을 해달라고 주문했다.

신 이사가 말하는 거래소 선택 기준 2가지는 원화를 얼마나 안전하게 보관하는지, 가상화폐를 얼마나 안전하게 관리하는지 등이다. 그는 "국내 시중은행과 입출금 서비스 계약이 제대로 돼 있는지, 예치금 분리가 확실히 이뤄지고 있는지 약관을 반드시 확인한 후 거래소를 선택해야 한다"고 강조했다.

P2P 투자 100% 활용법

김대윤 · 양태영 · 이효진

P2P금융은 온라인을 통해 대출과 투자를 연결하는 핀테크 서비스다. 돈이 필요한 사람이 P2P플랫폼에 대출을 신청하면 플랫폼에서 대출 심사를 하고 이를 투자 상품으로 만들어 투자자를 모집하는 식이다.

온라인을 통해 모든 대출 과정을 실행하기 때문에 지점 운영 및 영업 비용 등 불필요한 경비 지출이 적어 대출자는 신용 등급과 관계없이 낮은 금리를, 투자자는 시중 금리보다 높은 이자를 받을 수 있다는 장점이 있다.

시장이 커지면서 안전장치도 강화되고 있다. 금융당국은 2018년 2월 투자자들의 투자 한도 제한 등의 내용을 담은 'P2P 투자 가이드라인'을 발표했다. 각 P2P 플랫폼들은 시중은행과 연계해 투자자들의 예치금을 분리·보관하는 방식으로 안정성을 높였다.

2018 서울머니쇼 현장에선 국내 P2P 리딩 업체 세 곳의 대표가 직접 연단에 섰다. 이들은 각사의 주력 투자모델을 투자자들에게 설명하고, 얼마만큼의 메리트가 있고 또 어떤 리스크가 있는지 공유했다.

묶음 상품 트렌치로
안전성과 수익률 두 마리 토끼 잡아

가장 먼저 연단에 오른 피플펀드의 김대윤 대표는 최고의 베스트셀러 '트렌치' 상품을 소개했다. 김 대표는 피플펀드의 차별성에 대해 "업계 유일 은행연계형 모델 P2P라는 점, 다양한 상품을 취급해 각기 다른 대출 수요에 부응할 수 있다는 점"을 꼽았다.

피플펀드는 2015년부터 P2P대출을 시작해 지난 15일 누적대출액 2,000억 원을 달성했다. 개인신용대출 부분에서는 전북은행과 함께 은행 연계형 P2P대출을, 부동산 상품은 피플펀드대부를 통해 투자자와 대출자를 연결하고 있다. 은행연계형 P2P대출은 개인대출채권 60~90개를 모아 구조화한 '개인신용 트렌치상품'을 취급했다. 현재까지 300억 원가량의 대출이 이뤄졌다.

김 대표는 "개인신용대출 상품 반응이 좋아 최근 담보채권 트렌치를 출시해 한 달 30~40억 원가량 투자가 발생하고 있다. 구조화상품 위주

3중의 안전장치를 장착한 '트렌치' 구조화 상품

16%의 채권이 부실인 경우에는 전액 손실될 경우에도 원금손실이 없는 상품

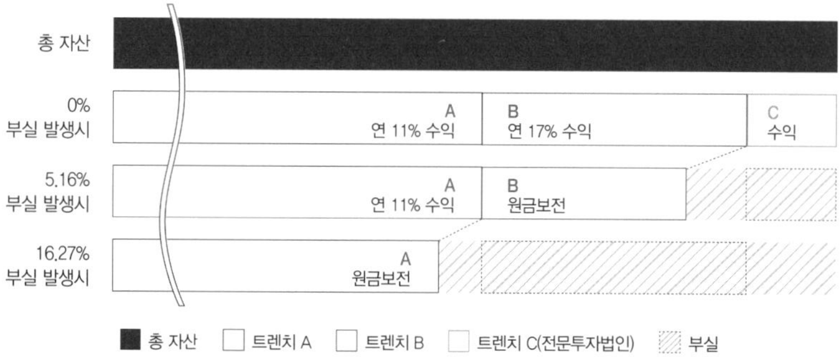

로 판매할 예정이다"라고 말했다.

피플펀드는 부동산PF 상품, 소상공인, 담보대출 등 다양한 대출 상품을 취급하고 있다. 김 대표는 상품이 다양한 이유에 대해 "다양한 상품을 내놓으면 상품에 따른 피드백을 들을 수 있고 상품과 관련한 유사대출을 받으려는 고객 유치 기회도 생긴다. 최소 한 달 한 개 정도의 신규상품을 출시하려고 노력하고 있다"고 말했다.

이밖에도 피플펀드는 신용평가 모형인 CSS 2.0을 출시해 P2P대출 신청고객에게 맞는 신용평가로 대출을 진행하고 있다. 피플펀드 관계자는 "이전 신용평가모형은 전 국민 데이터를 바탕으로 만들다 보니 고객들 중 심사가 불가능한 고객이 있었다. 이번 신용평가 모형 CSS 2.0은 피플펀드가 수집한 2만 8,000여 건의 대출신청자 정보를 바탕으로 특화되어 있어 승인률은 올라가고 부실률은 줄어들 수 있는 모형이다"라고 말

했다. 피플펀드에 특화된 신용평가 모형으로 차별화된 상품을 제공하고 연체율과 부실률은 낮추겠다는 계산이다.

김 대표는 앞으로도 다양한 상품군을 취급한다는 방침이다. 소상공인의 선정산대금 관련 상품을 확대할 계획도 가지고 있다. 김 대표는 "대출자에게 빠르게 대출을 제공하는 것이 목표다. 다른 P2P금융회사가 벤치마킹할 수 있는 회사로 만들 것이다"라고 포부를 밝혔다.

리스크 높은 부동산P2P 투자, 전문성 있는 업체 골라야

한국P2P금융협회에 따르면 3월 31일 기준 회원사의 누적 대출액은 2조 3,000억 원에 달한다. P2P금융의 가파른 성장세는 부동산P2P가 주도했고, 그 선두에는 테라펀딩이 있다. 2018 서울머니쇼 P2P세미나의 두 번째 연사는 양태영 테라펀딩 대표가 맡았다.

테라펀딩은 누적 투자액이 이미 3,500억 원을 넘어선 독보적인 업계 1위 업체다. 4명으로 시작한 직원이 지금은 70명이 넘는다. 테라펀딩은 부동산 담보대출 및 PF대출을 주력 사업으로 하고 있다. 신용대출 대신 부동산을 중심으로 한 대출을 통해 0% 부실률을 만들 수 있었다. 테라펀딩의 평균수익률은 12%대로 2~3%의 은행금리와 큰 차이를 보인다. 이 덕분에 테라펀딩의 A등급 상품은 대출자 모집 수십 초 만에 완판되

건축주 위한 빠르고 간편한 중금리 PF대출 서비스

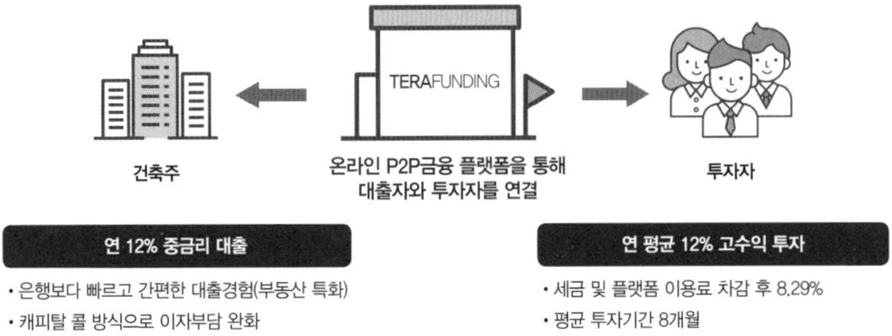

고 있다. 테라펀딩은 간편송금 서비스 '토스'와의 제휴를 통해 소액 투자의 접근성을 높이는 한편, 부동산 투자 교육을 통해 사업영역을 늘려가는 중이다.

연체는 발생한 적이 있지만, 전체 대출금액 중 90일 이상 미상환된 자금인 '부실'이 발생한 적은 단 한 번도 없다. '테라펀딩에 투자하면 반드시 상환 받을 수 있다'라는 투자자의 신뢰가 있었기에 오늘처럼 업계를 선도하는 회사가 됐다. 2018년 1월에는 우리은행 외 벤처캐피털(VC) 3곳으로부터 100억 원의 투자를 유치하기도 했다.

양 대표는 "전체 건설시장 규모는 우리가 생각하는 것 이상으로 크고, 건물을 지을 때 대부분 대출을 받아서 지을 만큼 자금이 상당히 많이 필요하다. 그동안의 부동산 대출 시장은 1금융권이 취급하고 있는 저금리, 대부업체의 고금리 시장으로만 구축됐지만 P2P금융이 들어서면서 중금리 시장이 발전하게 됐다"고 말했다.

그는 이어 "1년에 주거형 건물을 완성하는 데 들어가는 돈이 국토교통부 자료에 따르면 100조 원 가까이 된다. 아파트에 60조 원 이상의 자금이 들어가고 나머지 32조 원 정도가 다세대와 다가구, 연립주택, 오피스텔 등에 투입된다. 하지만 이 같은 중소형 주택들은 선분양이 아닌 후분양을 이용해 공사 초기에 자금이 많이 필요한 상황이다"라고 설명했다.

양 대표는 테라펀딩의 전문성을 강조했다. 그는 "대부분 저축은행 심사역 출신이 꼼꼼하게 PF 리스크 관리를 하고 있다. 여기에 P2P업체 중 유일하게 내부 건설사 출신으로 구성된 팀이 공정관리를 해 위험을 최소화하고 있다"고 설명했다.

양 대표에 따르면 부동산PF에는 3가지 리스크가 따른다. 인허가, 준공, 상환 리스크가 그것이다. 일단 테라펀딩은 인허가가 끝난 PF에만 대출을 실행해 인허가 리스크는 지지 않는다. 테라펀딩의 강점은 바로 준공리스크 관리에 있다. 통상 P2P업체를 통해 대출하는 중소형PF는 시공사도 영세하기 때문에 대출금을 하도급 업체에 전달하지 않는 등 관리가 잘 안 된다. 그러면 추후 하도급 업체의 유치권이 발생하는 등 여러 가지 문제가 생긴다. 이를 차단하기 위해 테라펀딩은 인건비를 부담하면서까지 공정을 직접 관리한다.

또한 상환리스크 관리를 위해 상가가 아닌 주택 위주로 대출을 실행하고 있다. 양 대표는 "주택이 상가보다 상환이 잘되고 매각 시 상가가 감정가액의 50~60%의 수준을 받는다면 주택은 통상 60~70%, 많이 나오면 80%까지 나와 상환 받기가 좋다. 주택은 분양이 안 되면 전세를 놓아도 되고 상가보다는 경매나 공매 낙찰률이 높다"고 전했다. 주택이 서울과 경기 수도권에 위치해야 함은 물론이다.

양 대표는 "내 자신이 부동산 전문가인 만큼 리스크 관리 부문에서는 절대적으로 자신 있다"고 강조했다. 지난 2007년 HSBC은행 부산지점 여신센터에서 부동산대출 업무로 사회생활을 시작한 그는 부동산 경매에 관심을 가지면서 회사를 그만뒀다. 이후 8년 동안 직접 부동산 경매시장에서 몸으로 부닥치면서 각종 법률관계에 따른 소송과 낙찰률 등 산지식을 익혔다.

신뢰 쌓은 덕에 P2P재투자율 80% 넘어

8퍼센트는 중금리 방식 국내 최초 P2P업체다. P2P세미나에서 가장 마지막으로 연사를 맡은 이효진 8퍼센트 대표는 P2P 시장의 현황과 미래를 짚었다. 8퍼센트가 최근 P2P채권 투자자를 대상으로 설문조사를 한 결과 수도권 2040 남성 투자자 비중이 가장 높았다. 응답자 전체의 평균 연령은 33.4세, 수도권 거주자가 75.2%인 것으로 나타났다.

성별로 보면 남성이 훨씬 많았다. 전체 가운데 남성 투자자는 72.8%, 여성은 27.2%로 조사됐다. 투자 목적으로 가계 안정 도모가 44%로 가

P2P투자로 재테크하는 수도권 30대

30대 남성 투자가 가장 활발, 투자자 평균연령 33.4세

성별 분포

연령별 분포

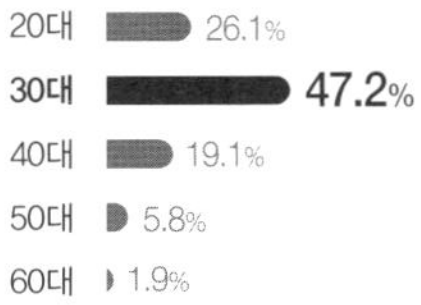

Q. 8퍼센트 투자 목적(복수 응답)

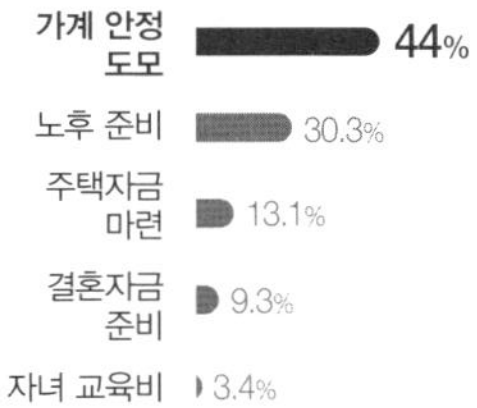

Q. 투자 고객 월 평균 소득

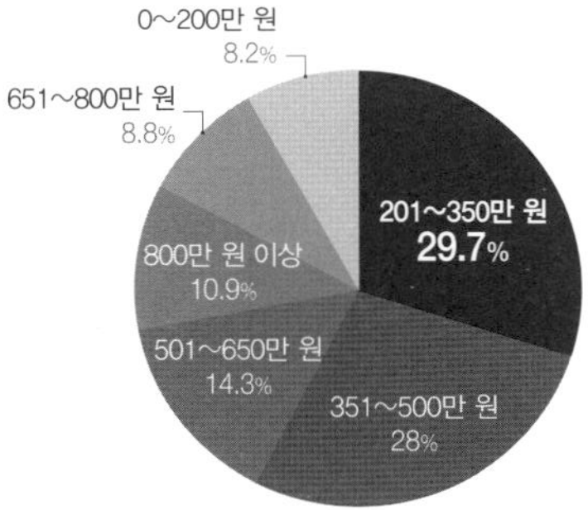

수도권에 집중 분포, 서울 지역 투자자는 강남3구에 높은 비중

지역별 분포

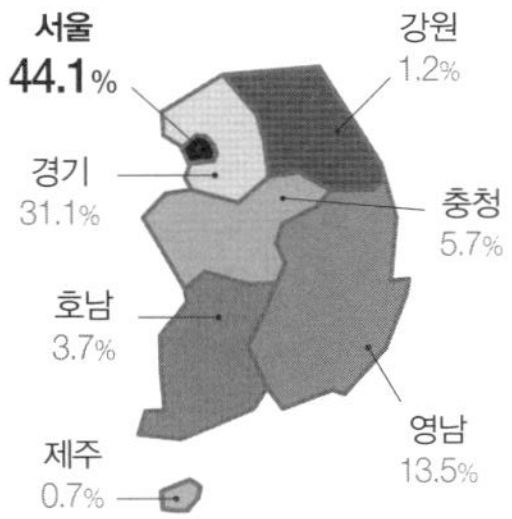

서울지역 투자자 비중 TOP6

Q. 투자자 직업 분포

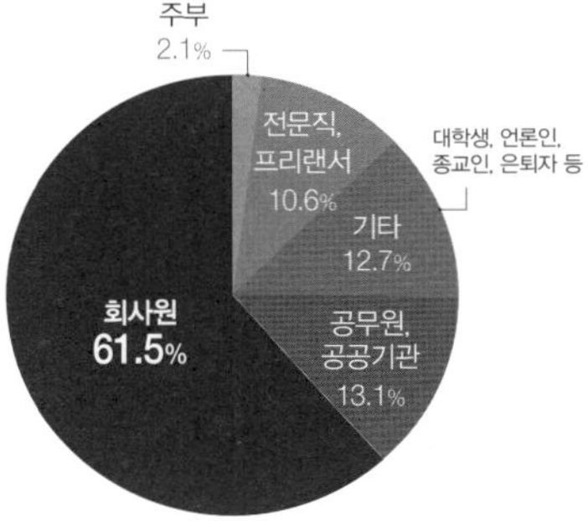

Q. 금융자산 중 P2P투자의 비중

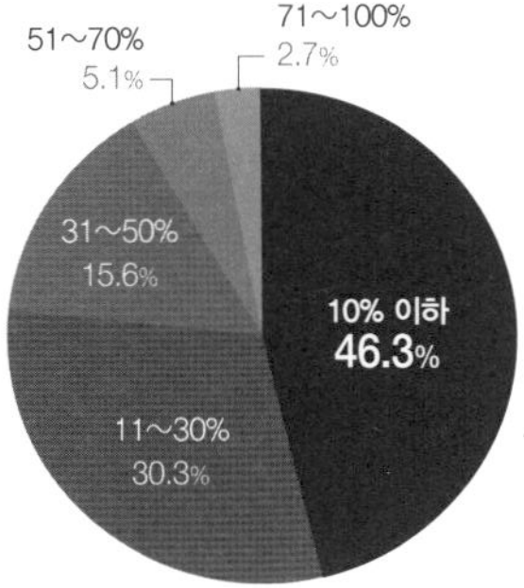

장 높았으며 노후 준비 30.3%, 주택자금 마련 13.1%, 결혼자금 준비 9.3% 등이 뒤를 이었다.

27.5%에 달하는 높은 세율이 P2P 투자의 걸림돌인 것으로 나타났다. 투자자들은 서비스의 아쉬운 점으로 투자 세율 인하(57.7%), 투자 한도 상향(45.9%), 상환방식 다변화(25.3%), 분산투자 세부 옵션 구성(14.3%) 등을 꼽았다.

이 대표는 "고객들이 요청한 투자한도 상향과 세율 인하는 정부, 국회의 도움이 필요한 부분이기에 당국에 꾸준히 의견을 전할 것이다. 투자자들이 꾸준히 예적금 대비 3~5배 수준의 수익을 누리도록 분산 투자시스템도 꾸준히 발전시키겠다"고 밝혔다. 지난 3년간 8퍼센트의 평균 수익률은 8~9% 안팎을 기록했고, 재투자율은 81.1%였다.

포항공대를 나와 우리은행에서 근무하던 이 대표는 은행권이 제공하는 2~5%의 저금리 대출 시장과 2~3금융권이 제공하는 20% 이상의 고금리 대출로 양분된 금리 시장 구조를 해결해야 한다는 필요성을 느꼈다. 그리고 4년 전 이 대표는 대출자에게 중금리 대출을 공급하고 투자자에게는 중수익 투자처를 제공한다는 점을 직관적으로 알리기 위해 8년간 근무하던 우리은행에 사표를 내고 '8퍼센트'라는 사명으로 회사를 차렸다.

8퍼센트는 금융권 최초로 '최저금리보상제'를 통해 합리적인 대출을 제공하고 자동분산투자로 리스크를 헤지해 투자자가 안정적인 수익률을 누리도록 돕고 있다. 사명과 같이 실제 평균 수익률은 8%를 넘어서고 있다.

개인뿐 아니라 열정으로 무장한 소상공인과 중소기업에게도 8퍼센트는 힘이 되고 있다. '쏘카', '야놀자' 등의 유망 스타트업이 수천 명의 8퍼센트 투자자로부터 자금을 조달했다. 최근에는 우수 중소기업, 소상공인들에게도 자금을 공급함으로써 대출자와 투자자가 서로 돕는 상생의 사례를 연이어 만들어가고 있다.

하지만 창업 당시 P2P금융에 대한 개념은 낯설었다. 8퍼센트는 P2P금융을 알리기 위해 금융 당국, 언론, 국회 등을 찾아다니며 우리 사회에 꼭 필요한 서비스라는 점을 강조했다. 그 결과 조금씩 공감대를 얻으며 안정적인 성장을 거듭했다. 은행권청년창업재단 1호 투자기업에 8퍼센트가 선정됐고 전자결제기업 KG이니시스를 비롯해 다수의 벤처캐피털(VC)로부터 유치한 투자를 기반으로 꾸준한 성장을 지속하고 있다.

인공지능이 추천하는 투자 가이드 로보어드바이저

천영록

펀드는 상품이 아니라 서비스

우리가 재테크 상품으로 가장 익숙한 펀드. 펀드는 상품일까 서비스일까? 천영록 두물머리 대표가 2018 서울머니쇼 강연에서 청중들에게 던진 질문이다. 두물머리는 '불리오'라는 로보어드바이저 서비스를 하는 회사다.

천 대표는 "우리는 펀드를 3박 4일 해외여행 패키지처럼 생각해 한 번 구매하면 끝까지 책임져줄 것처럼 생각한다. 하지만 실제로는 지속적인 관리와 대응이 필요한 서비스에 가깝다"는 이야기로 강연을 시작했다. 그러면서 금융소비자들이 생각하는 것과 실제 금융산업의 모습은 다르다고 조언했다.

펀드를 예로 들면서 천 대표는 "펀드는 레고블록처럼 하나의 부품에 가깝다. 펀드매니저도 정해진 운용기준에 맞춰 펀드를 운용하는 사람이지 고객의 돈을 불려주는 사람은 아니다"라고 설명했다. 그는 "펀드매니저는 부품을 만드는 엔지니어일 뿐 애초에 운용기준을 벗어날 수 있는 권한자체가 없다"고 강조했다.

이런 구조로 인해 펀드가 주는 서비스는 고객의 기대치와는 엄청난 차이가 있다. 은행이나 증권사는 펀드매니저가 마치 모든 것을 해줄 것처럼 홍보하지만 실제는 그렇지 못하고 이는 펀드에 대한 불신으로 돌아온다는 것이 천 대표의 주장이다. 천 대표는 "우리 고객들의 재테크에 필요한 것은 상품이 아니라 지속가능한 서비스다. 레고 같은 부품이 아니라 나에게 맞춰진 조립품이 돼야 한다"고 강조했다.

5~10% 장기수익률 얻는 전략이 필요

천 대표는 왜 대부분의 주식 혹은 펀드 투자자들이 손해를 보는지에 대해서 설명했다. 그는 "개인투자자의 경우 매년 평균보다 4.6% 더 손해를 본다. 이는 1억 원을 투자했을 경우 3년간 1,700만 원, 20년간 7,700만 원을 더 손해 본다는 의미"라고 설명했다. 그러나 천 대표는 "이런 개인투자자 손실 때문에 개인투자자는 무조건 인덱스 투자만 해야 하고

수익의 포물선과 투자자들

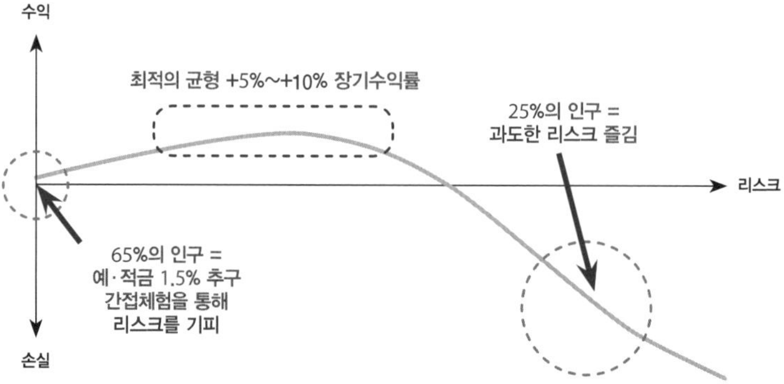

장기투자를 해야 한다는 생각이 있는데 이것도 잘못된 것"이라고 설명했다.

천 대표는 투자를 할 때 우리가 얻는 기쁨은 두 가지라고 구분했다. 먼저 변동성의 즐거움이다. 투자를 통해 큰 수익을 얻고 부자가 될 것 같은 기분이다. 두 번째는 수익의 즐거움이다. 이기는 재미, 수익률을 쌓아가는 재미다. 그런데 많은 투자자들이 변동성의 즐거움에 몰입되어서 '하이 리스크 하이 리턴' 전략에만 함몰되는 경우가 많다. 그런데 어떤 전략이든 리스크를 지나치게 높이다보면 수익률이 곤두박질치는 시점이 있다.

천 대표는 "우리나라 인구의 65%가 리스크를 기피하다보니 수익률 연 1.5%의 예적금에만 몰려 있고 25%는 과도한 리스크를 즐긴다. 수익의 포물선에서 최적의 균형점인 5~10% 장기수익률을 얻는 전략을 택해야 한다"고 요약했다.

그렇다면 5~10% 장기수익률을 얻을 수 있는 전략은 무엇일까. 천 대표는 "우리는 길게 보고 통계적인 수익률을 추구해야 한다. 투자의 종류는 크게 네 가지밖에 없다"고 말했다.

네 부류의 투자자

	단기 가격 중시	단기 가격 무시
가치 중시	정보투자	가치투자자
가치 무시	기술적 분석	단순 자산배분

이는 가격과 가치의 관계를 어떻게 보느냐에 따라 갈라진다. 가격이란 어떤 것을 얻기 위해 우리가 내는 돈인데 이는 시장에서 정해진다. 반면 가치는 내가 얻어가는 것으로 주관적으로 계산된다. 이 가치를 계산하는 것이 유용한가 아닌가, 그리고 가격을 예측하는 것이 단기적으로 도움이 되는가 아닌가에 따라 네 부류의 투자자가 나눠진다는 것이다.

첫 번째로 단기가격을 중시하고 가치를 중시하는 투자자는 '정보투자'를 하는 투자자라고 할 수 있다. 예를 들어 주식이라면 회사의 정보를 듣고 투자하는 것이다. 그러나 현실적으로 개인투자자가 이런 정보를 얻기는 쉽지 않다.

두 번째로 단기가격은 무시하고 장기적인 가치만을 중시하는 투자자가 소위 '가치투자자'다. 가치가 있는 기업의 주식을 사서 장기보유하다 보면 수익률이 높다는 것인데, 역사적으로 이는 어느 정도 입증된 방식이다.

세 번째는 가치를 무시하고 단기적 가격만 중시하는 투자자다. 차트를 보고 투자하는 '기술적 분석'이 이 그룹에 속하는데 이 역시도 검증된 투자방법이다.

마지막으로 네 번째는 단기가격과 가치를 모두 무시하고 단순히 자산배분만을 하는 것이다.

천 대표는 이 네 가지 방식의 장점을 모두 취해야 한다고 요약했다. 먼저 가치투자에서는 '밸류 팩터(Value Factor)'를 취할 수 있다. 이는 저렴한 것이 더 수익률이 높은 현상을 말한다. 가치의 변화를 가져오는 뉴스에 시장이 과도하게 반응하는 데서 기회가 생기는 만큼 저평가가 심화되었을 때 투자하라는 것이다. 기술적 분석에서는 '모멘텀 팩터(Momentum Factor)'를 취할 수 있다. 이는 환경변화로 인해 내재가치가 급변해도 실제로 이것이 반영되는 데에는 시간이 걸리기 때문에 생긴다. 자산배분에서는 포트폴리오 분산 효과를 배울 수 있다. 하나를 투자하는 것보다 3~12개 분산해 투자했을 때 추가수익을 얻을 수 있다는 것도 통계적으로 입증된 것이기 때문이다. 마지막으로 정보투자는 정보의 누수 효과를 가져올 수 있는데 이는 정보가 다양한 경로를 통해 누수되고 유통되면서 그것이 가치와 가격에 반영된다는 것이다.

투자에는 관성의 법칙이 존재한다

이 같은 네 가지 교훈을 투자의 무기 삼아 불리오는 투자에서 '관성의 법칙'을 따른다. 이는 거대한 질량을 가진 자산군(선진국 주식, 금, 미국 10년물 국채 등)이 수익률이 좋은 관성을 보이고 있으며, 다른 자산군 대비 상대적으로 주목을 받을 때 최소한 한두 달은 강세를 보일 확률이 높다는 것이다. 이는 1974년부터 최근까지 데이터를 분석해보면 나타난다.

천 대표는 "강세장에 투자하는 것이 약세장에 투자하는 것보다 무조건 1달 정도 유리하다. 최소 12개월간 수익률이 낮은 자산은 계속 들고 가지 말라"고 이 데이터의 의미를 정의했다.

로보어드바이저 불리오의 전략은 다음과 같다.

- 장기 투자시 what(무엇에 투자할 것인가)이 아닌 how(어떻게 투자할지)가 중요하다. 그러므로 5년간 연평균 8% 수익가능성을 극대화시킨다.
- 글로벌 자산군에서 관성을 찾아낸다.
- 상위 3개의 자산군에 집중투자한다.
- 매월 재평가하여 관성을 다시 찾아낸다.
- 전 세계 시장이 붕괴할 때는 즉시 전액 현금보유한다.

이 같은 전략을 따랐을 때, 장기수익률이 주식시장 수익률을 훨씬 안정적으로 초과한다는 것이 천 대표의 주장이다. 그는 "2008년 3월부

터 2017년 말까지 불리오 전략을 따랐을 때 불리오 매운맛(공격형 투자)은 연 7.64% 수익률을, MSCI AC World Index(전 세계 주식투자 인덱스)는 3.48% 수익률을 냈다. 특히 최대손실폭이 불리오는 −9.6%, 주식인덱스는 −56.51%로 차이가 컸다"고 설명했다.

그는 이런 점에서 로보어드바이저라면 떠올리는 '시스템매매'와는 다르다고 강조했다. 그는 "로보어드바이저는 컴퓨터를 활용한다는 점에서 시스템트레이딩의 연장선상에 있다. 다만 어드바이저라는 이름에서 알 수 있듯 우리는 자문하는 것이 아니고 조언하는 참모의 역할"이라고 설명했다.

실제로 불리오는 펀드처럼 구매하거나 직접 돈을 굴려주는 상품이 아니다. 정해진 연간 사용료를 내면 구체적으로 어떤 펀드를 사고팔아야 할지 비중을 유지해야 할지 조언을 해주는 것이다.

신재생에너지 태양광에 투자하라

최재호

노는 땅 500평서 25년간 매년 2,000만 원 수익 얻는 비결은

많은 전문가들은 미세먼지를 줄이는 친환경 에너지인 동시에 부동산이나 주식투자만큼이나 수익을 낼 수 있는 차세대 투자 상품으로 태양광발전을 꼽고 있다. 주식 등 투자 수단들이 시세 변화로 마음을 졸여야 한다면 태양광은 20~30년간 특별한 이슈가 발생하지 않는 이상 안정적인 수익을 기대할 수 있기 때문이다.

2018 서울머니쇼에서 '신재생에너지 태양광에 투자하라' 세션 연사로 나선 최재호 한화큐셀 팀장은 "500평 땅에서 매년 안정적으로 2,100만

원 수익을 얻을 수 있다"고 소개했다.

태양광 투자는 농지 등 부지에 상업용 태양광 시설을 설치하고 난 뒤, 전력을 판매하고 수익을 얻는 구조다. 개인 태양광발전소는 생산한 전기를 한국전력에 팔아서 수익을 내거나, REC라고 불리는 신재생공급인증서를 통해서 이익을 얻을 수 있다.

발전사는 '신재생에너지 공급 의무화 제도'에 따라 매년 발전량의 일정량을 신재생에너지원으로 반드시 채워야 하는데, 이때 직접 신재생에너지 발전설비를 가동하지 않을 경우 다른 곳에서 REC를 구매해야 한다. 바로 이 때문에 민간사업자가 REC를 팔아 수익을 창출할 수 있는 것이다.

최 팀장은 "국내 자영업자수는 2010년부터 2015년까지 큰 등락 없이 550만 명에서 560만 명 수준을 유지하다 현재는 700만 명에 이르는 수준이다. 이처럼 많은 사람들이 창업을 위해 대출을 받지만 금리상승에 고충을 겪고 있다"고 소개했다. 이어 "하지만 태양광발전소 투자를 위한 대출은 신재생에너지 사업이다 보니 금리도 비교적 안정돼 있고, 상품도 용도에 맞게 구성돼 큰 무리 없이 사업을 진행할 수 있다"고 밝혔다.

태양광발전소는 어디에 설치하는 게 좋을까. 최 팀장은 흔히 온도가 높고 더운 곳에 설치하면 좋을 거라고 생각하는 사람이 많은데, 반드시 그렇지는 않다고 말했다. 물론 날씨가 중요한 요소인 것은 맞지만 태양광발전은 온도보다는 '일사량'에 의해 상당 부분 좌우되기 때문이다. 일사량은 지구를 향해 비치는 태양빛 중에서 구름, 안개와 같은 장애물을 거쳐 지표면까지 도달하는 태양빛의 양을 의미한다.

연도 별 태양광 시장 성장 현황

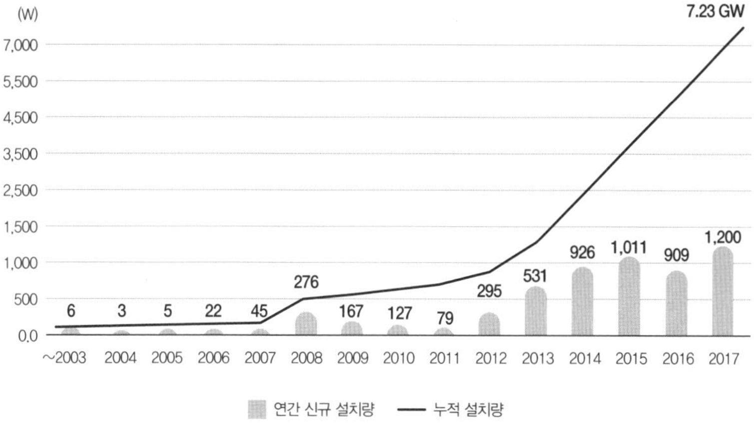

'우리나라에서 태양광, 그것도 개인이 하는 발전소라니 그게 과연 가능할까? 섣부르게 뛰어들었다가 망하는 거 아니야?'라고 생각하는 시각도 있다. 하지만 최 팀장은 "국내 태양광발전 시장의 미래는 충분히 밝다"고 말했다. 그는 "우리나라는 새로 생기는 태양광발전소 수가 세계 7위인데도, 일본에 비해 전체 태양광 시장 규모는 아직 1/10 수준이라서 앞으로 성장 가능성이 더 기대된다"고 강조했다.

그는 덧붙여 태양광발전에서 가장 중요한 요소라 할 수 있는 일사량도 양호한 편이라고 소개했다. 서울을 제외하고는 대부분 지역에서 일 평균 3.5시간 이상, 장마철 이전인 4~6월에는 동남아시아에 버금가는 약 5시간 수준의 일사량을 보인다는 설명이다.

금융지원 업무 흐름도 및 상세 설명

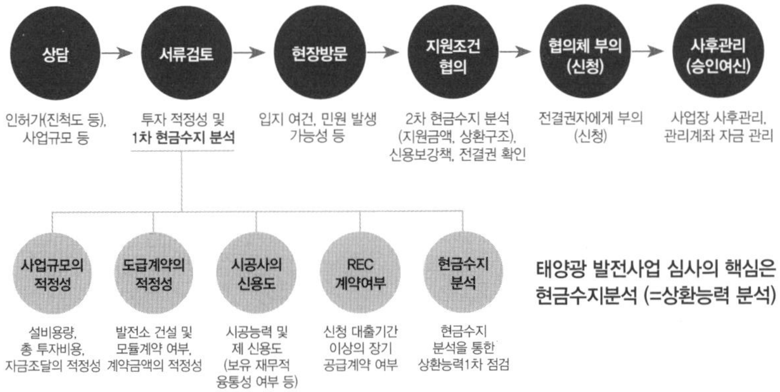

태양광발전이 재테크·투자수단이라는 것은 알았다 하더라도 진입장벽이 높은 건 사실이다. 어떻게 시작해야 할지, 장비는 어떻게 구매해서 설치하고 지방자치단체에는 어떻게 허가를 받아야 할지 막막하다. 최 팀장은 "진입장벽을 대폭 낮추기 위해 원스톱 서비스로 한화큐셀이 나섰다"라고 말했다.

글로벌 태양광 셀 생산 1위 기업인 한화큐셀은 개인 태양광발전 사업이 새로운 재테크 상품이 될 수 있다고 판단하고 2017년부터 '개인 태양광 발전 사업'을 보급하는 데 적극 뛰어들었다. 태양광 셀은 태양에너지를 전기에너지로 변환, 생산하는 장치다. 한화큐셀은 2016년부터 태양광 창업스쿨을 열고, 개인 태양광발전 사업설명회를 개최하면서 더 많은 일반인들이 개인 태양광발전에 관심을 가질 수 있도록 하고 있다.

직접투자 어렵다면 임대방식 골라야

최 팀장은 본인 소유 태양광 투자가 부담스러울 경우 임대방식도 좋은 선택지라고 조언했다. 그는 "건설 중인 태양광발전소를 구좌 개념으로 구입하는 게 일반적인 경우인데, 취득세 등 각종 세금 등의 부담을 조금이라도 덜기 위해 태양광발전소 임대도 효과적이다"고 말했다.

현재 계통한계가격(SMP)과 공급인증서(REC)를 통한 안정적인 수익구조가 확보된 태양광발전소는 1kW의 전기를 생산하면 210원의 수익이 발생한다. SMP가 1kW에 80원, REC는 1kW에 130원일 경우이다. 실제 발전소 임대의 경우 SMP+REC 수익은 보장받으면서도 재산화되지 않은 만큼 초기 투자비는 줄일 수 있다.

업계에서는 임대 방식을 활용할 경우 생산전기 100kW 기준시 토지 구입보다 4,000만~6,000만 원 절감이 가능하다고 보고 있다. 사업 간 발전소나 토지 구입이 이뤄지지 않기 때문에 취등록세가 없다는 점도 장점이다. 태양광의 경우 발전소 취득세율은 4.6%이고, 재산세는 0.2%다.

사업 추진에 속도를 더할 수도 있다. 현재 경북에서 발전사업 인허가를 추진하고 있는 발전사업 업체 관계자는 "최근 태양광발전사업은 개발행위허가가 중요하다보니 토지 소유자를 사업에 참여시키는 형태로 진행되고 있다. 토지 소유자가 참여하면 주민들과의 민원 대응이 비교적 수월하고, 인허가 과정에서도 지역민이 참여해 사업추진에 도움이 된다"고 소개했다.

자녀에게 상속을 하게 될 경우에도 사업자가 이전되는 것이라 별도로 상속세가 생기지 않는다. 양도·양수에 따른 제약이 없기 때문에 노후설계를 위한 용도로 발전소를 임대했다가 자녀에게 물려주는 사례도 최근 부쩍 늘었다.

한화큐셀은 태양광발전소 시공부터 금융, 보험, 유지·보수까지 투자 전 과정에 대한 토탈서비스도 제공하고 있다. 최 팀장은 "한화큐셀의 토탈서비스는 가격 경쟁력 있는 태양광발전소 건설 투자비, 금융회사 연계 대출상품도 함께 소개하고 있어서 많은 이들의 호평을 받고 있다"고 말했다.

최 팀장은 "정부기조뿐 아니라 세계적 추세가 태양광 강화인 만큼 장래성도 밝다"고 말했다. 그는 덧붙여 장기간 안정적인 수익을 보장하기 위해 2017년 도입된 '전력도매가격(SMP)+REC' 20년 장기고정가격계약 의무화 제도, 2018년 하반기부터 도입될 한국형발전차액지원제도(FIT, 신재생으로 공급한 전기의 전력거래 가격이 산업부 장관 고시 기준가보다 낮을 시 정부가 차액을 보장해주는 제도) 등 신재생 에너지 확대를 위한 정부의 의지가 큰 만큼 개인 태양광 시장은 더욱 확대될 것으로 전망된다고 설명했다.

한화큐셀은 이밖에도 서울시가 선정하는 베란다형 미니발전소 보급사업 참여 사업자들에게 일본 주택용 태양광 시장 선호도 1위 제품인 '큐피크'를 공급하고 있다.

PART 6

사회초년생 재테크에서 노후준비, 절세까지

2030 난생처음 재테크는 이렇게

생애설계 7가지만 준비하면 100세 인생 준비 끝

아는 만큼 보인다! 돈이 되는 절세 이슈 10가지

2030 난생처음 재테크는 이렇게

정환용

"고위험인 주식부터 재테크를 시작하면 리스크를 감당하기 힘듭니다. 예·적금 다음에 해야 할 투자는 채권입니다."

재테크 분야 베스트셀러 《난생처음 재테크》를 쓴 작가인 정환용 더블유에셋 명예이사가 2018 서울머니쇼 세미나에서 종잣돈 마련에 나서는 사회초년생과 신혼부부들에게 던진 조언이다. 정 이사는 "채권부터 시작해 펀드, 배당주 등으로 서서히 영역을 넓혀나가는 게 좋다"고 설명했다.

재테크 초보자, 투자 시작은 채권으로

대부분의 사회초년생들은 처음 재테크에 나설 때 투자 대상으로 채권보다는 주로 주식이나 펀드 등을 고려한다. 하지만 정 이사는 이런 접근법이 재테크 자체에 흥미를 잃게 만들 수 있다고 지적했다. 기존에 예·적금만 하던 사람이 주식과 같은 고위험 상품에 손을 댔다가 손실을 보게 되면 '투자는 재미도 없고 위험하다'란 생각을 갖게 되기 쉽다는 것이다.

정 이사는 재테크 대상에 주식과 펀드만 있다는 편견을 깨는 투자가 바로 채권이라고 설명했다. 채권 투자는 예·적금보다 금리는 높지만, 투자 기간 동안 회사가 망하지 않는 한 원금 손실 위험이 없기 때문에 초보자에게 적합하다.

채권 투자는 간단하다. 돈을 빌려주고 이자를 받는 것이다. 국가에 돈을 빌려주고 이자를 받는 건 국채 투자고, 회사에 돈을 빌려주고 이자를 받으면 회사채 투자가 된다. 은행이 사람의 신용등급을 보고 대출이자를 매기듯 채권의 신용등급에 따라 산정된 이자를 받을 수 있다.

회사채의 신용등급은 AAA부터 D까지 다양한데 어떤 채권부터 시작하면 좋을까. 정 이사는 "일반적으로 BBB 등급 이상부터 하는 게 좋고, 더욱 안전하게 하고 싶다면 A등급 채권부터 하면 된다"고 조언했다. 회사채 투자의 리스크는 그 회사의 부도다. 하지만 우량 대기업의 경우 단기간에 망할 확률은 그리 높지 않다. 채권 만기(투자 기간)가 2년이라면 2

년 동안 돈이 묶이지만 이 기간 동안 그 회사의 실적이 좋든 나쁘든 망하지만 않으면 시중은행 예금보다 상대적으로 높은 이자를 다 받을 수 있다. 채권 투자는 생소하지만 방법이 어렵지는 않다. 은행 홈페이지에서 예·적금 상품에 가입하듯 증권사 홈페이지나 앱에 들어가면 금융상품몰이 마련돼 있다.

정 이사는 다음 단계로 펀드를 제시했다. 펀드란 간단하게 말하면 바구니다. 바구니에 삼성 계열사 주식을 담으면 삼성 펀드가 되고, 금을 담으면 금 펀드가 된다. 그는 펀드상품 이름만 읽을 줄 알아도 상품 선택에 큰 도움이 된다고 말했다.

'프랭클린 미국 바이오 헬스케어 투자신탁[주식] 클래스 C'라는 펀드 상품을 뜯어보자. '프랭클린'은 펀드명에서 '성(姓)'으로 볼 수 있는데 이 펀드를 운용하는 자산운용사를 의미한다. 프랭클린 대신 '삼성'이라고 써있다면 삼성자산운용이 만든 펀드란 의미다. 다음에 나온 '미국'은 투자 대상국이다. 나라가 따로 쓰여 있지 않다면 국내 투자라고 보면 된다. 나라 이름 다음에 나오는 '바이오 헬스케어'는 투자 테마다. 이어 나오는 '[주식]'은 주식형 펀드를 의미한다. 이 카테고리에는 주식·채권·주식혼합·채권혼합 등이 있다. 주식형은 상대적으로 고위험이고, 채권형은 리스크가 낮은 편이다. '주식혼합형'은 주식과 채권을 모두 담지만 주식 비중이 높은 펀드이고, 반대로 '채권혼합형'은 채권 비중이 높고 주식 비중은 낮은 펀드다. 리스크가 큰 순으로 따지자면 주식형〉주식혼합형〉채권혼합형〉채권형 순이다.

'클래스 C'란 수수료체계를 말한다. 펀드 수수료 체계는 클래스 A, 클래스 C, 클래스 S 등이 있다. 클래스 A는 선취수수료, 클래스 C는 수수료를 나중에 떼어가는 후취식이다. 정 이사는 "투자기간이 길면 A가 좋고 짧으면 C가 좋은데 일반적으로 C를 추천한다"고 말했다. 펀드 슈퍼마켓 상품은 '클래스 S'로 수수료가 더 낮다. 정 이사는 "내공이 쌓이면 펀드 슈퍼마켓을 이용하는 게 수수료를 절약하는 방법"이라고 덧붙였다.

투자 내공이 좀 더 쌓인다면 주식으로 눈을 넓혀도 좋다. 정 이사는 "주식이 리스크가 크고 주식에 대해 안 좋은 편견을 가진 사람이 많지만 주식도 잘 고르면 안전한 종목을 고를 수 있다"고 말했다. 그러면서 정 이사는 인프라 투자회사인 맥쿼리인프라를 추천했다. 이 종목의 경우 꾸준히 배당이 나오기 때문에 적금을 대신하기 좋다는 설명이다. 정 이사는 "배당수익률이 5.76% 수준으로 맥쿼리인프라 주식을 100만 원어치 사면 5만 7,600원 정도를 받는다는 의미다. 예·적금 금리의 2~3배 수준이기 때문에 예적금을 대신하기 좋다"고 말했다.

변동성도 그리 크지 않다. 맥쿼리인프라의 경우 고속도로와 같은 인프라에 투자한 뒤 톨비 등으로 수입을 거둔다. 톨비는 매일 큰 변화 없이 현금이 꾸준히 들어오기 때문에 실적 변동이 거의 없고, 주가 변동 폭도 작다. 이런 종목에 투자할 땐 '욕심'과 '비교'를 피해야 한다고 정 이사는 지적했다. 그는 "높은 수익률을 거둔 다른 사람과 비교하고 따라하다간 손실을 볼 가능성이 더 높다. 투자할 때 명심해야 할 건 1년에 7~10%의 수익만 추구하겠다는 식의 기준을 정해놓는 것이다"라고 강조했다. 낮은 수익률처럼 보일 수 있지만 꾸준히 유지만 할 수 있다면 10년 뒤 원금이 두 배가 된다.

연금상품 가입 땐 해지환급금 확인이 필수

정 이사는 연금상품에 대해선 회의적인 의견을 내놨다. 노후 대비는 필요하지만 연금상품의 수익률이 높지 않고 일부 보험설계사들이 가입자들을 호도하는 경우가 많다는 이유에서다.

정 이사는 "금리형 연금상품에 매달 20만 원씩 10년을 납입하고 40년 뒤쯤이면 2,400만 원이 4,800만 원 정도밖에 안 돼 있을 것이다. 물가상승률을 고려하면 두 배가 오른 건 큰 의미가 없다"고 잘라 말했다. 그래도 가입을 원한다면 상담 시 해지환급금을 확인해보는 게 좋다. 정 이사는 "보통 연 복리를 따지는데, 연 복리보다 해지환급금을 보여 달라고 해보기 바란다. 특정 시점에서 내가 받을 수 있는 돈이 얼마나 쌓여 있나를 보여주는 수치다"라고 설명했다.

저축을 하려 하는데 종신보험을 권유하는 일부 설계사들의 말도 잘 가려들어야 한다. 종신보험은 기본적으로 사망을 보장해주는 상품이다. 하지만 주 기능이 아닌 중도인출, 추가납입, 저축 등 부수 기능을 강조하며 저축이 아닌 종신보험을 가입하도록 하는 일이 잦다는 게 정 이사의 설명이다. 설계사 입장에선 저축상품보다 종신보험 상품을 파는 게 수당 측면에서 유리하기 때문이다. 정 이사는 "종신보험의 경우 20만 원을 납입하면 12만 원 정도가 저축된다고 보면 된다. 40년에 두 배는 결코 좋은 수익률이 아니니 차라리 그 돈으로 다른 투자를 더 하는 게 낫다"고 강조했다.

저축이 목적이 아니라 사망 시 보장받기 위해서라면 종신보험은 나쁘지 않은 선택이다. 하지만 종신보험에 가입하기 전 정기보험상품도 고려해봐야 한다. 종신보험과 정기보험의 차이는 이렇다. 종신보험은 가입 이후 내일 사망하든 100년 뒤에 사망하든 사망시 보험금을 지급하는 보험상품이다. 정기보험은 특정 연령 전에 사망 시에만 보장받을 수 있다. '60세까지만 보장받겠다', '80세까지만 보장받겠다'는 식으로 보장 기간을 설정하는 것이다.

생명보험은 만약의 사태가 발생할 경우 배우자와 자식 등 남겨진 가족이 경제적 어려움을 겪지 않게 하기 위해 가입한다. 하지만 서른 살에 아이를 낳고 일흔 살이 됐다면 자식은 마흔 살이다. 고령으로 사망 시에는 남은 가족을 위해 목돈을 마련할 필요성이 줄어드는 만큼 보장받을 필요성도 적다. 정기보험은 보장 기간이 설정돼 있는 만큼 종신보험보다 저렴하다. 일반적으로 약 4배 정도의 가격 차이가 있다. 종신보험에 가입할 돈으로 정기보험을 가입한 뒤 나머지 돈은 저축하거나 다른 상품에 투자하는 것도 대안이 될 수 있다.

청약통장에는 본인 상황에 맞게 매달 2만~10만 원씩 넣으라고 조언했다. 청약통장은 아파트를 분양받기 위해 쓴다. 미래에 아파트가 아닌 주택이나 빌라에 살 예정이라면, 혹은 아파트에 살더라도 분양을 받을 예정이 아니라면 굳이 가입할 필요가 없다. 정 이사는 "구체적인 계획이 없다면 매달 2만 원씩 넣으며 가입기간과 납입 횟수를 채워 줄 필요가 있다. 여유가 있다면 청약 최대 인정금액인 10만 원씩 매달 넣는 게 가장 좋다"고 말했다.

새어나가는 돈을 막는 생활비 관리법에 대한 설명도 이어졌다. 우선 지출 내역을 싱글의 경우 데이트/생활비/쇼핑으로 나눈다(기혼자의 경우 개인 용돈/생활비/쇼핑). 생활비는 매주 10만 원 정도 지출하고, 한 달에 쓰는 데이트 비용이 20만 원, 쇼핑 금액은 10만 원이라고 가정하자. 이 경우 체크카드에 1주일 생활비인 10만 원을 채운 뒤 이 카드 하나만 들고 다니는 것이다. 그러다가 친구가 만나자고 하는 등 돈을 써야 할 일이 생기면 잔액을 확인한다. 잔액이 얼마 없다면 두 가지 선택지가 생긴다. 친구에게 돈이 없으니 다음에 보자고 하거나, 친구에게 얻어먹는 것이다. 쪼잔해 보일 수 있지만 예상치 못한 지출을 피할 수 있다는 게 정 이사의 설명이다.

다음은 데이트 비용이다. 데이트통장을 만들어서 쓰면 좋지만 그럴 상황이 아니라면 안 쓰는 체크카드를 하나 정해 월초에 월 데이트 지출용으로 20만 원을 입금한다. 애인을 만날 때는 이 카드만 들고 나가는 것이다. 생활비 카드와 마찬가지의 의사결정 과정을 거친다.

기혼
개인용돈 / 생활비 / 쇼핑

싱글
데이트 / 생활비 / 쇼핑

쇼핑 비용은 일종의 완충장치 역할을 한다. 생활비와 데이트비용을 합쳐서 예산 내에서 막았다면 스스로에게 쇼핑 기회를 주는 것이다. 하지만 예정보다 지출이 더 많았다면 쇼핑을 하지 않는다. 쇼핑은 스스로 통제할 수 있는 지출이기 때문에 유연하게 적용해 완충 장치로 쓰기 적합하다. 유의할 점은 생활비와 데이트 비용을 아껴서 예산보다 적게 썼다고 해서 쇼핑 금액을 늘려선 안 된다는 점이다. 정 이사는 "대학 시절 알뜰하게 살던 사람도 사회생활을 시작하면서 소비가 늘어나는 경향이 있다. 같은 돈을 쓰더라도 이런 방식으로 써야 급여가 올라가도 소비를 통제할 수 있다"고 강조했다.

생애설계 7가지만 준비하면 100세 인생 준비 끝

최성재

돈 고민을 넘어 '어떻게 살지' 설계해야

재테크에 대한 관심이 사회적으로 높아지는 이유 중 하나는 우리의 수명이 급격하게 늘어났기 때문이다. '장수는 축복이면서 저주다'라는 말이 있듯이 과거에는 길어봤자 70대까지 사는 것도 쉽지 않았기 때문에 그 이후의 인생에 대해 고민할 필요가 없었다. 그러나 이제 100세 시대가 현실화되면서 이후의 삶에 대해 고민해야 하는 시대가 왔다. 특히 예전에는 노후자금을 마련하는 금전적인 측면에만 관심이 집중됐다면 이제는 '어떻게 살 것인가'와 같은 삶의 질에 대한 고민까지 해야 하는 시대가 되었다.

기존 노후·은퇴 설계의 한계

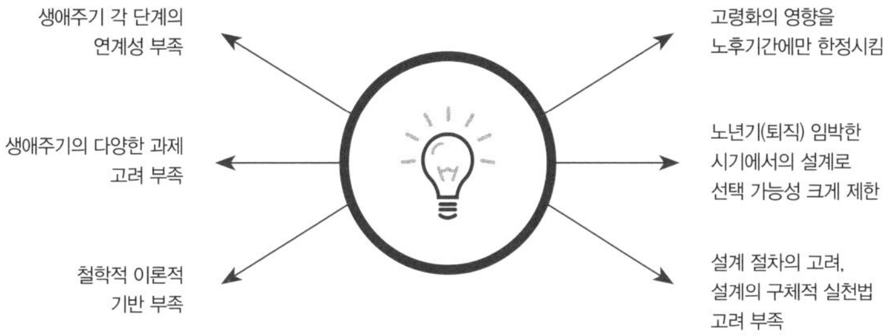

2018 서울머니쇼에서 열린 '생애설계 7가지만 준비하면 100세 인생 준비 끝' 강연은 돈보다는 인생의 철학적인 고민에 좀 더 집중하는 강연이었다. 연사를 맡은 최성재 한국생애설계협회 회장은 우리가 생애를 위해 준비해야 할 7가지에 대해서 설명했다. 7가지 과제는 재무, 건강, 직업·경력, 가족·주거·사회관계, 학습·자기개발, 사회참여·사회공헌, 여가·취미·영적활동으로 정리된다.

현재 일반적으로 우리의 생애주기는 크게 영유아기(0~4세), 학령기(4~12세), 청소년기(12~18세), 청년기(18~40세), 중년기(40~60세), 장년기(60~80세), 노년기(80세) 이상으로 보고 있다. 은퇴 이후의 생활을 의미하는 장년기가 길어진 것이다. 하지만 이를 10년 주기로 볼 수도 있다. 스스로에 대한 인식이 생기는 10대를 청소년기로 보고, 청년기는 20~30대, 중년기는 40~50대, 장년기는 60~70대, 노년기는 80~90대로 보면 된다.

최 회장은 “각 생애주기마다 7가지 과제가 다르다. 이를 인식하고 준비해야 한다”고 설명했다. 그는 특히 이에 맞춘 생애설계를 시작하는 시점에 대해 “자아정체성을 확립하는 청소년기부터 시행하는 것이 바람직하지만 늦어도 중년기 이후에는 시작해야 한다”고 조언했다.

취미, 자원봉사도 중요한 인생의 과제

첫 번째 생애재무설계에서 10대 때는 용돈관리 등을 통해 올바른 소비습관을 갖추는 것이 가장 중요하다. 20대에는 학자금 융자와 함께 본격적으로 결혼자금 준비가 시작돼야 한다. 30대에는 소득이 본격적으로 생기면서 이를 잘 굴리는 재테크와 결혼자금 준비가 중요하다. 미리 연금보험에 가입하는 것도 필요하다. 40대에는 가정의 재정을 관리하면서 공적연금과 관련된 노후자금을 산출해 미리 준비해야 한다. 50대에는 연금을 관리하면서 자산관리 전략을 세워야한다. 60대는 감소된 수입에 적응하면서 추가수입을 모색하고 상속과 증여를 준비해야 하는 시기다.

두 번째로 필요한 것은 생애건강설계다. 10대까지는 올바른 영양섭취와 성장이 중요하다면 20대와 30대에는 과도한 음주를 자제하는 것이 핵심이다. 40대와 50대에는 운동·식습관·건강검진 등 건강관리를 습관화하는 것이 가장 중요하다. 60대 이후에는 노후한 신체의 질병과 장애를 관리하면서 돌봄의 문제를 해결해야 한다.

다음은 생애가족설계다. 20대까지는 가족 내 관계가 중요하지만 결혼을 통해 새 가정을 형성하는 30대에는 본인과 가족의 주거를 마련하는 것이 중요해진다. 40대부터는 자녀와의 관계를 재정립하고 자녀의 교육을 지원하는 것이 중요한 과제다. 50대가 되면 노후에 어디서 살 것인지를 준비하고 자녀가 결혼하거나 본인이 퇴직한 후 가족관계를 재형성해야 한다. 60대 이후부터는 배우자와 관계를 증진시키는 것이 무엇보다 중요하다.

네 번째 직업설계 분야에서는, 일단 10대까지는 진로탐색이 중요하다. 20대부터는 자신에게 맞는 직장과 직무를 선택하고 커리어를 발전시켜야 한다. 40대에는 훌륭한 리더가 되고 직업에서의 성취를 이뤄야 한다. 50대가 되면 새로운 경력을 추구하고 퇴직을 준비해야 한다. 60대 이후는 취업연장·재취업·창업 등이 핵심 과제가 된다.

다섯 번째는 생애학습설계다. 10대까지는 정규교육을 밟는 것이 중요하지만 20대부터는 끊임없이 직업교육과 자기계발의 연속이다. 50대 이후부터는 재취업 및 창업교육이 추가된다.

여섯 번째 생애사회참여설계는 다양한 봉사와 기부로 정리된다. 마지막 일곱 번째 여가·취미·영적활동 설계는 삶의 질을 높이는 데 중요하다. 인간의 높은 수준의 욕구는 여섯 번째와 일곱 번째를 통해서 달성될 수 있기 때문이다. 최 소장은 "물질적인 만족만 추구했던 웰니스(Wellness) 시대를 지나 이제는 웰빙(Wellbeing)시대로 변화하고 있다. 웰빙이란 건강뿐 아니라 행복까지 포함한 개념이다"라고 설명했다.

인생의 사명과 목표를 설계해 시간관리해야

그렇다면 생애설계는 어떤 절차와 방법을 통해 할 수 있을까. 먼저 예비단계로 자신의 적성과 성격에 대한 발견이 필요하다. MBTI 같은 성격검사가 도움이 된다. 그리고 첫 번째 단계는 자신의 인생의 사명(Mission)을 발견하고 이를 사명서로 적는 것이다. 서양인들이 묘비명에 쓰는 것처럼 자신의 존재가치를 분명히 나타내는 행동지표다. 총괄 사명(1~3가지 정도)과 생애주기 주요 과제 분야별 사명(1~3가지 정도)으로 나누어 서술하는 것이 바람직하다는 것이 최 회장의 설명이다.

두 번째로 사명에서부터 목표를 설정한다. 앞서 정한 사명을 완수한 것으로 볼 수 있는 최종목표를 1~3개 정도 설정하는 것이다. 그리고 이

인생 목표 설정

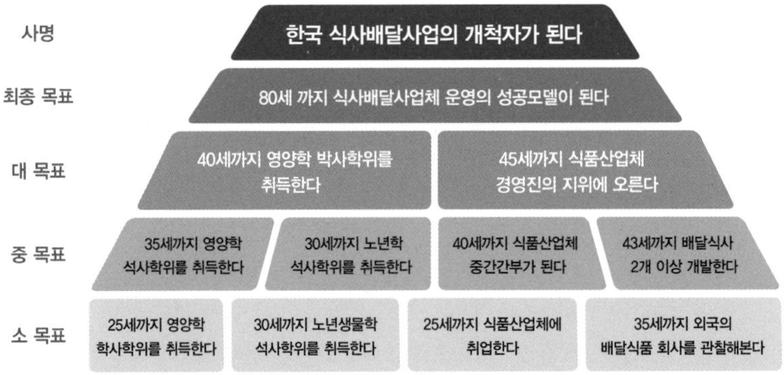

목표를 달성하는 중간 목표를 10년 단위로 설정하고 이를 1년 단위 목표와 연계시킨다.

세 번째 단계는 이 목표를 달성하기 위한 시간관리 계획을 수립하는 것이다. 모든 행동을 목표달성에 따른 중요성에 따라 A(긴급하며 중요함), B(중요하지만 긴급하지 않음), C(긴급하지만 중요하지 않음), D(긴급하지도 중요하지도 않음) 등급으로 구분해 C, D 등급을 줄여나가도록 살아가는 것이다.

마지막으로 온 생애를 걸쳐서 이를 실천해나가야 한다. 최 회장은 "노후설계가 아닌 생애설계를 해야 100세 인생을 성공적으로 이끌 수 있는 가능성이 높아진다. 이미 노년기라도 사명과 목표를 정해서 생애설계를 하는 데 늦었다 생각할 필요 없다"고 강조했다.

아는 만큼 보인다! 돈이 되는 절세 이슈 10가지

손봉진

재테크에 성공한 자산가들이 가장 무서워하는 것이 바로 세금이다. 이 때문에 자산가들은 수익률이 더 높은 상품을 찾아 헤매기 전에 우선 나가는 세금을 줄이는 방법을 먼저 찾는다. 특히 문재인 정부의 세금정책 기조가 고소득자에 대한 증세인 만큼 절세대책의 중요성은 예전보다 더욱 커졌다. 2018 서울머니쇼에서는 베스트셀러 《2018년 절세 트렌드》를 쓴 절세 전문가 손봉진 미래에셋생명 세무사가 '돈이 되는 절세 이슈 10가지' 세미나에 연사로 나서 참가자들에게 절세 비법 보따리를 풀었다. 새로 바뀐 세제와 법이 허용하는 범위 내에서 세금을 피하는 방법, 피할 수 없으면 줄이는 방법에 대한 '꿀팁'이 이어졌다.

2018년 바뀌는 제도부터 숙지해야

먼저 그는 2018년 바뀐 세금 제도에 대해 설명했다. 2017년 12월 국회 본회의에서 세법개정안이 통과되면서 고소득자에 대한 세율이 인상됐다. 종합소득 과세표준이 3억 원 초과 5억 원 이하일 경우 2017년의 경우 소득세율이 38%였으나 2018년에는 40%로 올랐다. 5억 원을 초과할 경우 40%에서 2% 가산돼 42%가 적용된다. 과세표준이 3억 원 이하인 개인은 소득세율 조정의 영향을 받지 않는다.

월세 세액공제율도 차등 인상됐다. 월세 세액공제는 서민들의 주거비를 경감시켜주기 위한 차원에서 도입된 제도다. 특정 조건에 해당하는 사람에게 연 750만 원 한도로 공제해 준다. 이번 세법 개정은 총급여액 5,500만 원 이하(종합소득금액 4,000만 원 이하인 근로소득자 포함)를 대상으로 공제율을 10%에서 12%로 확대했다. 총급여 5,500만 원 초과~7,000만 원 이하 근로자에 대한 월세 세액공제율은 기존과 같이 10%가 적용된다.

세법상 대주주는 코스피, 코스닥, 코넥스 등 시장별로 지분율과 보유액에 따라 결정된다. 소액주주의 경우 주식 거래 시 양도차익에 대한 소득세가 없지만 대주주가 되면 양도세를 부담해야 한다. 이런 대주주의 주식 양도소득에 대한 과세도 강화돼 양도세율이 오르고 상장주식 대주주 범위가 확대됐다. 대주주의 주식 양도소득 과세표준 3억 원을 초과하는 분에 대하여 세율이 20%에서 25%로 인상됐다. 과세표준 3억 원

2018년 소득세율·법인세율 변화

소득세 과세표준	소득세율	
	2017년	2018년
1,200만 원 ~ 1.5억 원	6 ~ 35%	6 ~ 35%
1.5억 원 ~ 3억 원	38%	38%
3억 원 ~ 5억원		**40%** (2%↑)
5억 원 초과	40%	**42%** (2%↑)

법인세 과세표준	소득세율	
	2017년	2018년
2억 원 이하	10%	10%
2억 원 ~ 200억 원	20%	20%
200억 원 ~ 3,000억 원	22%	22%
3,000억 원 초과		**25%**

이하 분에 대해서는 기존과 같은 20%가 적용된다.

대주주 요건 강화는 2018년 4월 1일 이후 양도분부터 적용된다. 상장 주식 대주주 범위는 유가증권시장에서는 지분율 1% 또는 종목별 보유액 15억 원, 코스닥시장에선 지분율 2% 또는 종목별 보유액 15억 원이 적용된다. 지분 기준은 그대로지만 보유액 기준이 낮아졌다.

증여했으면 출처를 남겨라

증여를 '일시불'이 아닌 작은 금액으로 다달이 하는 경우가 있을 수 있다. 예를 들어 미성년 자녀에게 매달 20만 원씩 10년 동안 넣어주는 상품을 가입시켜줬다고 하자. 10년이면 2,400만 원이지만 이를 가입 시점의 가치로 할인하면 1,830만 원(6.5% 할인 가정)을 증여한 게 된다. 성인 자녀 만 19세 이상은 5,000만 원, 미성년자는 2,000만 원까지 증여세가 나오지 않는다. 증여세 비과세 범위 내의 금액이다 보니 이런 경우 증여 신고를 하지 않는 경우가 많지만 잊지 말고 신고를 하는 게 좋다는 설명이다. 세금도 안 내는데 굳이 신고를 하는 이유는 증여해줬다는 근거를 남기기 위함이다. 향후 자녀가 이 돈을 잘 굴려 큰돈을 벌게 된다면 자금출처 조사를 받게 될 수도 있다. 이를 대비해 근거를 남기는 방법은 자발적인 신고밖에 없다.

손 세무사는 일시불로 증여할 경우의 팁도 건넸다. 1억 원을 증여한다고 하면 증여받는 사람이 475만 원을 세금으로 내야 한다. 부모가 증여세를 대신 내준다면 이 또한 증여로 잡히기 때문에 그에 대한 증여세가 별도로 나온다. 그렇다면 자녀 통장에 깔끔하게 1억 원씩 남도록 하려면 얼마를 입금해줘야 할까. 미성년 자녀의 경우 1억 839만 7,790원을, 성년 자녀는 1억 524만 8,618원을 넣어주면 자녀가 납부할 세금까지 완벽하게 증여할 수 있다. 손자녀에게 증여할 경우 세금이 좀 더 붙는데, 미성년 손자녀의 경우 1억 1,127만 2104원을, 성년 손자녀에겐 1억 704만 5,065

자녀가 납부할 세금까지 증여하기

구분	총 증여재산	증여세*	세후 순재산
미성년 자녀	108,397,790원	8,397,790원	100,000,000원
성년 자녀	105,248,618원	5,248,618원	100,000,000원
미성년 손자녀	111,272,104원	11,272,104원	100,000,000원
성년 손자녀	107,045,065원	7,045,065원	100,000,000원

* 2018년 1월 1일 이후 증여 분부터

원을 넣어주면 된다.

최근 몇 년 사이 증여세 신고자 수가 급증하는 추세다. 국세청에 따르면 증여세 신고자 중 1억 원 이상 증여한 사람의 수는 2016년 5만 271명으로 2015년 대비 20% 넘게 증가했다. 이중 1억 원 이상 3억 원 미만 증여한 사람이 3만 명 정도로 가장 많다. 상속·증여세 절세법에 대해 남의 얘기라고 생각했던 사람들이 최근 2~3년 사이 증여세 신고에 동참하고 있다고 손 세무사는 전했다.

증여세가 부담되면 저가양도를

자녀를 시집·장가 보낼 때 부모들이 가장 걱정하는 것은 바로 집이다. 주택 증여를 고민하다보면 적지 않은 증여세 문제에 부딪히게 된다. 이런 경우 증여 대신 자녀에게 저렴하게 매도하는 방안을 생각해볼 수 있다. 세법상 30% 할인은 인정된다. 10억 원짜리 집이 있다면 자녀에게 7억 원에 팔 수 있다는 의미다. 자녀가 자금을 일부 마련할 수 있다면 충분히 활용해볼 만하고 자녀의 재무 상황에 따라 여러 가지 응용이 가능하다고 손 세무사는 설명했다. 부모가 시가 10억 원의 주택을 자녀에게 7억 원에 매도하면 증여재산가액은 0원이다. 자녀가 5억 원만 조달할 수 있다면 5억 원에 매도하면 된다. 이 경우 증여재산가액은 5억 원에서 3억 원을 뺀 2억 원이 된다.

유언으로 가족을 지키자

유언장은 사후 자산 배분에 관한 경제적 의사표시다. 피상속인에게 배우자와 장남, 장녀가 있는 경우 유언장이 없다면 법정상속분은 1.5대1대1이 적용된다.

유언장이 있는 경우 가장 우선적으로 적용되지만 가족 간 법적 분쟁으로 이어질 수 있으니 주의해야 한다고 손 세무사는 설명했다. 피상속인이 모든 재산을 특정 자녀에게 상속하도록 유언장을 작성했더라도 법적인 상속인은 유류분을 상속받을 수 있기 때문이다.

손 세무사는 "특정 상속인에게 모든 재산을 상속한 후 다른 상속인이 소송을 걸면 유류분만큼 받아올 수 있기 때문에 소송이 벌어지는 경우가 비일비재하다. 미운 가족이 있더라도 소송으로 이어지지 않을 정도로 상속을 하는 게 좋다"고 말했다.

유언장을 쓰는 건 어렵지 않다. 종이에 자필로 작성한 뒤 맨 아래쪽에 서명 날인을 하면 된다. 다만 자필 유언장을 두고 다툼이 많이 일어나는 만큼 형식에 맞춰 작성해야 효력을 인정받을 수 있다. 자필과 작성날짜, 날인 등 유언장 요건 중 하나만 누락되어도 적법한 유언장으로 인정하지 않은 대법원 판례가 있다.

'증세 시대' 대안은

손 세무사는 최근 정부 차원의 증세정책 추진으로 시작된 '증세 시대'의 대안으로 눈에 보이는 '절세상품'과 눈에 보이지 않는 '과세이연' 두 가지를 꼽았다. 그는 "절세상품을 눈여겨봐야 하고 과세지만 세금 없이 활용할 수 있는 과세이연이란 방법도 금융권에서 소개받을 수 있다. 절세 제도가 없는 게 아니라 활용하지 못해서 보이지 않는 것 뿐이다"라고 강조했다.

과세이연이란 세금을 내는 시점을 일정 기간 연기해 주는 것을 말한다. 이자소득이나 배당소득에 대한 세금은 이자가 발생하는 시점이 아니라 이자를 실제 지급받는 시점에 낼 수 있다. 개인형 퇴직연금(IRP)을 활용할 때 저율과세를 적용받을 수 있게 연금으로 받는 식이다.

공동명의로도 절세 효과를 볼 수 있다. 보유세, 양도세, 상속세 등은 다 누진세율 구조다. 따라서 부부가 공동명의를 활용해 이를 쪼개서 내면 낮은 세율을 적용받을 수 있다. 다만 공동명의로 변경할 때 드는 취득세와 증여세 등의 비용을 고려해 실익을 판단해야 한다.

건강보험료도 세금이다

건강보험료 지역가입자는 건강보험료 관련 내용도 유심히 봐야 한다. 지역가입자는 2018년 7월 1일부터 건강보험료 부과체계가 개편 적용되기 때문이다. 직장가입자는 크게 신경 쓸 게 없다. 지역가입자의 경우 기존에 피부양자로 건강보험료를 내지 않던 사람들도 종합소득 3,400만 원이 넘으면 건강보험료를 내야 한다. 이 기준은 2022년 7월 1일부터 2,000만 원으로 더 강화된다.

이에 따른 대책은 '소득 관리'다. 비과세 등 절세 방법을 찾아 종합소득이 3,400만 원이 되지 않도록 관리할 수 있다면 건강보험료를 피해갈 수 있다.

PART 7

창업·취업 뽀개기

은행원 출신 이디야커피 회장의 전력투구 사연

1,500만 명이 선택한 부동산앱 다방

폐업률 80% 현실에서 살아남는 창업 트렌드

은행 취업 비법

금융공기업 취업 비법

은행원 출신 이디야커피 회장의 전력투구 사연

문창기

가맹점주가 추천하는 프랜차이즈를 선택하라

"관심 있는 프랜차이즈가 있으면 매장에 가서 가맹점주에게 '내가 관심 있는데 이 프랜차이즈를 해도 되나?'라고 물어보자. 거기서 '하지 말라'는 답이 나오면 절대 하면 안 된다."

우리나라에서 가장 많은 매장을 가진 커피 프랜차이즈 이디야의 문창기 회장이 2018 서울머니쇼 세미나에서 던진 충격적인 조언이다. 프랜차이즈 시장의 경쟁이 치열해지고 주변 환경이 열악해지는 상황에서 좋은 프랜차이즈를 선택하는 것은 창업자들 사이에서 가장 큰 관심사다. 그러나 프랜차이즈에 대한 부정적인 인식이 상당해 좋은 프랜차이즈를 선별하는 것이 점점 어려워지고 있다.

이에 대해 문 회장은 "프랜차이즈 기업이 길게 보고 운영되는지, 연구개발(R&D) 실력이 있는지도 중요하다. 요즘처럼 트렌드가 빠른 상황에서 신제품이 있다는 것은 마케팅과 R&D 인력이 있다는 의미다"라고 설명했다. 또한 가맹본사의 재무상태도 중요하게 고려해야 한다고 문 회장은 덧붙였다.

이 같은 문 회장의 조언은 가맹점주 만족도와 본사 경쟁력에서 이디야가 가진 자신감에서 나왔다. 2018년 4월 이디야는 2,500호점을 돌파, 점포 수 기준 국내 1위 커피 프랜차이즈 브랜드로 자리매김했다.

이디야가 이 같은 회사가 된 것은 단순히 우연이 아니다. 문 회장 개인의 성공 스토리를 보면 이디야라는 회사가 어떻게 지금의 위치까지 왔는지 알 수 있다. 그 역시도 창업자이자 경영자로서 한 발 한 발 성공 스토리를 써 왔기 때문이다.

경북 봉화 출신인 문창기 회장은 중학교 3학년 때 온 가족이 서울로 이사했다. 교육열이 강했던 아버지의 영향으로 재수생 생활을 거쳐 고려대 사회학과에 진학한다. 그리고 첫 직장으로 1989년 당시 국내 대표 은행 중 하나였던 동화은행에 취업한다. 평범한 은행원으로 생활하던 그에게 첫 위기가 찾아온다. 외환위기로 1998년 동화은행이 퇴출되었던 것이다. 수많은 은행원들이 직장을 잃고 실직자가 되었을 때 그는 현대증권에 취업하게 된다. 그가 동화은행에서 담당했던 삼성그룹 자금과장들의 도움으로 그는 4,000억 원의 자금유치에 성공해 증권맨으로 정착한다. 당시 받았던 인센티브만 월 7,600만 원에 달했다.

그는 인맥노트를 6권이나 가지고 있다. 어떤 사람을 만나면 그 사람의 이름을 적고 그 사람을 몇 월 며칠에 만나 무슨 얘기를 나눴는지 적어놓는 것이다. 그리고 다시 만날 때 "아들이 결혼했나요?", "결혼기념일이 얼마 전이었죠?"와 같은 식으로 물어보는 것이다. 이렇게 하면 그 사람에게 내가 애정이 있다는 것을 표시하게 되고 그 결과 그 사람은 나의 힘이 된다는 것이다.

그가 이디야를 경영하게 된 것도 친구를 통해서였다. 당시 유레카벤처스라는 투자컨설팅 회사를 창업했던 그는 친구로부터 이디야커피라는 작은 프랜차이즈 커피회사를 팔아줄 수 있냐는 제안을 받게 된다. 2005년 당시 매장 수 80개, 직원 10명에 불과했던 이디야커피를 '차라리 내가 인수해보겠다'고 그는 생각한다. 투자전문가에서 경영인으로 변신한 순간이었다. 지금 이디야의 가맹점 수는 2,500개에 달하고, 직원 수도 300여 명을 훌쩍 넘는다.

직원과 가맹점주를 만족시켜야 기업도 성장한다

하지만 경영자가 되는 일은 쉽지 않았다. 인수를 하자마자 그는 첫 실패를 경험한다. 그는 "보통 회사를 인수하면 자기 회사로 만들고 싶어 한다. 나 역시 새로운 로고를 만들고 싶었다. 회사 이익이 4,000만 원이던

내부고객 만족해야 회사가 춤춘다

시절에 8,000만 원을 들여 로고를 만들었다"고 회고했다. 그런데 모든 직원들이 새로운 로고보다 기존 로고가 낫다고 한 것이다. 그는 새로운 로고가 아니라 기존 로고를 유지하기로 결정했다.

문 회장은 돌파구가 보이지 않아 해답을 책에서 찾아보기로 했다. 마케팅, 컨설팅, 광고 등을 다룬 책 50권을 사서 2달간 일도 안하고 책만 읽었다. 이때 그는 지금 이디야의 경영철학이 되는 세 가지를 깨달았다.

첫째는 내부고객, 즉 직원들의 만족이 성공의 필수라는 점이다. 문 회장은 "내부고객 만족 없이는 성공도 없고 직원이 행복하지 않으면 안 된다는 것을 깨달았다. 출근하고 싶은 회사, 모든 일에 직원이 우선시되는 회사를 만들기로 했다"고 말했다. 또한 직원이 젊어져야 된다고 생각해 젊은 직원들을 많이 뽑았다. 그 결과 현재 이디야의 직원 평균 연령은 31

세에 불과하다.

또 다른 내부고객인 가맹점주를 만족시키는 것도 문 회장이 가장 중요하게 생각하는 것이다. 가맹점주가 살아야 우리도 살고, 모든 일에 점주가 최우선이라는 것이 이디야의 경영방침이다.

두 번째로 깨달은 것은 가성비였다. 당시 커피 전문점 시장은 크고 화려한 매장을 내는 것이 유행이었다. 하지만 이디야는 다른 전략을 취했다. 중심가에서 한 블록 뒤에 있는 건물에 임대료 부담이 낮은 작은 규모의 매장을 꾸몄다. 값은 싸지만 맛있는 커피를 판다는 이디야의 전략은 다른 커피 전문점들과 반대되는 전략이었다. 이 같은 전략은 오히려 가맹점이 망하지 않고 오래 살아남는 비결이 되었고 이디야 가맹점이 꾸준히 늘어나는 이유이기도 하다. 실제 이디야의 폐점율은 1%도 되지 않는다.

문 회장은 "창업비용이 타 브랜드 대비 60% 수준이며, 마케팅 홍보비는 100% 본사가 부담한다. 대신 스타를 앞세우는 마케팅은 우리 브랜드랑 맞지 않아 하지 않고 있다"고 말했다.

세 번째 깨달음은 이디야커피의 경영철학인 '정애락(正愛樂)'에 담겨 있다. 정도경영으로 정직하게 가고, 사람을 사랑하고, 신나고 행복한 즐거운 기업을 만들겠다는 것이다. 문 회장은 "음료수를 만드는 사람들이 사람을 사랑하지 않으면 안 된다. 직원들이 즐겁고 행복해야 점주를 만나는 것도 신나게 만날 수 있다. 그래서 회사가 즐거워야 한다"고 설명했다.

인수 후 직원들과 한 3가지 약속 지켰다

문창기 회장은 이디야를 인수한 후 직원들에게 약속한 것이 세 가지 있고 지금도 이것을 지키려고 하고 있다. 첫째는 5년 뒤 전 임직원을 해외워크숍에 보내주겠다는 것이었다. 이런 약속은 2010년 북경을 시작으로 2017년 베트남까지 매년 지켜졌다. 이제는 직원이 너무 많아져서 본부별로 떠나는 것으로 바뀌었지만 그는 이 약속을 계속 지키고자 한다.

해외워크숍은 이디야가 빠르게 성장하는 계기가 됐다. 문 회장은 "북경에 워크숍을 갔는데 직원 한 명이 '내일 전 직원 앞에서 뭔가 얘기를 좀 해달라'고 부탁했다. 당시 얼떨결에 '앞으로 공격적으로 출점하겠다'고 선언을 하게 됐고 결국 이를 지키게 됐다"고 회고했다. 이렇게 선언을 하고 나서 개발팀 인원을 2명 신규채용했는데 그때부터 가맹점 숫자가 빠르게 늘어나기 시작했다. 그 전에는 1년에 겨우 40개 오픈하던 때인데 2011년 151개가 2012년 213개가 됐고 2014년에는 한 해에만 매장이 390개 늘어났다. 이후 문을 여는 매장 숫자가 매년 300개씩 늘어나면서 순식간에 2,500호점을 돌파하게 된 것이다.

그가 한 두 번째 약속은 젊은 고객들이 좋아할 만한 이벤트를 하자는 것이었다. 이디야는 2011년 처음으로 '이디야 인디밴드 콘서트'를 열었다. 당시만 해도 작은 공연장에서 시작했던 이 공연은 점점 커져 2013년에는 잠실실내체육관에서 씨스타, 다이나믹듀오 같은 톱 가수들을 초청했고, 2016년에는 올림픽체조경기장에서 이틀에 걸쳐 진행됐다.

해외 워크샵 비용, 그 이상의 성과

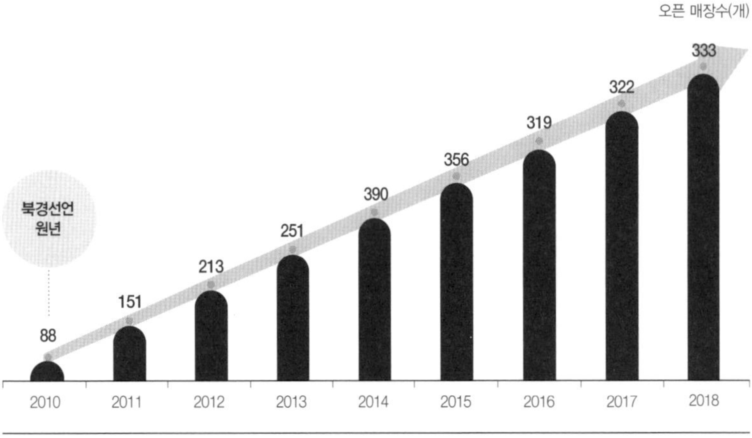

* 그래프 높이는 누적 기준

세 번째 약속은 이디야를 대한민국 대표 커피브랜드로 만들겠다는 것이었다. 이디야는 현재 토종 커피브랜드 중에는 가장 매장이 많고 수익성도 최고 수준이다. 2017년 매출 1,841억 원, 영업이익 157억 원을 기록했다.

2016년 문을 연 이디야 커피랩도 최고의 커피 회사를 만들겠다는 생각에서 나왔다. 이디야는 2010년 커피업계 최초로 커피연구소를 설립하고 R&D에 많은 투자를 하고 있다. 2012년에는 커피전문점 업계에서 최초로 스틱 원두커피인 '비니스트'를 출시했다.

논현동 이디야 사옥 1층에 위치한 이디야커피랩은 국내 최대인 500평 규모의 시설이다. 제품 연구개발부터 시험판매, 가맹점 신제품 출시 전

테스트까지 모두 이곳에서 진행한다. 이곳에 자체 로스팅시설을 갖추고 여기서 로스팅한 커피를 최고의 바리스타를 통해 고객들에게 판매한다. 뿐만 아니라 '커피는 문화다'라는 생각으로 다양한 문화활동을 진행하고 있다.

2017년에는 직접 로스팅 공장을 짓기로 했다. 평택에 4,000평 규모 부지를 매입했고 2020년 완공예정이다. 커피 수입부터 생산, 유통까지 모두 직접 하게 되는 것이다. 이를 통해 핵심 원자재 원가를 절감하고 가맹점에 더 합리적인 가격의 제품을 공급하겠다는 것이 문 회장의 생각이다.

2017년 서울에서 최초로 열린 월드 바리스타 챔피언십 공식 후원사가 된 것도 '한국을 대표하는 커피기업'이 되기 위해서다. 그해 우승자인 데일 해리스와 2018년 협업제품을 내놓기도 했다.

수평적 소통이 성장의 비결

이디야에는 몇 가지 고유한 기업문화가 있다. 첫째는 독후감 경영이다. 문 회장이 책에서 길을 찾았듯이 직원들에게도 책을 읽는 것을 권한다. 문 회장은 "이디야 직원들은 한 달에 한 번 꼭 독후감을 써야 한다. 나는 나중에 '이디야커피 사장'보다도 '책을 읽히던 리더'로 기억되고 싶다"고 설명했다.

두 번째는 수평적인 소통이다. 문 회장은 "잘되는 조직은 건의 사항이 많아야 한다. 막뚫굽펴(막힌 곳을 뚫고 굽은 곳은 펴자)라는 제도가 있다"고 설명했다. 2016년 저가 커피 브랜드의 도전에 대응하기 위해 화천 캠핑장에서 직원들과 끝장토론을 벌였는데 이것이 공식 제안제도로 자리 잡은 것이다. 문 회장은 "현재까지 1,810건의 제안이 들어왔는데 이중 380건을 시행했다. 호남사무소 오픈, 원두 업그레이드 등 핵심적인 정책들이 모두 사내제안제도에서 나왔다"고 설명했다.

세 번째는 독특한 인사정책이다. 이디야 가맹점에서 일하는 아르바이트생을 '메이트'라고 부르는데 이디야는 적극적으로 이들을 본사직원으로 뽑고 있다. 뿐만 아니라 '이디야 메이트 희망기금'을 만들어 매년 300여 명의 메이트에게 3억 원의 장학금을 2014년부터 매년 주고 있다.

문 회장은 "채용 합격자 발표 다음날 불합격자로부터 편지 한 통을 받았다. 작은 이디야 매장에서 일하면서 꿈을 키웠고 이디야에도 지원했지만 떨어졌다는 내용이 있었다"고 설명했다. 이어 "사회의 고민을 세심하게 들어주는 기업이 되면 이디야가 진정한 국민브랜드가 될 것이다"는 내용이 담겨 있어 문 회장은 크게 감동했다. 문 회장은 "그 다음 해에 이 친구가 원서를 냈는지 물어봤지만 안 내고 다른 회사에 잘 다니고 있었다. 내가 좋은 직원을 놓친 것이다"라고 회고했다.

1,500만 명이 선택한 부동산앱 다방

한유순

국내 대표 부동산 중개앱 '다방'은 2013년 5월에 문을 열었다. 이듬해 12월 벼룩시장과 알바천국을 보유한 '미디어윌'에 인수됐다. 2015년 4월 가수 겸 연기자 혜리를 전속 모델로 기용하며 주목을 끌었다.

매출도 2016년 94억 원에서 2017년 200억 원을 돌파했다. 2018년에는 300억 원을 목표로 잡았다. 단순 중개에 머물지 않고 다양한 신규 서비스를 선보이는 시도를 이어간 덕택에 최근 누적 다운로드 수 1,500만을 돌파했다. 이에 힘입어 2018년 브랜드가치 평가회사인 브랜드스탁의 '2018 대한민국 브랜드스탁'에서 2년 연속 부동산 중개앱 부문 1위에 선정됐다. 브랜드스탁은 국내 특허를 받은 브랜드가치 평가 모델인 BSTI(Brand Stock Top Index)를 바탕으로 산업별 브랜드가치 1위를 선정하는 인증제도다.

이 같은 다방 성공신화의 주인공인 한유순 스테이션3 대표는 2018 서울머니쇼에서 창업세션 강연을 맡아 다방의 2018년 사업 방향과 더불어 자신의 창업·경영 노하우를 공유했다.

한 대표가 직접 만든 스테이션3이라는 사명은 직관적이면서도 심플하다. '역(스테이션)+삼(3)'. 창업의 본거지인 서울 역삼동 이름을 영문 그대로 옮겼다. 이렇게 정한 데는 애플의 창업주인 스티브 잡스의 영향이 컸다. 한 대표는 스티브 잡스의 직관적인 성격과 창의성을 동경했다. 스티브 잡스가 과수원 아르바이트 했던 추억을 살려 '애플'이라는 사명을 지은 것처럼 한 대표 또한 동고동락했던 추억이 깃든 역삼동을 회사 이름에 담고자 했다.

게임회사 직원에서 스타트업 CEO로 변신

한 대표는 미국에서 태어나 한국에서 초·중학교를 다니고, 고등학교 2학년 때 다시 미국으로 돌아가 미국 일리노이주립대에서 철학을 전공했다. 졸업 후 첫 직장은 국내 게임 회사였다. 2008년 게임빌과 게임하이(현 넥스 GT) 해외사업팀에서 근무를 했던 그는 2011년 미국 의료 IT 회사 사이버메드(Cybermed Inc)에서 약 3년간 근무했다.

스테이션3을 본격 기획한 것은 2013년이다. 그는 게임빌에서 함께 일하던 동료와 창업 아이디어를 구상했고, 아이템으로 부동산 중개 플랫폼을 선택했다. 그 이유는 오프라인에서만 이뤄지던 부동산 거래를 본인들이 가진 IT 경험을 살려 온라인 거래로 활성화할 수 있다는 생각에서였다. 한 대표는 "17살 때부터 미국에서 20년간 자취한 경험이 있다. 방을 구하는 것이 얼마나 힘든지 잘 알고 있다. 꼭 필요한 사업을 해보자는 생각이 있었고, 기본 자본금이 덜 드는 사업이라 망설임 없이 시작했다"고 말했다.

창업 초기 1년 반은 자금이 가장 큰 문제였다. 자금 문제가 해결되자 경쟁사인 '직방'과의 상표권 분쟁이 발생했다. 그 당시 회사가 굉장히 위험했다. 2015년 2월부터 6월까지 4개월간 많이 힘들었다.

당시 위기는 고객 서비스를 업그레이드하는 전략으로 극복했다. '다방케어센터'는 방을 찾는 사용자와 방을 내놓는 공인중개사를 연결해주는 공간이다. 다방 사용자들 사이에서 온라인과 실제 물건이 다른 허위 매물에 대한 불만이 끊임없이 제기되면서, 이를 해결해줄 방법을 고민하다가 케어센터를 생각해 냈다. 맞춤 매물을 상담해 주고 직접 같이 방을 보러 다닌다. 미처 살피지 못한 부분까지 동행해서 체크해 준다. 예를 들어 수압이나 방범, 햇빛까지 꼼꼼히 봐줘서 좋은 판단을 내릴 수 있도록 한다. 이사에 대한 상담이나 법률자문, 공구 대여도 가능하다. 모든 서비스는 무료다.

임대문화 개선을 위해 지역별 원룸 및 투·쓰리룸의 전·월세 시세 공개도 시작했다. 자체 개발한 '보증금·월세 전환률'을 이번 통계에 적용했다. 같은 평형인데도 A지역에서는 보증금 1,000만 원 인상 시 월세가 10만 원 감소하는 반면 B지역에서는 5만 원 감소하는 등 지역별 편차가 큰 임대 시장을 감안한 것이다.

이를 통해 다방에서는 매주 지역별 대표 보증금을 시스템에서 자동 설정하고 그에 맞는 월세 가격을 자동으로 제공한다. 사용자는 원룸 또는 투·쓰리룸, 오피스텔 등 매물 형태별 시세 정보를 통해 한정된 예산 내에서 어떤 지역의 어떤 집이 가장 적합한지를 비교 선택할 수 있게 된다. 한 대표는 "2017년 설립한 다방 데이터 분석센터를 통해 임대 시장에서 다방만의 데이터를 구축·분석하고 있다. 매물 분석으로 얻은 시장 트렌드와 정보를 통해 주거환경 지표를 완성하는 등 임대 시장 투명화를 위해 다방면으로 활용할 예정이다"라고 말했다.

그는 다방 서비스의 성공 비결에 대해 첫째는 '문제가 있는 기존 시장을 찾은 것'이라고 했다. 그는 "가장 많은 거래가 이뤄지지만 가장 정보가 부족한 영역이 어딜까 하는 고민에서부터 출발했다. 커피프랜차이즈 수보다 공인중개소가 더 많다는 통계를 보고 부동산업에 대한 확신을 가지게 됐다"고 말했다.

이어 한 대표는 문제를 개선하는 데 근성을 가지고 임하기를 조언했다. 한 대표는 "창업하고 2년간 월급이 없었고 3년차에 첫 월급 30만 원을 스스로에게 지급했다. 고통스러운 순간도 많았지만 결국 버티고 시장을 설득해나간 끝에 결실을 거두게 됐다"고 말했다.

2018년 부동산거래 종합서비스 진출

한 대표는 2018년 다방을 국내 대표 부동산거래 종합서비스 기업으로 키울 계획이다. 이를 위해 선보이는 다방의 새로운 서비스는 임대인과 임차인, 공인중개사들이 앱 하나에서 소통하고 관리비 납부 등 임대서비스 전반을 진행할 수 있도록 돕는다. 기존에는 개개인 간 전화나 오프라인으로 이뤄져 불편하던 영역이다.

한 대표는 신사업방향 발표와 함께 최근 출시한 서비스들의 성과도 공개했다. 모바일 임대관리 시스템 '다방페이'는 현금 결제만 가능했던 부동산 임대료 시장에 신용카드 결제 시스템을 도입했다. 신용·체크카드를 입력해놓으면 자동으로 매달 월세가 결제되는 시스템이다. 임대인들은 매달 방세를 송금하느라 신경 쓸 필요가 없어 편리하고, 소득공제 혜택도 받을 수 있어 효율적이다. 여기에 카드사들이 제공하는 추가 혜택까지 더해질 예정이라 쏠쏠한 보너스도 기대할 수 있다.

한 대표는 다방페이를 만든 이유에 대해 '부동산 임대 시장의 편리성·투명성 제고'를 첫 번째 이유로 꼽았다. 한 대표는 "생활연계서비스(O2O) 시대가 오면서 배달음식이나 택시비까지도 모바일로 간편결제를 하는 세상이 왔다. 평균 생활비의 20%를 차지하는 월세 시장도 선진화되는 게 당연한 수순이다"라고 설명했다. 다방페이를 출시하기까지 과정은 순탄치 않았다. 공인중개사 등 업계 관계자들을 설득하는 데 애를 먹었다. 한 대표는 "관리의 효율성을 높일 수 있고 다방 앱과 연계하면 공실률을

STEP 1	STEP 2	STEP 3
사용자 중심의 부동산 정보 공개	부동산 시장의 새로운 가치 창출	부동산 거래 통합 솔루션 제공
	다방 Pay 월세 정기 카드 결제 시스템	모바일 임대관리 시스템
다방 대한민국 최초의 오픈형 부동산 플랫폼	다방 Pro 공인중개사 전용 매물 관리 시스템	매물 큐레이션 서비스
	다방 케어센터 오프라인 부동산 상담 센터	부동산 중개서비스 선진화

줄일 수 있다고 설득했다. 설득이 어려운 사업일수록 소비자들에게 돌아가는 혜택이 커진다"고 밝혔다.

매물 큐레이션 서비스 '다방프로'는 공인중개사들을 위한 전용 앱이다. PC에서만 가능했던 공인중개사무소의 매물관리와 영업을 모바일에서도 가능하도록 했다. 한 대표는 "다방 파트너 공인중개사의 약 80%가 앱을 활용해 부동산·매물 관리 업무를 진행하고 있다"고 밝혔다. 이는 다방의 공인중개사 전용 시스템 다방프로의 사용성을 분석한 결과다. 2018년 3월 기준 다방을 사용하는 공인중개사 3만 4,646명 중 다방프로를 사용하는 중개사는 2만 7,000명에 달한다. 다방 파트너 공인중개사 10명 중 8명이, 전국 10만 명의 개업 공인중개사 중 27%가 다방프로 앱을 사용한 경험이 있는 셈이다.

또한 앱을 통해 매물을 관리하는 중개사 수가 1년 사이 29% 증가한 것으로 나타났다. PC로 매물을 관리하는 중개사가 동기간 5% 증가한 것을 볼 때 눈에 띄는 상승세다. 한 대표는 "다방은 단순히 방을 큐레이션해주는 것에 그치지 않는다. 부동산을 진정한 서비스업이 될 수 있도록 만드는 게 목표다"라고 말했다.

폐업률 80% 현실에서 살아남는 창업 트렌드

이경희

'창업'은 50~60대 은퇴자들에게 뜨거운 관심사 중 하나다. 100세 시대가 되면서 은퇴 후에도 창업을 통해 일도 하면서 돈도 안정적으로 버는 것을 기대하기 때문이다. 그러나 현실은 냉정하다. 자영업종의 5년 내 폐업률이 무려 80%에 달해서다. 창업을 통해서 안정적인 수익을 거두기보다는 기존에 축적해놨던 자산까지 날려버리기 일쑤다. 그래서 창업자들이 가장 관심 있게 봐야 하는 것은 소위 '아이템'이다. 그리고 이것을 파악하려면 사회·경제 트렌드를 봐야 한다.

'빅 블러' 온라인의 발달로 산업 간 경계 흐려져

이경희 한국창업전략연구소 소장은 2018 서울머니쇼에서 열린 '폐업률 80% 현실에서 살아남는 창업 트렌드' 세미나에서 2020년까지 주요 창업 트렌드를 소개했다.

그가 꼽은 가장 중요한 트렌드는 '빅 블러(Big Blur)'다. 빅 블러의 의미는 온라인과 소셜미디어의 발달로 기존 산업의 경계가 흐려지는 것이다. 이 소장은 "과거에는 조그만 가게로 시작했을 때 큰 성공을 거두려면 프랜차이즈 사업을 해야 했다. 그러나 이제는 내가 작은 점포를 하더라도 스토리가 있고 그것을 요즘 시대에 맞는 방법으로 풀어낼 수만 있다면 온·오프라인 연계를 통해 전국적인 브랜드로 키울 수 있다"고 설명했다.

그는 대표적인 사례로 '나물투데이'라는 청년 스타트업을 예로 들었다. 이 소장은 "재래시장에서 오랜 기간 나물장사를 하는 어머니가 있었는데 이 가게가 아들이 중심이 된 젊은 창업자들을 만나면서 인터넷을 통해 판매를 시작했고, 산지 나물 재배하는 사람들과 연결돼 크게 성장할 수 있었다"고 설명했다. 기존에는 나물장사라고 하면 시장에 찾아오는 사람만을 대상으로 장사를 했지만 온라인과 연결되면서 전국 모든 소비자들과 거래할 수 있게 된 것이다.

이같이 경계를 허무는 데 가장 중요한 것은 IT기술의 발달이다. 그는 "내가 어떤 사업을 하던 이제 IT를 모르면 사업을 하기 힘들다. 특히 45

세 이상인 분들은 창업을 하면 유튜브에서 IT마케팅에 대한 무료수업을 들어야 한다"고 조언했다.

스타트업 꾸까(Kukka)의 성장 스토리도 기업이 성장하면서 기존 경계를 허무는 모습을 보여준다. 이 소장은 "꾸까는 꽃 배송 서비스에서 시작했다. 꽃 정기 배송 서비스가 성공을 거두자 기업체에서 VIP 고객에게 꽃 배송을 요청하면서 B2B 사업을 하게 됐다"고 설명했다. 이 소장은 "꽃 배송을 하다 보니 꽃을 배우고 싶다는 수요가 있어서 플라워 클래스를 열었고 여기서 커뮤니티가 형성됐다. 아이템은 하나지만 사업을 하는 방법은 다양해지고 있다"고 분석했다.

트렌드를 알아야
창업 아이템, 전략 구할 수 있어

창업에서 왜 아이템이 중요할까. 국내 최고의 창업전문가인 이경희 소장은 창업을 한다면 두 가지가 중요하다고 말한다. 첫 번째는 창업자의 성격이다. 성격이 50% 이상 중요하다는 것이 이 소장의 조언이다. 그 다음에 필요한 것은 돈과 아이템이다. 같은 아이템이라도 투썸플레이스 같은 대형 고급 커피전문점은 많게는 7억 원까지 들고 이디야는 2억~3억 원 정도가 필요하다. 그러므로 아이템에 따라 창업비용도 크게 달라진다. 다음으로 전략이 중요한데 변화의 파도가 밀려오는 만큼 전략 역시 끊임없이 바꿔야 한다는 게 김 소장의 설명이다.

트렌드는 아이템과 전략이라는 두 가지를 준비하는 데 중요하다. 이 소장은 “사랑하는 사람이 있을 때 고백의 타이밍을 보는 것처럼 트렌드를 보고 있어야 무엇이 사업기회인지 알 수 있다. 사업이 난관에 봉착했을 때도 가장 좋은 전략은 트렌드를 전략으로 흡수하는 것이다”라고 설명했다.

이 소장은 트렌드에서 전략을 찾아내기 위해서는 역사적으로 발견된 세 가지 명제를 이해할 필요가 있다고 강조했다. 그동안 수많은 업태와 브랜드가 탄생했는데 이 중 지금까지 지속하는 업태와 브랜드가 남아 있는 것은 세 가지 명제를 잘 이해하고 있었기 때문이라는 것이다.

세 가지 명제

1) 낡은 것은 아무리 잘해도 새로운 것을 이기지 못 한다.

2) 오래 살아남은 것은 이유가 있다.

3) 언제까지 살아남을 것인가를 알아야 한다.

첫 번째 명제는 ‘낡은 것은 아무리 잘해도 새로운 것을 이기지 못 한다’는 것이다. 신문에서 인터넷, 다시 페이스북이나 인스타그램으로 미디어의 중심이 변화하는 것은 새로운 것이 강하기 때문이다. 그렇기 때문에 오래된 것에 새로운 것을 어떻게 융합할 것인지가 중요하다. 이 소장

은 "기업은 잘하는 것 때문에 위기에 빠지지 않고 새로운 것을 무시하다 변화를 감당할 수 없을 때 위기에 빠진다. 그래서 항상 대세가 되는 트렌드가 무엇인지를 봐야 한다"는 것이다.

두 번째 명제는 '오래 살아남은 것은 이유가 있다'는 것이다. 미디어는 옷을 바꿔 입을 뿐 사실상 그 본질이 똑같다. 나의 본질에서 핵심역량이 나오기 때문에 그 본질이 무엇인지를 알아야 한다는 것이다. 이 소장은 "화장품 회사가 아무리 새로운 상품을 만들어도 항상 유지하는 가치는 사람을 아름답게 해주는 것이다. 최근에는 아름답게 만들어주는 본질 위에 사람을 건강하게 만드는 것이 중요해졌다"고 설명했다.

세 번째 명제는 '언제까지 살아남을 것인가'라는 것이다. 어떤 유행이 탄생되면 그것이 언젠가는 죽음을 맞지만 다시 부활하기도 한다. 이 시기를 아는 것이 중요하다는 것이다.

개인화·서비스화·호모루덴스·펫코노미에서 창업기회 찾아야

그렇다면 2018년 현재 가장 중요한 트렌드는 어떤 것이 있을까. 이경희 소장은 현재 중요한 트렌드로 개인화, 서비스화, 호모루덴스(놀이를 즐기는 인간), 펫코노미, 핸드메이드 등을 들었다.

개인화의 대표적인 예가 1인 메뉴의 부상이다. 그는 "1인 메뉴는 주방의 간소화로 인건비 절약이 가능한 만큼 개인화에서 찾을 수 있는 사업기회가 많다"고 설명했다. 싱글전문 컨설턴트, 싱글전용 주점, 반찬전문점, 반조리 배송사업 같은 것이 이 같은 싱글트렌드를 반영한 사업이다.

펫코노미의 성장

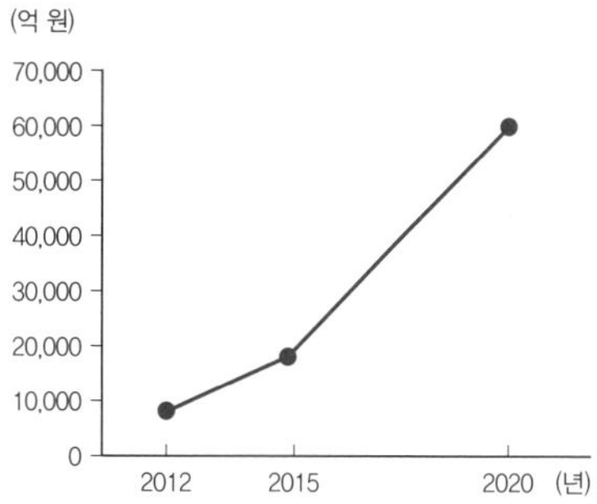

서비스화란 기존의 제조업이 점차 서비스화되어가는 것을 말한다. 대량 생산 제품이었던 초코파이가 '초코파이 하우스'라는 매장에서 고급 디저트로 재탄생한 것이 대표적이다.

또 다른 사례가 퍼시스다. 사무가구를 만드는 퍼시스는 '가구가 바뀌면 기업문화가 바뀐다'고 주장하고 있다. 이에 맞춰 퍼시스는 기업문화에 대한 컨설팅 서비스를 추가했다. 그 덕에 이제는 제조기업에서 서비스기업으로 탈바꿈했다.

이 소장은 호모루덴스 트렌드의 사례로 소위 '덕후'와 관련된 비즈니스가 커진 것을 들었다. 독서, 춤, 한복, 맥주 등 특정 분야에 관심과 구매력이 높은 고객들을 대상으로 하는 창업도 좋은 사업 아이템이 된 것이다.

이 소장은 "반려동물 관련 시장이 2012년 9,000억 원, 2015년 1조 8,000억 원에 이어 2020년에는 6조 원에 달할 것으로 예상되고 있다. 애견귀농농장, 애견목욕샵 등 이 분야에서 다양한 창업 사례가 나오고 있다"고 설명했다.

핸드메이드 시장의 성장으로 이 소장은 미국의 '엣시(Etsy)'를 사례로 들었다. 핸드메이드 제품 쇼핑몰로 시작한 엣시가 미국을 대표하는 쇼핑몰로 성장한 것에서 알 수 있듯 공방창업이 앞으로 유망해질 수도 있다고 예상했다.

은행 취업 비법

신한은행 · NH농협은행

2018년 상반기 금융권에는 '공정 채용' 바람이 거세게 불었다. 금융감독원 조사 결과 주요 시중은행의 신입직원 채용 과정에서 부정청탁 및 점수조작 사례가 대거 적발됐기 때문이다. 은행 채용이 투명해야 한다는 요구는 한편으론 안정적인 직장과 공정한 기회를 꿈꾸는 많은 취업준비생들의 요구를 반영한 것이기도 했다. 상대적으로 높은 평균 연봉과 복지를 꿈꾸는 많은 젊은이들에게 은행권 취업은 여전히 선망하는 목표다.

그런 이들에게 2018년 은행 취업은 긴장의 연속이다. '은행고시'라 불리는 필기시험이 일괄 부활하면서 부담이 커졌다는 얘기도 나온다. 이에 2018 서울머니쇼에서는 취준생들을 위한 '금융권 취업성공기' 세션을 마련했다. 신한은행의 이왕석 인사부 과장과 NH농협은행의 허승혁 인사부 차장, 입사 3년차 여성빈 계장이 연사로 나서 자신의 경험을 녹여낸 노하우를 들려줬다. 이들은 "아무리 필기시험이 새로 도입됐더라도 합격 필살기는 여전히 자신의 '직무 역량'과 '성장 가능성'을 어필하는 것"이라고 강조했다.

은행원으로서의 삶이 나와 맞을지에 대한 고민도 필요하다. 허 차장은 "급여나 복지 같은 근무조건만 보고 입행했다가 적성에 맞지 않아 금세 그만두는 경우가 많다. 사람을 상대하는 일을 잘할 수 있을지 꼭 고민해보라"며 말문을 열었다.

은행고시 부활하고 IT·디지털 인재 수요 커져

2018년 은행권 채용은 정부의 '일자리 창출'에 은행들이 적극 부응하면서 경쟁 문이 다소 넓어졌다는 점에서 취준생들에겐 희소식이다. KB국민·신한·KEB하나·우리·NH농협은행 등 주요 5개 은행 모두 전년 대비 채용 규모를 늘리겠다고 공언했다. 한 시중은행장은 "전통적인 은행원도 채용하지만, 금융 디지털화에 발맞출 정보통신(IT)·디지털 분야 인재 수요가 클 것"이라고 말했다.

절차적으로는 필기시험이 10년 만에 부활하는 점이 2017년 채용과 가장 큰 차이점이다. 금융권의 채용 비리를 근절하기 위해 은행연합회와

은행들이 함께 '채용 절차 모범규준'을 마련한 것인데, 응시생들 입장에선 철저한 대비가 필요할 전망이다.

2018년 상반기 채용을 실시한 신한은행도 필기시험을 신설했다. 필기 전형은 NCS 직업기초능력 평가(75분), 금융 관련 시사상식 및 경제지식 평가(40분) 등으로 진행됐다. 우리은행도 상반기 전형에서 일반 상식과 인·적성 평가 필기시험을 새로 도입했다. 우리은행 관계자는 "필기는 경제·금융뿐 아니라 역사·사회·문화 등 다양한 분야에서 출제됐다"고 설명했다.

NH농협은행의 경우 원래 직무능력 검사와 논술 전형 등 필기시험을 치렀는데, 2018년 더 확대될 수도 있다. 허 차장은 "학력과 스펙을 기입하지 않는 블라인드 채용이 트렌드가 됐지만 어떤 형식이든 객관화한 평가는 필요하다. 필기 비중이 높다는 점을 인지하고 준비하면 좋을 것이다"라고 조언했다.

자소서 100:1 경쟁률…
인재상 파악이 기본

하지만 취업 문턱의 승부처는 지원자가 갖춘 직무 역량이라는 점에는 변함이 없다. 이 과장은 "지원하는 회사가 어떤 회사인지, 인재상은 무엇인지 아는 게 가장 기본적인 일"이라고 강조했다.

4대 시중은행 2018년 신규 채용은

단위: 명, 원

은행		신한은행	우리은행	국민은행	하나은행
채용 인원	2018	800+α	700	600	250+α
	2017	800	595	500	250
인재상		따뜻한 가슴을 지닌 창의적인 열정가	최고의 금융 전문가	창의적인 사고와 행동으로 변화를 선도하며 고객 가치를 향상시키는 프로 금융인	비전 달성을 위한 전문 역량과 리더십을 겸비한 리더
채용 절차		• 필기시험 → 직무적합도 면접 → 인성검사 → 최종 면접 • 외부 면접위원, 내부 통제 관리자 투입	• 하반기 7월·10월 2차례 채용 • 필기시험 도입 • 모든 전형 외부 업체에 위탁, 채용 비리 적발 땐 해당 직원 즉시 면직	• 미정 (9월께 공고) 예정	• 미정
평균 연봉	남성	1억 1,000만	1억 700만	1억 1,000만	1억 2,100만
	여성	6,600만	6,900만	7,100만	7,300만

출처: 각 은행 2017년 사업보고서 등

신한은행의 인재상은 '따뜻한 가슴을 지닌 창의적인 열정가'다. 이 과장은 "완성된 인재가 아니더라도 신한은행의 문화 속에서 금융 전문가로 성장할 가능성이 무궁무진한 인재를 찾고 있다. 그런 마음가짐을 채용 절차에서 보여주는 게 중요하다"고 조언했다.

응시자가 자신이 이런 인재상에 부합하는지 드러내 보이는 첫 관문은 서류 전형이다. 자기소개서에도 그만큼 공을 들여야 한다. 이 과장은 "2017년 서류전형의 경쟁률은 평균 100대1 수준이었고, 인사 담당자가 모든 지원서를 꼼꼼히 읽고 있다. 가장 눈에 들어오는 자기소개서는 자신의 이야기를 자신의 스타일로 풀어낸 것"이라고 말했다. 자신이 어떤 역량을 지니고 있는지, 그 역량이 은행에 왜 필요하고 적합한지 스토리텔링 형식으로 풀어 쓰라는 설명이다.

자기소개서 쓰기 전
'나의 연대기' 그릴 것

그러나 여전히 많은 취준생들이 자기소개서 입력란 앞에서 '백지의 공포'를 느낀다. 은행 선배들은 사소하더라도 자신의 경험과 관심이 드러나면 충분히 훌륭한 자소서라고 조언했다. 특히 취업 선배 자격으로 강연대에 오른 여 계장은 전지 한 장으로 자기소개서를 쓴 자신만의 비법을 소개했다. 그는 "나에 대한 고민이 뒷받침돼야 좋은 자기소개서를 쓸 수 있다. 커다란 전지 한 장을 사서 '나의 연대표'를 그려보라"고 말했다.

여 계장은 "아르바이트, 동아리 활동, 여행 등 각종 경험을 '은행원'에 맞는 하나의 스토리로 잇는 작업을 해야 한다"고 설명했다. 성장 과정의 일들을 '점'이라 생각하고 전지 위에 하나씩 적어보라는 것이다. 되도록 많은 점을 그려야 한다. 그 경험에서 느낀 점, 얻게 된 자질 등을 함께 적어두면 점과 점을 잇는 선도 많아진다. 이를 은행 업무와 연관시켜 풀어내면 근사한 자기소개서가 될 수 있다.

나의 연대기는 시간을 두고 틈틈이 만드는 게 좋다. 누구도 넓은 전지를 하루 이틀 만에 채울 순 없을 것이다. 여 계장은 "취업 공고를 기다리는 6개월 동안 침대 머리맡에 전지를 붙여두고 생각날 때마다 내용을 적고 다시 읽는 일을 반복했다. 6개월 후엔 전지가 꽉 찼고, 이걸 토대로 자기소개서도 쓸 수 있었다"고 말했다.

그는 또 "업무분야인 금융·경제에 대해서도 고민해야 한다. 돈 들일 필요 없이 〈매일경제신문〉 같은 경제지를 읽었다"고 말했다. 여 계장의 경우 경제, 사회, 은행 등 3가지 분야로 나눠 주요 기사를 스크랩한 게 나중에 필기·면접 준비에 도움이 됐다. 스크랩은 기사를 오려 붙인 뒤 그 이슈를 통해 자신이 깨달은 점이나 새로 알게 된 용어도 함께 적어두었다고 한다. 그는 "신문을 보면 지면상 기사의 크기나 위치를 통해 중요도를 알 수 있고 이슈가 어떻게 흘러가는지 몸소 느낄 수 있다"고 말했다.

면접 전 은행 영업점 가봐야

어떤 취준생들은 이런 의문을 가질 수도 있다. '은행 인턴을 해본 적도 없는 평범한 대학생이 은행원의 직무 역량을 어떻게 기를 수 있을까?' 하고 말이다. 특히 서류·필기전형을 통과한 이들이 맞닥뜨릴 실무면접(직무적합도 면접)을 준비하려면 고민이 커질 수 있다.

인사부 베테랑들은 영업점에 가서 직접 보고 배우라고 조언했다. 허 차장은 "은행원이 돼 고객을 응대해보는 '롤플레이(Role Play)' 면접에선 상대방을 자연스럽게 대하는 게 중요하다. 실제 은행원이 어떻게 마케팅을 하는지 벤치마킹해보라"고 조언했다.

또 실무면접은 대개 현직 은행원인 5~10년차 선배들이 면접관으로 참여해 '같이 일하고 싶은 후배'를 뽑는다는 점도 염두에 두자. 자신의 생각을 3~5분 안에 명확하게 전달하고, 상대방의 의견을 경청하는 모습도 중요하다. 이 과장은 "문제의식과 판단력, 설득력, 적극성 등을 두루 보기 때문에 평소 독서와 신문 읽기 등을 습관화해 폭넓은 지식을 길러야 한다"고 말했다. 또 "면접에선 식상한 멘트를 삼가고 자신의 이야기를 하라"고 조언했다.

허 차장은 밝은 표정과 반듯한 자세, 자신감 있는 태도도 강조했다. 그는 "면접관으로 들어가 보면 사투리 억양처럼 자신의 사소한 컴플렉스를 감추려 노력하는 지원자들을 종종 보게 된다. 자신의 단점에 신경 쓰기보다는 장점을 드러내는 데 노력을 쏟으라"고 말했다.

금융공기업 취업 비법

한국수출입은행 · 예금보험공사 · 한국주택금융공사

높은 수준의 연봉과 안정성 덕에 금융공기업은 신의 직장으로 불린다. 사회초년생 재테크 시작으로 고액 연봉을 받으며 오래 다닐 수 있는 회사에 취업하는 것 만한 것이 또 있을까. 이 때문에 2018 서울머니쇼에서 진행한 금융공기업 취업설명회에 대한 취준생들의 관심은 뜨거웠다. 이들을 위해 한국수출입은행 최일묵 인사부 차장, 예금보험공사 윤창섭 인사지원부 책임역, 한국주택금융공사 김석준 인사부 팀장 등 세 기관의 채용 담당자가 입사 절차와 취업 노하우를 공개했다.

금융공기업은 시중은행에 비해 일반인들이 접할 기회가 많지 않다. 따라서 취준생들은 기관별 역할과 핵심가치가 무엇인지 공부하는 것에서부터 접근할 필요가 있다. 인재상과 핵심가치를 반드시 확인하라는 점은 세 기관 담당자가 모두 입을 맞춰 강조한 부분이다. 윤창섭 책임역은 "인재상에 부합하는지 여부가 주요 평가항목 중 하나다. 기관마다 인재상이 조금씩 다르기 때문에 반드시 확인 후 본인의 특징과 인재상의 연관되는 부분을 부각하라"고 조언했다.

또 자기소개서를 쓸 때는 질문과 의도를 명확하게 파악하고 답변해야 한다. 최일묵 차장은 "금융공기업을 비롯해 많은 기업들이 동시다발적으로 채용 절차를 진행하다 보니 비슷한 문항에 비슷한 답변을 활용하는 경우가 많은데, 그렇게 하면 절대 합격할 수 없다"고 말했다. 각 기관 인사부가 일일이 서류를 확인하기 때문에 의도한 질문에서 벗어난 답변은 탈락으로 가는 지름길이란 설명이다.

자소서의 가독성에도 각별히 신경을 써야 한다. 자소서는 면접관이 곧 독자다. 채용 경쟁률이 200대1에 이를 정도로 치열할 금융공기업 취업 첫 관문에서 199명을 제치고 선택받으려면 눈에 확 띄지 않으면 안 된다. 윤 책임역은 "평가자 입장에서는 지원자의 강점이 무엇인지 바로 드러나지 않는 자소서에 높은 점수를 주기 힘들다"고 말했다.

합격 자기소개서를 보면 키워드로 본인을 각인시키는 경우도 있고, 자신의 경험과 그로부터 배운 점·느낀 점을 묘사하듯 스토리텔링한 경우도 많다고 한다. 윤 책임역은 "자소서에는 많은 고민이 필요하다. '이 정도면 됐다'고 하지 말고 다른 사람이 봤을 때 나라는 사람을 한 번에 이미지로 인식될 수 있게 해야 한다"고 말했다.

진정성·진실성도 강조했다. 김석준 팀장은 "자기소개서는 최종 면접

때 주요 자료로 쓰이는데, 최종 절차에 이르러서 진위가 의심되는 내용이 다수 발견되곤 한다. 감당할 수 없는 거짓은 배제하고, 나를 보여주기 위해 노력하라"고 말했다.

글로벌 무대 기회 많은 한국수출입은행

한국수출입은행은 국내 일반인에게는 예·적금 같은 수신 기능이 없는 탓에 인지도가 낮지만 해외에선 유명한 은행이다. 1976년 설립된 국책은행으로서 대외경제 협력에 필요한 금융을 제공하고 국민경제의 건전한 발전을 촉진하기 위한 정책금융 기능을 수행한다. 수출입·해외투자 등 대외거래와 수출 진흥을 위한 대출·보증도 지원한다. 건설플랜트 수주 같은 대규모 사업이나 유망 중소·중견기업 지원에도 앞장서고 있다.

한국수출입은행의 핵심 업무 중에는 정부로부터 위임받은 기금을 운용하는 기금수탁 업무도 있다. 대외경제협력기금(EDCF)은 기재부에서 수탁 받아 개발도상국에 원조 사업을 하는 기금이다. 또 4·27 남북정상회담 이후 한반도 화해무드 조성으로 주목받고 있는 남북협력기금(IKCF)은 통일부의 수탁을 받아 북한에 대한 유·무상 원조 사업에 쓰인다.

이밖에도 한국수출입은행은 전 세계 29개국 사무소, 영국·홍콩·인도

한국수출입은행 인재상

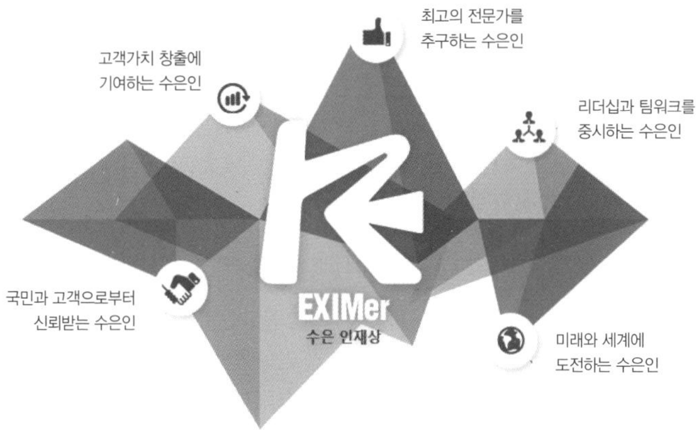

네시아·베트남의 현지 법인을 보유 중인 글로벌 기관이다. 경제협력개발기구(OECD), 세계은행(World Bank), 아시아개발은행(ADB) 등 국제기구에도 파견 근무 기회를 잡을 수 있다.

한국수출입은행은 2018년 하반기에도 상반기에 채용한 20명 수준으로 채용을 실시할 예정이다. 공공기관인 만큼 국가직무능력표준(NCS)에 근거해 채용을 진행하며, 평등한 기회 보장을 위해 학력·전공·연령에 제한이 없는 블라인드 채용을 도입했다.

청년인턴도 인기다. 한국수출입은행에서 인턴을 수료하면 신입 채용 때 별도 쿼터로 지원할 수 있다. 2018년에는 3월께 채용을 진행해 105명을 채용했다. 인턴은 업무 일반, 지점, EDCF 세 부문으로 나뉜다. 업무 일반 및 지점 인턴은 여신·보증 업무를 보조하는 역할을, EDCF 인턴은 해외 사무소로 나가 3~4개월 근무하며 현지 업무를 직접 경험할 수 있다.

젊은 기관 예금보험공사·한국주택금융공사

예금보험공사는 1996년에 설립된 예금자 보호 기관으로 '선제적 대응 능력을 갖춘 최고의 금융안정 및 예금자보호 서비스 기관'을 표방한다. 금융회사에 대한 리스크 감시, 예금보험기금 관리, 예금대지급 등 자금 지원 및 부실금융회사 정리, 부실책임 조사 및 손해배상 청구 등의 업무를 맡는다. 1997년 외환위기 이후 부실금융회사의 구조조정에 중추적 역할을 해왔다.

주요 인재상은 금융기관 종사자로서의 전문성, 조직 내외부에서의 원활한 소통 능력에 더해, 국민의 신뢰를 받으며 서비스를 제공한다는 자세도 필수다. 채용절차는 다른 공공기관과 마찬가지로 서류, 필기, 1·2차 면접전형을 거친다. 직무관련 전공지식과 인·적성을 평가하는 NCS를 준비해야 한다. 윤 책임역은 "필기 시험에는 지름길이 없다. 해당 기관의 최근 기출문제 유형을 확인하라"고 조언했다. 면접에서는 면접관의 의도를 파악해 답변해야 하고, 최신 이슈와 상식도 미리 공부해두는 게 좋다.

부산에 위치한 한국주택금융공사는 2004년에 창립한 젊은 조직이다.

예금보험공사 인재상

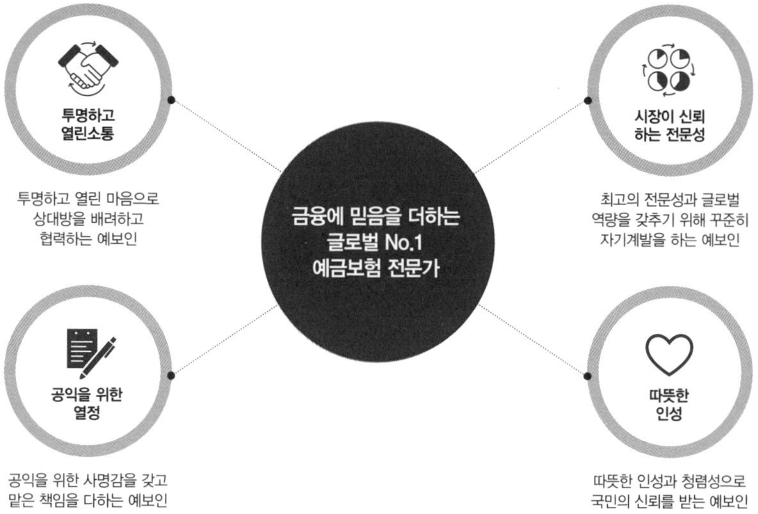

김 팀장은 "최근 5년 동안 입사한 직원이 전체 직원의 47%를 차지할 정도로 젊은 공사다. 공사가 지금도 계속 확장·성장하고 있는 것이다"라고 말했다. 그는 또 "직원 평균 연령 36세, 최연소 과장 승진자 28세, 최연소 부장 승진자 44세"라며 "금융권을 통틀어 가장 젊은 편에 속한다"고 소개했다. 한국주택금융공사가 부산으로 이전한 후에도 직원의 25%는 수도권 지점 등에서 근무하고 있다고 한다.

한국주택금융공사는 주택금융을 통해 국민경제에 이바지하기 위해 설립됐다. 정책모기지(주택담보대출) 공급, 유동화증권(MBS·MBB) 발행, 주택보증 지원, 주택연금 공급 등 크게 4가지 업무를 수행한다.

한국주택금융공사 채용은 서류전형을 없앴다는 게 앞서 두 기관과 다른 점이다. 원서만 접수하면 1차 필기 전형에 응시할 수 있다. 다만 2차 필기전형이 한 번 더 치러지고, 여기서 합격 정원의 2배수까지 걸러낸다. 이후 다른 공기업처럼 두 차례 면접을 진행한다.

김 팀장은 "전형 중 제일 어려운 절차로 개인 PT면접이 꼽힌다. 개인별 주제 선정 후 10분 내외 준비시간을 주고 4분 동안 발표케 하는 면접이다"라고 소개했다. 그는 "블라인드 면접이 전면 도입된 후 변별력을 높이기 위해 도입된 전형 방식인데, 수험자로선 압박을 느낄 수 있다"며 철저한 준비를 주문했다. 또 김 팀장은 "경험적으로 볼 때, 최종 면접인 임원 면접에서는 자신의 의견을 너무 강하게 드러내기보다는 유연하고 정제된 표현을 쓰는 게 좋다"고 귀띔했다.

PART 8

이색 재테크

재테크 고수 주부들과 함께하는 '돈이 되는 수다'

자녀교육비 설계가 최고의 돈 버는 재테크다

재테크 고수 주부들과 함께하는 '돈이 되는 수다'

동명희 · 이주현

최근 2030세대를 중심으로 맞벌이 부부가 늘면서 가정 경제를 둘이 함께 꾸리는 경우가 많아졌다. 하지만 집을 어디에 장만할지, 노후 준비를 위해 어떤 금융상품에 돈을 투자할지와 같이 중요한 결단의 최종 승인권자는 결국 예나 지금이나 아이들의 엄마이자 아내인 주부들이라는 사실은 변하지 않는다. 만약 이런 주부들이 재테크 지식과 센스로 무장하고 탄탄한 투자 경험까지 갖춘다면 웬만한 자산운용사나 투자전문가 못잖은 높은 수익을 가족들에게 가져다 줄 수 있다.

2018 서울머니쇼는 남다른 재테크 노하우로 유명한 주부 2명을 초대해 그들의 투자 성공비결을 들어보는 '재테크고수 주부들과 함께하는 돈이 되는 수(數)다(多)' 세미나를 마련했다. 25년간 은행원이자 주부로 살다

가 베스트셀러 《마담 리치의 재테크 시크릿》을 통해 이제는 투자전문가로 변신한 동명희 작가, 서울 3대 학군 입성을 꿈꾸는 엄마들의 필독 독서 《나는 부동산으로 아이 학비 번다》의 저자이자 닉네임 '월천대사'로 유명한 부동산 투자 전문가 이주현 월천재테크 대표가 그 주인공이다. 진행은 MBN 인기프로그램 〈황금알〉 등에서 특유의 입담으로 맹활약한 채경옥 매경이코노미 부국장이 맡았다. 세미나의 의도인 '수다'에 맞춰 이들의 대화는 최대한 수정하지 않고 원문 그대로 실었다.

실거주자는 2018년이 내 집 마련 적기…
예적금 집착 말고 고수익 상품에 눈 돌려야

채경옥 : 오늘 오신 두 전문가의 공통점은 재테크에 성공해 많은 돈을 모았다는 것, 그리고 가정에서 경제적 자유를 획득했다는 것이다. 하지만 막상 돈을 모은 방법은 두 사람이 극과 극이다. 한 분(이주현)은 부동산, 한 분(동명희)은 철저히 저축과 금융으로 부를 축적했다.

동명희 : 지금까지 저축만으로 13억 원을 모았고 현재 퇴직금까지 해서 18억 원을 갖고 있다. 부동산은 별로 없다.

이주현 : 가장 많을 때는 집이 25채였는데 최근에는 절세 문제로 15채로 줄였다.

채경옥 : 2013년부터 2018년 초까지 부동산 가격이 계속 올랐다. 상승세를 보면 강남 재건축부터 마포 등 강북을 거쳐 수도권 신도시까지 퍼지고 있다. 하지만 요즘 들어 시장 상황이 안 좋아지는 게 아니냐는 우려도 많다. 지금이라도 집을 사야 할까?

이주현 : 요즘 가장 많이 듣는 질문이 "부동산, 지금이 꼭지 아니야?"는 말이다. 지금은 실거주냐 투자 목적이냐에 따라서 다른 전략을 가져야 한다. 실거주가 목적이라면 지금이야말로 내 집을 마련할 좋은 기회다. 적극적으로 청약하길 권한다. 2018년은 하남 감일 등 '로또 청약'이라고 불릴 만한 신축 물량이 많은 만큼 이런 쪽을 노려보는 게 좋다. 반면 투자로 접근하는 사람들은 지금 쉬어야 한다. 전셋집을 찾는 세입자, 신혼부부들에게도 2018년엔 숨통이 트일 것으로 보인다.

채경옥 : 사실 청약은 도전하고 싶어도 가입기간이라든가 가점 등이 맞지 않아 실제 활용하기 어려운 경우도 많다. 청약 대신 매매를 고려하는 실수요자라면 어느 지역을 고려하는 게 좋을까?

이주현 : 현재 서울 시내에서는 도심재생이 이뤄지는 뉴타운 지역에 기회가 남아 있다. 사실 실거주로 가장 좋은 곳은 강남이긴 하다. 앞으로 상승여지가 남아 있기도 하다. 하지만 이미 반포주공 30평대 호가가 26억~27억 원을 오갈 만큼 진짜 좋은 지역은 너무 많이 올랐다. 마음을 조급하게 먹지 말고 장기적으로 본다고 생각해야 한다. 앞으로 돈을 꾸준히 더 벌면서 투자금도 차근차근 늘려간다고 생각하면 향후 도심재생 가능성이 높지만 지금은 저평가된 재개발, 재건축 예정지를 눈여겨봐야 한다.

동명희 : 물론 부동산 투자도 필요하다. 하지만 개인적으로 집은 자산이라고 생각하지 않는다. 왜냐면 서민들 입장에서는 제대로 된 집 한 채 갖기가 쉽지 않아서다. 큰 레버리지를 통해 부동산을 사는 것은 리스크가 너무 큰 만큼 반대다. 내가 부동산 대신 금융상품을 추천하는 이유다.
금융상품은 공학상품이 많다. 부동산은 경기흐름과 규제, 정책을 따라가지만 금융상품은 상승장이든 하락장이든 관계없이 어느 상황에든 맞는 상품이 있다. 하지만 대부분 은행에 찾아오는 고객들은 예적금에만 집착한다. 여기서 탈피하는 게 금융상품 투자의 첫걸음이다. 현재 내가 금융투자로 달성한 연 수익률은 6.6%로 절대 부동산에 밀리지 않는다. 부동산은 규모가

커야 한다. 하지만 금융자산은 적게는 수백만 원, 많게는 억대로도 굴릴 수 있고 갈아타기 수월하니 충분히 메리트가 있다.

채경옥 : 동명희 작가는 신한은행 등에서 25년간 뱅커로 일하면서 월급으로만 13억 원을 모았다. 사실 믿어지지 않는데 특별한 비결이 있나?

동명희 : 가장 강조하는 게 예산을 잘 세우라는 것이다. 결혼한 부부라면 예산을 꼭 한 통장에 모아야 한다. 부부가 따로 통장을 관리하면 절대 부자가 될 수 없다. 나는 통장 하나에 남편과 내 수입을 모으고 선저축, 후지출 원칙을 지켰다. 지출할 때는 미리 주택·교육·노후자금으로 항목을 나눠 자동이체로 출금되도록 했다.
특히 새로운 금융상품이 나오면 무조건 다 가입해봤다. 어느 한 상품만 올인한 게 아니라 여러 가지로 나눴다. 상품을 잘 뜯어보면 세액공제, 소득공제가 되는 것이 많은 만큼 이런 것들을 찾아 분산투자하는 게 유리하다.

채경옥 : 과거 인사이트 펀드(지역이나 투자방법을 가리지 않고 자유롭게 운영되는 펀드, 지난 2007년 유행했으나 2008년 글로벌 금융위기로 −53.33%라는 기록적인 손실률을 기록했다)에 가입했다가 지금도 원금 회복 못하

고 수수료만 내는 사람이 많은데?

동명희 : 금융위기 이후에도 꾸준히 적립한 사람은 그래도 손실을 회복했다. 나도 당시 차이나펀드 수익률이 -70%까지 떨어졌지만 최근에는 10%로 회복해서 나왔다. 경기가 계속 순환하는 만큼 많이 떨어져 있을 때 싸게 사는 전략을 취해야 한다. 행동경제학에 따르면 소비자들은 주가가 빠지면 더 빠질 것 같아서 못 사고 반대로 오르면 추격매수를 하는데 난 정반대로 빠지면 더 사고 오르면 과감히 던졌다.

은평 노원 재개발은 저가 투자 가능한 '블루오션'…
주가지수 추종하는 ELS에 주목

채경옥 : 100세 시대가 오면서 은퇴 자금으로 편안한 노후를 보내기가 점점 어려워지고 있다. 6070세대들이 안정적으로 생활할 수 있는 방법은 무엇일까?

이주현 : 지난 2015년경 은퇴한 사람 중에서 재테크 감각이 있던 부류는 아파트를 매각하고 다가구 주택, 꼬마빌딩에 투자했다. 이런 사람들은 이듬해 꼬마빌딩 몸값이 뛰면서 자산증식 효과를 봤

다. 꼬마빌딩 매입 후 위층은 본인들이 거주하고 아래는 월세를 주면 자연스럽게 노후소득도 생긴다. 수익형호텔은 리스크가 크고 소위 기획부동산으로 나오는 토지 투자는 피하는 게 좋다. 빌라는 월세 받기 좋지만 나중에 매도할 때 어렵다.

채경옥 : 사실 대부분의 월급쟁이들은 결국 집이 자산의 대부분이고 투자의 원천이다. 이런 사람들은 구체적으로 어디를 노려야 하나.

이주현 : 첫 번째는 여의도다. 이 지역 상업지 아파트는 서울시의 35층 고도제한의 적용을 받지 않는 만큼 향후 상승여력이 충분하다. 다음은 용산, 한남뉴타운이 남아 있다. 서쪽으로는 재건축을 목전에 둔 목동이 있다. 강남은 지금까지 반포가 스타였다면 다음에는 대치동이다. 은마, 우성, 선경, 미도아파트가 대표적이다. 송파에는 '잠실 아닌 송파구'가 있다. 소위 잠실과 '안잠실' 두 가지가 있는데 후자에 속하는 송파 재건축에 주목해야 한다.

저가 지역도 있다. 현재 은평구, 노원구 등에서 이뤄지는 도심재생(재개발) 사업지도 고려할 만하다. 당고개로 가면 투자금 1억원 정도로 가능한 재개발지가 있다. 은평구는 향후 개통되는 GTX A라인의 수혜지로 주목받는다. 수색 증산 뉴타운도 가재울 뉴타운처럼 활발히 개발되고 있다. 자금이 부족하다면 서울과 딱 붙어있는 지역 중에서 개발이 이뤄지는 수원, 혹은 인천 부평, 고양시를 눈여겨보면 기회를 잡을 수 있다.

채경옥 : 직장생활 하다보면 이런저런 이유로 보험 비중이 높다. 구조조정 하고 싶어도 중간에 환급하면 손해가 막심하다. 보험은 얼마나 드는 게 좋은가? 그리고 요즘 유망한 금융상품은 어떤 게 있을까?

동명희 : 보험 다이어트가 필요하다. 실손보험은 꼭 남기되 내가 죽은 다음에 나오는 보험은 정리해라. 한때 종신보험이 인기였다. 이를 변형한 변액보험도 많이 팔렸는데 수익률 측면에서는 만족스럽지 않다. 원금을 회수할 수 있으면 한 번쯤 과감히 정리하는 게 맞다고 본다. 자녀들을 위한 어린이보험은 대부분 실손보험이라 여러 곳에 들어도 내가 손해 본 금액만 나오니 똑똑한 보험 하나만 남겨야 한다. 보험료는 내 소득의 10%를 넘지 말아야 한다. 위험보장도 중요하지만 그렇다고 평소 경제생활이 보험료 때문에 쪼들리면 안 된다.

금융상품의 경우 요즘 주위에 가장 많이 가입을 권하는 것은 주가연계증권(ELS)이다. ELS에는 주가지수형과 개별종목형이 있다. 개별종목형은 신한은행, 삼성전자 등을 묶어서 가입하는 상품인데 변동성이 크다. 주가지수형은 보통 투스타, 쓰리스타라고 해서 코스피200, 홍콩항셍 등 2~3가지 지수가 들어간다. ELS는 기본적으로 손해가 안 나는 구조의 상품이라고 생각한다. 만기가 3년이라고 하면 마지막 만기 때 주가지수가 일정 지수 이상만 유지하면 손해를 보지 않는다.

채경옥 : 내가 가입한 퇴직연금은 10년 수익률이 0.1%에 불과하다. 전문가들이 굴려줬다는데 내가 10년간 아무데나 굴려도 이보다는 더 나왔을 것 같다. 그런 거 보면 금융상품이 리스크가 없다는 말은 틀린 것 같다. 원금 되기 기다려서 간신히 10%를 먹었다 해도 기회비용 고려하면 마이너스 아니냐.

동명희 : 퇴직연금으로도 고수익을 내는 경우가 많다. 난 퇴직연금을 예적금이 아니라 운용상품에 넣어서 수익률 10% 달성하고 있다. 부동산 투자와 마찬가지로 금융상품 투자도 발품 팔아야 한다. 수익 안 나오면 은행 와서 왜 수익 안 나오는지 따져보고 구조조정을 해야 한다. 은행에 다닐 당시 내가 관리하는 고객들에게는 적극적으로 포트폴리오를 조정해줬다. 금리가 오를 때 주식형으로, 내릴 땐 채권형으로 갈아타게 했다. 똑같은 상품인데 나는 10% 넘는 거 보면 부국장님이 조금 게으르지 않으셨나 한다.

아무리 바빠도 '나를 위한 재테크' 잊지 말아야

채경옥 : 대체로 남편이 돈을 못 벌어야 부인들이 재테크 전사가 된다. 두 분도 마찬가지였나?

이주현 : 1997년 외환위기를 혹독하게 겪은 집안 출신이라 결혼은 엄두도 못 내다 남편을 만나 3,000만 원 종잣돈으로 신혼살림을 시작했다. 처음에는 아이를 갖지 않기로 했지만 마흔이 다 됐을 때 덜컥 아이가 생겨서 오싹해졌다. 그래서 시작한 게 재테크다.
처음에는 실패도 많이 했다. 투자 초창기인 2013년에는 오로지 오피스텔에만 관심 있었다. 오피스텔 10채에서 월세 300만 원을 거두는 게 목표였다. 그때는 월세가 아닌 시세차익형 투자를 노렸어야 했는데 지식이 부족했다. 이후에 뭔가 아닌 것 같아 잠 안 자고 공부했다. 아이를 재우고 새벽 3시까지 재테크 뉴스를 보고 중간 중간 강연을 듣고 그렇게 1년을 하니 실력이 올라갔다. 그때부터 투자한 상품은 실패가 적었다.
공부를 하다보면 자신만의 확신이 생긴다. 부동산 투자할 때 자기정보 없이 남을 따라 하면 안 된다. 특히 호재는 너무 믿지 말아야 한다. 호재는 '호되게 당하는 재앙'이다. 지하철 다 놔줄 것 같지만 아니다. 노선 공부 필요하다. 부동산은 입지다. 입지에 따라 상품가치가 천차만별이다. 대다수 좋은 상품은 돈이 많이 들어가니 잃으면 절대 안 되지 않나. 그만큼 공부가 필요하다.

채경옥 : 2030의 재테크도 궁금하다. 2018년 결혼하는 2030대라면 어디에 신혼집을 얻는 게 좋을까?

이주현 : 젊은 사람들은 요즘 기류에 편승해 워라밸 지향하기보다는 아이가 없거나 어렸을 때 최선을 다해 재테크해야 한다. 최근 집값이 너무 비싸서 옛날과 달리 부모님이 집을 사줄 여력이 없다. 특히 젊은 사람들이 가장 많이 하는 실수가 전세자금 대출이다. 결국 이렇게 받은 대출이 전세금을 끌어올린 주범이였다. 돈이 없을 때는 대출 받아서 새 아파트, 좋은 아파트 들어갈 게 아니라 좋은 지역에서 시작하는 것을 목표로 삼아야 한다. 만약 처음부터 외곽 신도시에서 차를 구입하고 전세자금대출 받아 새 아파트에서 편안하게 시작하면 돈 모을 기회를 놓치게 된다. 골든타임에 좋은 집보다 불편해도 빌라, 작은 아파트에 가서 징검다리로 사용해야 한다. 향후 아이가 진학할 때를 대비해 가고 싶은 곳에 전세를 껴서 집을 먼저 사는 것도 방법이다.

동명희 : 나는 생각이 다르다. 전세자금대출은 받을 수 있다면 받는 게 맞다고 본다. 그렇지 않으면 부모님들이 너무 힘들다. 어르신들

이 은퇴 후에도 자식을 부양하기 힘들다. 신혼부부들은 각자 알아서 하고 부모들은 무한책임주의에서 벗어나야 한다. 특히 양육비는 결혼하고 빨리 모아야 한다. 교육비가 해결 안 되면 절대 돈을 모을 수 없다. 내 자산 13억 원 중 2억 원은 아들 교육비로 분류해 놓았다 .거기서 나오는 이자가 70만 원이다. 이걸로 아이 학원 3개를 보내고 있다. 원금 2억 원은 나중에 자녀 결혼자금으로 쓰면 된다. 무엇보다 수입의 50% 이상은 저축해야 한다. 나도 결혼 후 5년간 수입의 70%를 모았다.

동명희 : 주부들에게 당부하고 싶다. 아무리 바빠도 '나를 위한 투자'를 잊지 말아야 한다. 평소 주위에 주부 월급을 받으라고 조언한다. 이를 지렛대 삼아 부동산 공부하든지 나가서 요리 공부라도 해서 자격증 하나라도 갖고 있어야 한다. 나도 퇴사 후 3개월간 쉬면서 공부했지만, 나중에 창업하든 재취업하든 간에 자격 없으면 시장에 다시 들어갈 수 없다. 단지 주부라고 해서 살림만 하는 시대는 지났다.

채경옥 : 두 분 성향이 정말 극과 극인 것 같다. 그래도 기회는 계속 오더라. 남들 돈 버는데 나만 못 버는 것 같지만 앞으로도 기회가 얼마든 있기 때문에 조금이라도 공부하고 목돈 모으면 상승기류 왔을 때 목돈을 모을 수 있다고 본다.

자녀교육비 설계가 최고의 돈 버는 재테크다

조진표

20세기 투자계의 대부 앙드레 코스톨라니는 젊은 부모가 투자 비법을 물어오면 이런 충고를 던졌다고 한다.

"자녀들의 교육에 투자하십시오! 당신은 자녀에게 이보다 큰 선물을 할 수 없고, 이보다 더 큰 재산을 남길 수 없습니다."

뻔한 말처럼 들릴지 몰라도 이 한 마디엔 코스톨라니의 삶이 담겨 있다. 헝가리 태생인 코스톨라니는 열여덟 살에 프랑스 파리로 건너가 주식투자를 배웠다. 유대인인 아버지가 주식중개인 친구에게 아들을 맡기며 공부시킨 것이다. 학창시절 철학과 예술에 관심 많았던 코스톨라니였지만 아버지를 통해 접한 주식투자도 꽤나 적성에 들어맞았다. 그는 35세에 이미 '백만장자' 반열에 올랐다.

결국 그의 유대인 부모가 제2차 세계대전 이후 전 재산을 잃고도 말년까지 스위스에서 풍족한 삶을 살았던 건 '주식의 신', '유럽의 버핏'으로 불리게 된 막내아들 코스톨라니 덕분이었다. 아니, 열여덟 살 아들에게 증권을 권한 그 부친 자신의 혜안 덕분이라고 해야 할까.

대학 간판이 필요 없어진 시대

그렇다고 지금 당장 자녀에게 주식을 권하라는 얘긴 아니다. 자녀가 재능을 가진 일에 '값지게' 투자하는 게 옳다. 청소년 적성·진로 진단 전문기업 와이즈멘토의 조진표 대표는 2018 서울머니쇼를 찾은 학부모들에게 자녀 교육비 설계 노하우를 들려줬다. 그는 먼저 현재의 부모 세대가 흔히 생각하는 '자녀가 대학 입학할 때까지만 고생하자', '좋은 대학만 들어가면 된다'는 옛날 공식이 더 이상 통하지 않는다는 점을 지적했다. 무조건 좋은 대학에 보내겠다고 이 학원 저 학원에 돈 낭비하지 말라는 얘기다.

조 대표는 "이제 우리나라 대학은 돈만 내면 언제든 갈 수 있는 '보통교육기관'이 되고 있다. 부모 세대가 누렸던 대졸 학력 프리미엄이 빠르게 사라지고 있다"고 말했다. 조 대표의 주장은 통계로도 확인된다. 그가 제시한 학생 수 통계에 따르면 2019년 대학 입시를 치르는 고등학교 3학년생은 전국에 약 57만 9,250명에 달한다. 이후 고등학교 2학년 수

학생 수 변화

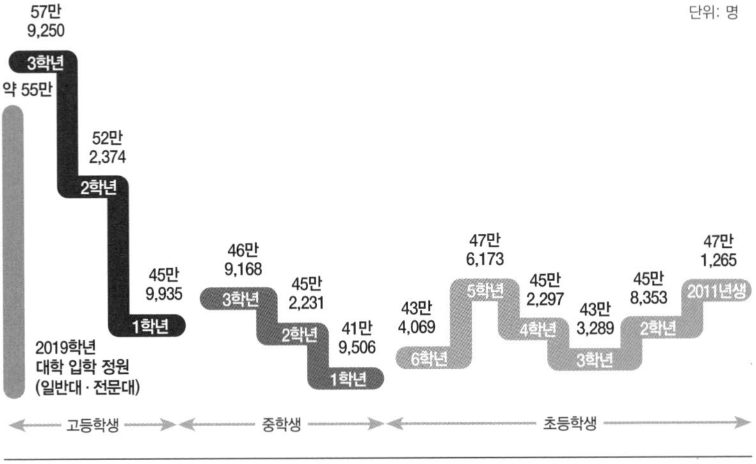

출처: 교육통계서비스(2017년), 행정자치부 주민등록 인구통계(2017년)에 따른 추정치

는 6만 명 가까이 수직낙하한 52만 2,300여 명, 1학년은 또다시 6만여 명 줄어든 45만 9,900여 명에 불과하다.

게다가 2018년 신생아 수가 35만 명 수준이라고 하니, 이 수치는 더 급격하게 떨어질 것으로 보인다. 여기서 주목해야 하는 부분은 2019년도 대학입학 정원 수가 약 55만 명이라는 것이다. 재학 중인 모든 고등학생이 대학에 진학해도 정원 미달인 게 오늘날 현실인 셈이다.

서울대 전공별 재학기간 살펴보니

이런 현실은 이미 인재상의 변화로도 이어졌는데, 교육 방식은 아직도 과거 학벌 우대에 젖어 있다는 게 조 대표의 문제의식이다. 조 대표는 "부모 세대 땐 사회에 첫 발을 들이는 청년에게 던지는 첫 번째 질문이 '어느 대학을 졸업했느냐'였을 정도로 학벌이 중요한 사회였지만 지금은 상황이 달라졌다. 이제는 조직이 요구하는 능력을 보유했는지, 잘하는 게 무엇인지를 묻는 회사가 많아졌다"고 설명했다. 이 때문에 아직 기성세대의 교육방식에 젖어 있는 대졸 청년들은 취업난에 시달리고, 직무능력에 맞는 인재를 찾는 기업들은 구인난에 빠지는 모순이 나타났다는 것이다.

또 다른 흥미로운 통계도 있다. 조 대표가 2014년 8월과 2015년 2월에 졸업한 서울대생 3,394명의 재학기간을 분석한 결과, 종교학·사회학·농경제학·지리교육학 등 특정 전공 학과에서 재학기간이 유난히 길었다. 조 대표는 "실제 해당 학문을 연구하고 싶은 학생들도 있겠지만, 일부는 서울대에 입학하려 '일단 수능 점수에 맞춰 학교에 들어간 뒤 복수전공을 하자'는 식의 합리화를 거친 경우가 많았을 것이다. '적성은 나중에 생각하라'는 식의 가르침이 오히려 젊은이들의 사회 진입 시기를 크게 늦추고 있다"고 말했다.

'공대 선호' 글로벌 경향…
생활과학·농업대 유망

전공과 적성이 중요해지는 만큼 유망 학과를 알아두는 것도 도움이 될 것이다. 먼저 '공대 선호'는 우리나라뿐 아니라 미국·캐나다·프랑스 등에서 공통적으로 나타나는 경향이다.

미국 조지타운대가 2015년 발표한 〈대학 전공의 경제적 가치〉 자료는 전공별 졸업 후 평균 급여를 보여준다. 이에 따르면 상위 25개 학과는 석유공학·약학·금속공학 등 모두 이공계가 차지했다. 반면 하위 25개 학과는 인문·사회학이 주로 차지했다. 조 대표는 "우리나라는 교사나 공무원에 대한 대우가 미국과 다르긴 하지만, 이를 고려하더라도 문과대의 취업난은 전 세계적 현상"이라고 말했다.

우리나라에선 특히 생활과학대·농업대가 유망 학과로 꼽혔다. 와이즈멘토가 2016년 서울대 졸업생들의 단과대 별 취업·진학률을 분석한 그래프는 도면상 오른쪽 하단에 있을수록 졸업을 빨리 하고 취업률이 높은 학과라는 점을 보여준다. 원의 크기는 대학원 진학률을 의미한다.

조 대표는 "요즘 사회는 제너럴리스트보다 스페셜리스트를 선호하는데, 생활대학은 의류학·아동학·소비자학·생활디자인 등 특정 부문을 깊게 공부한다는 점에서 시류에 맞는다"고 평가했다. 또 "농업대는 과거 '점수 낮은 과'로 인식되는 편견이 있었지만, 최근 4차 산업혁명 흐름과 관련해 환경·생명 연구를 주도하는 최첨단 학과로 부상했다"고 말했다.

서울대 단과대 취업·진학률

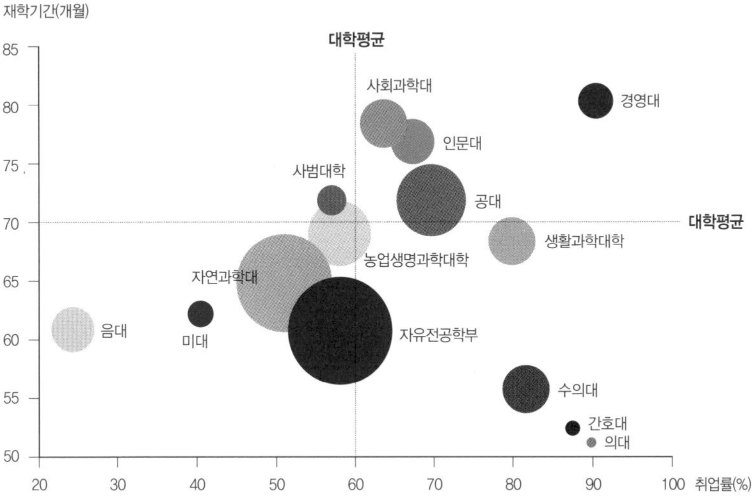

*S대학교, 취업률 2014년 졸업자 통계, 진학률 2015년 졸업자 통계
출처: 2016 와이즈멘토 학과분석

에듀푸어가 되지 않기 위해선

대학 간판의 중요성이 떨어지고 있더라도 자녀 양육비로는 천문학적 비용이 드는 만큼 현명한 '투자 설계'가 필요하다. 한국보건사회연구원(2013년 최신자료)에 따르면 자녀 한 명의 출생부터 대학 졸업 때까지 양육비는 평균 3억 896만 원이다. 2017년 NH투자증권이 업데이트한 수치는 1인당 4억 원에 달했다. 적지 않은 돈을 어떻게 투입해야 좋을까?

정해진 답은 없지만, 조 대표는 "자녀의 사회진입 시점을 길게 보고, 고학력에 집착하지 말라"는 말로 강연을 마무리했다. 조 대표는 먼저 "자녀 양육비는 부모 노후자금에서 가져다 쓰는 돈이라는 점을 명심하고 꼼꼼히 따지라"고 말했다. 이어 "현실적으로 양육비가 가장 많이 드는 시점은 자녀가 20대로 접어든 때인데, 부모는 이때 생애주기상 은퇴 시기에 접어든다"고 강조했다. 많은 학부모들이 대학 입학 전인 초·중·고등학교 때 교육비 투자에 적극적이지만, 실제로 중요한 건 자녀가 하고 싶은 일이 생기는 20대 때라는 것이다. 이에 그는 "자녀들이 철들어 뭔가 '하고 싶다'고 할 때 세계 어디로 가서든 배울 수 있게끔 밀어주는 게 훨씬 효율적인 투자일 것"이라고 말했다.

그는 또 "우리 사회는 청년들의 사회 진입 시기가 너무 늦어지고 있다" 요즘 자녀 세대의 사회진입·취업 시기가 늦춰지고 있다는 점을 고려해야 한다"고 말했다. 예를 들어 영국의 청년들은 우리나라보다 초등학교 입학도 빠르고, 군대도 안 가니 20대 초반이면 사회생활을 시작한다고 한다. 반면 우리나라는 의무교육, 대학 재수, 군대 등을 거치면 대부분 남성 신입사원이 30세에 근접해 있다. 그는 "한 살이라도 먼저 사회에 발을 들이도록 하는 게 아이들 미래에 중요하다는 생각을 꼭 가져달라"고 당부했다.

부록

2018 서울머니쇼 참관객들이 전망하는 재테크 시장

부동산, 1년 만에 재테크 왕좌 탈환… 새 아이템으로 가상화폐 급부상

"연말에 서울 송파에 1만 가구가 입주하면 공급과잉 때문에 전세가격이 떨어질 텐데 그러면 매매가격도 하락하는 것 아닌가요?"

"지금 판매 중인 P2P대출 상품 개수만 1,000개가 넘습니다. 회사 내 전문 인력이 실제 모든 현장을 방문해서 리스크를 점검하는 게 현실적으로 가능합니까?"

2018 서울머니쇼 세미나장을 찾은 참관객들이 강연을 맡은 재테크 전문가들에게 던진 질문이다. 역대 최대 4만여 명의 관람객을 모으며 명실상부한 아시아 최대 재테크 박람회로 자리매김한 2018 서울머니쇼의 주인공은 이 같은 날카로운 분석력과 탄탄한 지식을 갖춘 '똑똑한 소비자'였다.

2018 서울머니쇼를 찾은 능동적인 소비자는 단순히 전문가나 시장이 던져준 호재만 좇아가지 않는다. 다양한 재테크 서적과 온라인 스터디카페 등을 토대로 스스로 공부해 정보의 홍수 속에서도 알짜 정보만 취사선택하는 눈을 갖고 강연자에게 송곳 같은 질문을 던졌다.

2018 서울머니쇼에 대한 소비자 반응이 좋았던 비결도 이렇게 달라진 소비자 수준에 맞췄기 때문이었다. 역대 가장 많은 34개의 세미나를 갖추고, 가상화폐와 남북경협 등 달라진 투자환경과 트렌드에 맞는 최신 재테크 아이템 관련 강좌를 대거 신설해 행사 내용을 예년보다 업그레이드한 결과다.

이처럼 똑똑한 소비자들이 주목하는 투자아이템은 무엇인지 알아보기 위해 참관객 533명을 대상으로 설문조사를 진행했다. 조사 결과는 '부동산의 귀환'으로 요약된다. 머니쇼 세미나 강연자들도 시장 조정을 예견하면서 선별적인 투자를 권했고, 문재인 정부의 부동산 규제 강도가 더욱 높아지고 있음에도 불구하고 머니쇼를 찾아온 소비자들은 향후 가장 유망한 재테크 종목으로 부동산 투자를 꼽았다.

설문조사에 참여한 참관객 중 가장 많은 174명(32.6%)은 '본격적인 금리인상기를 맞아 앞으로 1년간 가장 높은 수익률이 예상되는 재테크 상품은 무엇인가'라는 질문에 '부동산'을 선택했다. 3명 중 1명꼴로, 2위를 차지한 국내 주식(19.7%)을 10%포인트 이상 앞질렀다.

이는 딱 1년 전 2017 서울머니쇼 관람객 500여 명이 참여한 조사결과와는 정반대다. 당시 조사에 응답한 504명 가운데 최대인 32.7%는 '국내

본격적인 금리인상기를 맞아 앞으로 1년간 가장 높은 수익률이 예상되는 재테크 상품은 무엇입니까?

구 분	응답수 (명)	비율 (%)
부동산	174	32.6
국내 주식	105	19.7
국내 주식형 펀드	43	8.1
신흥국 주식형 펀드	35	6.6
선진국 주식형 펀드	35	6.6
금, 원유 등 원자재 관련펀드	33	6.2
채권(CB,BW 포함)	13	2.4
예적금	10	1.9
ELS 등 주식 파생상품	15	2.8
비트코인 등 가상화폐	39	7.3
P2P 대출	22	4.1
기타	6	1.1
무응답	3	0.6

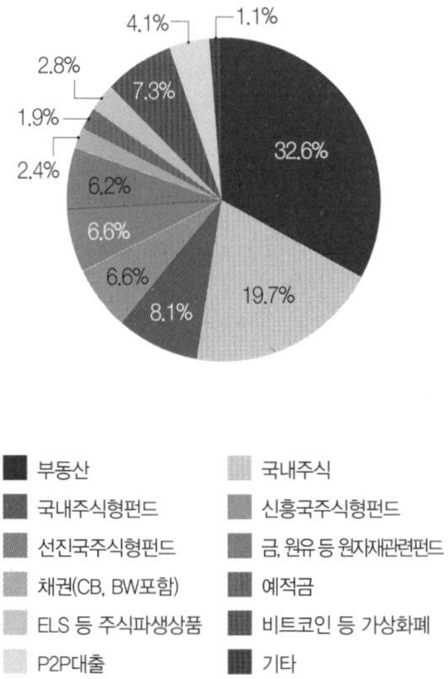

주식'을 골랐다. 그 결과 부동산은 28.9%로 2위에 머물렀다. 2018년 결과와 비교하면 1년 만에 부동산이 다시 소비자들이 꼽은 최고 유망 재테크 상품 자리를 되찾은 것이다.

부동산에 거는 기대감이 1년 만에 확 달라진 데에는 정부 규제가 원인으로 꼽힌다. 2017년 머니쇼가 시작한 5월 11일은 5월 9일 '벚꽃 대선'에서 문재인 대통령이 당선된 지 불과 이틀밖에 지나지 않은 때였다. 당시만 해도 문재인 시대의 개막은 재테크 시장 위축으로 이어질 것이란 우려가 많았다. 대선기간 문재인 캠프에서는 부동산 보유세 인상검토,

부동산 가격이 오를 것으로 예상되는 지역은 어디입니까?

구 분	응답수 (명)	비율 (%)
서울 강남	325	61.0
서울 강북	62	11.6
신도시	66	12.4
부산 대구 등 지방대도시	12	2.3
경기 남부	19	3.6
경기 북부	11	2.1
인천 주변 (송도,청라,영종도 등)	24	4.5
기타	10	1.9
무응답	4	0.8

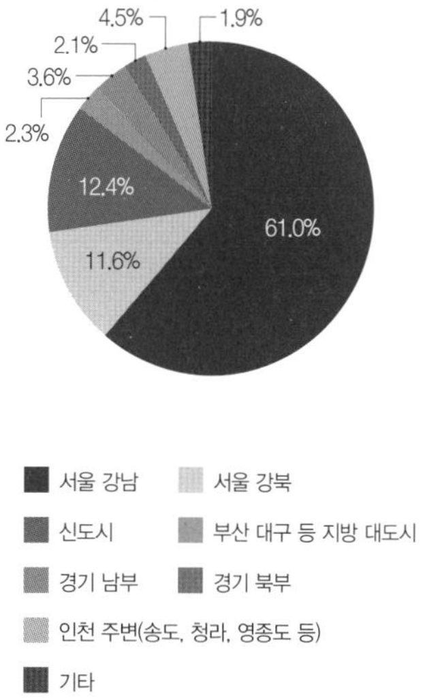

재건축 초과이익환수제 부활 등 강력한 부동산 규제를 예고했기 때문이다. 대신 참관객들은 당시 6년 만에 사상 최고치(2300)를 기록한 코스피가 새 정부 정책과는 상관없이 호조세를 유지할 것으로 예측했다.

반면 2018년 설문조사가 이뤄진 때는 문재인 정부의 강력한 부동산 규제가 이미 현실화된 시점이다. 서울, 세종, 과천 등 투기과열지구에 대해 주택담보대출비율(LTV)·총부채상환비율(DTI)을 각각 40%로 강화한 대출규제가 대표적이다. 여기에 양도소득세 중과와 재건축 안전진단 기준 강화까지 전방위적인 시장 억누르기 정책이 쏟아져 나왔다. 하지만

현재 투자가치가 가장 큰 부동산 상품은 무엇이라고 생각하십니까?

구 분	응답수 (명)	비율 (%)
강남권 재건축아파트	238	44.7
일반아파트(강남권 포함)	104	19.5
상가	46	8.6
오피스텔(도시형생활주택)	34	6.4
토지	60	11.3
단독주택	37	6.9
기타	11	2.1
무응답	3	0.6

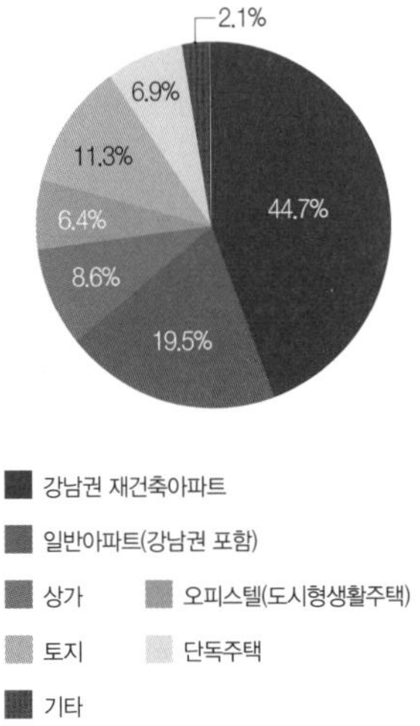

오히려 이런 규제책이 투자 가치가 높은 알짜 부동산의 존재가치를 부각시켰다는 게 2018년 머니쇼에서 강연한 부동산 전문가들의 분석이다.

응답자 중 절반이 넘는 325명(61%)이 향후 부동산 가격이 오를 것으로 예상하는 지역으로 정부의 부동산 규제가 집중 겨냥하고 있는 서울 강남을 꼽은 것도 이 때문이다. 2위는 최근 입주가 한창인 김포 등 신도시(12.4%), 그 다음은 재개발이 활발한 서울 강북(11.6%)이 이름을 올렸다.

현재 투자가치가 가장 큰 부동산 상품을 묻는 질문에도 가장 많은 44.7%가 강남권 재건축아파트를 선택했다. 이는 2017년 조사의 41.8%보

주식자산 비중을 어떻게 하는 게 좋다고 보십니까?

구 분	응답수 (명)	비율 (%)
대폭 늘린다 (15% 초과 확대)	94	17.6
소폭 늘린다 (15% 미만 확대)	238	44.7
그대로 유지한다	139	26.1
소폭 줄인다 (15% 미만 축소)	43	8.1
대폭 줄인다 (15% 초과 축소)	19	3.6
무응답	0	0

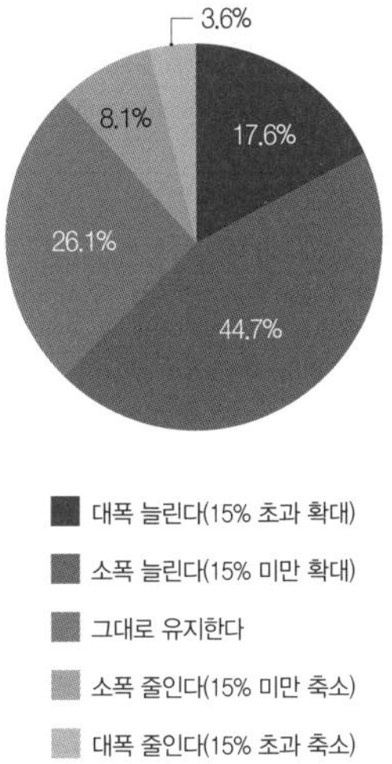

다 더 늘어난 것이다. 강남을 포함한 일반 아파트(19.5%)와 토지(11.3%)가 뒤를 이었다. 반면 대표적인 임대사업용 부동산인 상가(8.6%)와 오피스텔·도시형생활주택(6.4%)은 크게 주목받지 못했다.

향후 부동산 시장에 대한 전망은 보합세를 유지할 것이란 전망이 우세했다. 지금과 비슷한 가격이 당분간 유지될 것(25.9%)이란 대답이 2018년 하반기부터 하락세(18.9%)라는 응답을 앞질렀다.

부동산에 밀렸지만 주식 투자에 대한 참관객들의 관심도 뜨거웠다. 주식자산 비중을 어떻게 하는 게 좋겠냐는 질문에 대해 절반에 가까운 44.7%가 소폭(15% 미만) 늘리는 것을 선택했다. 비중 축소를 꼽은 11.9%

자신의 자산 중 어느 정도나 가상화폐에 투자할 수 있다고 생각하십니까?

구 분	응답수 (명)	비율 (%)
100만 원 미만	50	9.4
100만~1,000만 원	84	15.8
1,000만~5000만 원	55	10.3
5,000만~1억 원	23	4.3
1억 원~3억 원	6	1.1
3억 원 초과	2	0.4
무응답	313	58.7

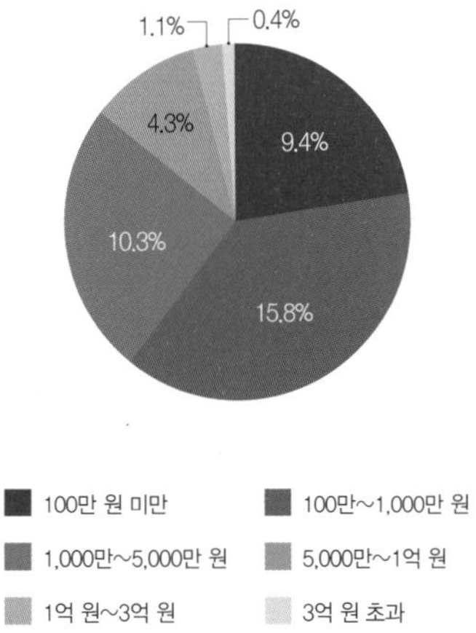

의 3배를 넘는 수준이다. 최근 단행된 남북정상회담으로 코리아 디스카운트가 해소되면서 연내 코스피 3000 돌파 전망까지 나오는 시장상황을 반영한 결과로 풀이된다. 주식시장에 대한 기대 덕에 개인종합자산관리계좌(ISA)에 담고 싶은 상품은 무엇이냐는 질문에도 가장 많은 22.9%가 주식형 펀드(22.9%)를 꼽았다.

비트코인 등 가상화폐가 고수익 재테크 아이템으로 자리매김한 것도 주목된다. 향후 1년간 높은 수익이 예상되는 재테크 상품에 가상화폐를 선택한 응답자는 7.3%로 4번째로 많았다. 이는 신흥국·선진국 주식형 펀드(각 6.6%)와 P2P대출(4.1%)보다 높은 것이다.

반면 실제 가상화폐에 투자했거나 앞으로 할 생각이 있냐는 질문에는

'2018 서울머니쇼'에서 가장 인상 깊었던 분야는 어디입니까?

구 분	응답수 (명)	비율 (%)
금융관	201	37.7
부동산관	142	26.6
증권관	47	8.8
생애설계관	24	4.5
금융 4차 산업혁명관	80	15.0
창업설계관	6	1.1
부대행사관	29	5.4
무응답	4	0.8

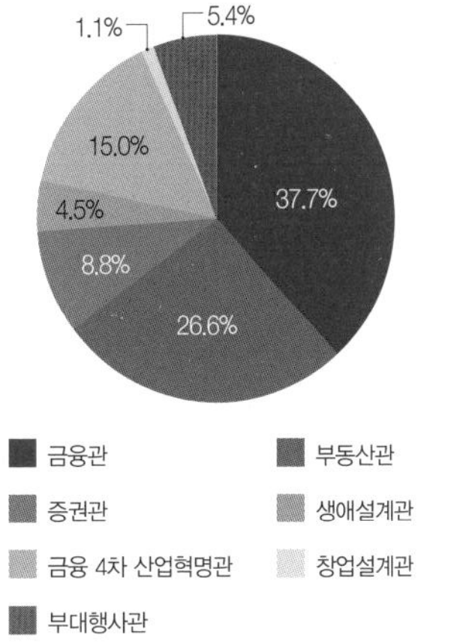

63.2%가 '없다'고 답했다. 일반 투자자들이 접근하기에는 아직까지 리스크가 상당하기 때문이다. 실제로 가상화폐에 투자할 수 없는 이유에 대해 참관객들은 운용원리를 잘 몰라서 믿을 수 없다(17.8%), 가격 변동성이 너무 크다(15.8%) 등을 꼽았다.

투자 의향이 있다고 대답한 참관객도 투자규모를 묻는 질문에는 가장 많은 15.8%가 비교적 소액인 100만~1,000만 원을 꼽았다. 투자를 원하는 가상화폐는 대중적으로 가장 잘 알려진 비트코인이 23.5%로 1위를 차지했다.

2018년 머니쇼에서 제일 인상 깊었던 분야를 묻는 질문에 참관객들은 부동산·금융관에 이어 금융 4차 산업혁명관을 꼽았다. 4차 산업혁명

관에는 인터넷전문은행 카카오뱅크와 빗썸·코인원·고팍스 등 가상화폐 거래소가 처음으로 부스를 냈을 뿐 아니라 피플펀드와 8퍼센트 등 P2P와 로보어드바이저까지 역대 머니쇼 중 가장 많은 21곳의 핀테크 기업이 참여했다. 이 같은 반응에 맞춰 2019년 머니쇼에는 이번에 호평받았던 주요 핀테크 기업의 참여를 이어가는 한편 관련 세미나도 한층 더 늘릴 예정이다.